アメリカ政治史講義

久保文明・岡山 裕——［著］

A POLITICAL
HISTORY
OF THE
UNITED
STATES

東京大学出版会

A Political History of the United States
Fumiaki KUBO and Hiroshi OKAYAMA
University of Tokyo Press, 2022
ISBN978-4-13-032233-1

目　次

序　章

連続性と断絶の中のアメリカ政治

（1）社会経済的な変化と政治体制の安定のギャップ

　辺境国から超大国への歩み　本書は，アメリカ合衆国（以下，アメリカ）の政治に関する通史である．その力点は内政にあり，外交については内政の理解に必要な限りで解説する．日本では，しばしばアメリカが「最も重要な外国」とされ，その対外関係が注目されてきた．それに比べ，その内政と歴史的過去はそれほど理解されていないように思われる．日本の読者にアメリカ政治史の豊かな世界に触れてほしいというのが，筆者らが本書を執筆した最大の動機である．アメリカでは対外政策が多分に内政上の文脈に規定されるため，外交を理解するにも国内政治の把握は不可欠である．

　そうはいっても，アメリカは日欧等他の先進国に比べれば歴史が浅く，大して学ぶことはないと思われるかもしれない．ところが，アメリカでは18世紀末に成立した合衆国憲法が今日でも有効で，現在の民主党と共和党の二大政党制も19世紀半ばに成立しているというように，政治体制の連続性が極めて高いという特徴がある．今日でも，合衆国憲法の条文の解釈にあたって，その起草当時の事情が参照されることは珍しくない．アメリカは，国家としての歴史こそそれほど長くないかもしれないが，現在の政治に直結する歴史は多くの先進国に比べてもむしろ長いといえる．

　また体制の連続性の高さは，アメリカの政治史を現在にとっての背景という以上に興味深いものにしている．アメリカの原形となったイギリスの13植民地が独立を宣言してから，250年が経とうとしている．この間に，アメリカは劇的な変化を遂げた．国家としての規模をみても，独立時に比べて人口は約250万人から3億人以上と約130倍に増えている．北米大陸の東海岸だけだった領土はその後大陸大に広がり，さらにアラスカや，ハワイ等の太平洋の島々にも及んで，独立時に比べて4倍以上になった．国際的にも，ヨーロッパ世界

の辺境国から，世界で唯一の超大国へと変貌している．

　経済的格差と民族的分断　このような規模の拡大は，経済成長と繁栄を伴った．アメリカの広大な土地はその多くが肥沃で，石炭，鉄鉱，原油といった天然資源にも恵まれた．産業面では，農業など一次産業が中心だったのが，独立後商工業化が進んだだけでなく，19世紀後半には重工業や金融が重要となり，市場も全国規模に拡大した．19世紀から20世紀の転換期には最大の工業国となり，その後も1920年代末からの大恐慌という試練を経て，第二次世界大戦後の高度経済成長を経験した．1970年代からは景気の浮き沈みをくり返し，相対的に国力を落としたとはいえ，冷戦後もグローバル化やIT化を先導し，今日でも世界最大の軍事力と経済規模を誇っている．

　しかし，産業構造の転換はその恩恵を受ける側と不利になる側の間で摩擦を生じさせる．例えば，20世紀半ばの一時期を除き，経済成長は所得格差を拡大した．それは，都市化と工業化に対する農民の抵抗や，資本家への労働者の不満といった緊張関係を生み出した．これは多くの国で生じたことであるが，アメリカではそれに加え，19世紀中は四半世紀毎に人口がほぼ倍増するなど急激に人口が増加したことに示されるように，多様な地域から様々な出自を持つ人々を大量に受け入れてきた．そのため，民族的・文化的な違いに基づく社会的亀裂の生じる余地も，多くの国に比べて大きかったといえる．

　建国時の国民は大半がヨーロッパに出自を持つ人々であったが，その中でも宗教や文化の違いが目立った．また19世紀半ばまでは南部で多くの黒人が奴隷として扱われ，奴隷制の廃止後も黒人やその他の非白人は深刻な差別を受けてきた．19世紀半ばから，アイルランド系や中国系といった新たに流入した移民が低賃金で過酷な鉄道建設に従事するというように，社会的亀裂と経済的な格差は密接に結びついていた．現代でも，ラテンアメリカから流入したヒスパニックの人々は，不法滞在者が多いこともあって他の人々が嫌う単純労働に従事した時期が長かった．その一方，非白人の流入と人口増により，21世紀半ばには非白人が人口の多数派になると見込まれている．

　政治体制の安定　世界史的に見てアメリカが興味深いのは，これだけ大きな社会的・経済的変化を経験しながら，政治体制が長期にわたり安定してきたことである．政治学では，産業構造の変化に代表される国内の資源配分の大規模

な変化や，国内の民族的・宗教的な亀裂が，戦争などの国家的危機と並んで体制変動の重要なきっかけになりうると考えられている．

　アメリカは近くに強大な敵国がなく，19 世紀前半という早期に白人男子限定ながら普通選挙が実現して政治的平等化が進み，民族集団毎の地域的集住が進まず，19 世紀中は労働力不足のため相対的に労働者が高待遇だったというように，政治体制の安定に貢献するような条件を兼ね備えていた．しかし，ほぼ同時期に革命を経て共和制をとったフランスが，その後今日まで幾度かの君主制を挟んで五つの共和政を経験してきたのと比べ，合衆国憲法が 27 回の修正を経たのみで，19 世紀半ば以降主要政党の組み合わせすら変わっていないアメリカの政治的安定性は際立っている．これは，なぜなのだろうか．

　アメリカの建国時まで，そもそも君主のいない共和制国家は稀で，アメリカも存続できるのかが不安視された．実際，19 世紀前半までは，連邦政府の方針に一部の州が反発し，国家の分裂につながりかねない事態も度々生じた．そして，奴隷制の堅持を掲げる南部の諸州が 1860 年の大統領選挙をきっかけに連邦からの離脱を宣言し，その後丸 4 年にわたって戦われた南北戦争は，これまでで最大の危機であった．黒人という特定の人種が奴隷労働力として，南部のプランテーション農業という地域最大の産業を支えていたことから，国内の社会的・経済的分断が複合的に作用する形で内戦につながったのである．

　この内戦は，当時の総人口の約 2% にあたる約 60 万人が戦死し，人口の10% に相当する約 300 万人ともいわれる奴隷が市民になるという，劇的な変化を生み出した．戦後，南部は約 5 年間にわたり連邦の支配下に置かれることとなる．ところが，これだけの犠牲を払い，大きな社会変動を経験したにもかかわらず，奴隷制の廃止等を規定した三つの憲法修正条項と関連する立法が成立しただけで，南部の諸州は戦前と同じ立場で連邦に復帰した．1850 年代に生み出された，民主党と共和党という二大政党の組み合わせも変わらなかった．

　このように，アメリカでは凄惨な内戦でさえも政治体制を根底的に変化させなかった．では，アメリカの政治史全体を特徴付けるこうした安定性は，どこから来るのだろうか．

（2）政治体制の安定を支えたもの

　普遍的理念を内面化した市民社会？　その要因としてしばしば指摘されてきたのが，自律的な市民社会の早期の発達である．1830年代にアメリカを訪れたフランス貴族のアレクシ・ド・トクヴィルは，アメリカ論の古典『アメリカのデモクラシー』で，異なる出自や属性を持つ人々が対等の立場で共同体に参画し，政府からの強制を受けずに秩序を作り，維持していることを驚きをもって語っている．

　アメリカで市民が進んで協力して秩序を作り上げていったことは，長く受け入れられてきた．20世紀の歴史家アーサー・シュレジンジャーは，各種の友愛団体を始め様々な自発的結社が作られ活発に活動してきた点に着目して，アメリカ人を「集う国民（a nation of joiners）」と呼んでいる．こうした見方からすれば，アメリカの政治的な安定は，社会内の各共同体で秩序が生み出されていたためだった，と考えられよう．しかし，この見方は一定程度正しいにしても，社会全体の構造的変化からくる衝撃を，個々の共同体で全て吸収するのは無理がある．

　それに，市民社会に本当に安定した秩序があったのかも疑問である．自律的な市民社会を成立させた要因としてトクヴィルが挙げる「境遇の平等」は，全ての人に行き渡っていたわけではない．それは19世紀前半でも，アングロサクソン系のプロテスタント（WASP）を中心とする，主流社会を構成する人々に限られていた．黒人や先住民といった非白人だけでなく，今日白人に分類される人々の中でも，宗教・宗派等の文化的な違いに基づく差別があったし，女性は厳しく権利を制限されていた．19世紀後半には，階層間の格差も顕在化するなど，実際には様々な形の分断とそれをめぐる緊張が存在した．

　人々の自発的な組織化にしても，常に社会を安定させるように働いたわけではない．19世紀以来，アメリカでは様々な社会改革運動が活動を繰り広げてきたが，奴隷制廃止運動に代表されるように，それらは既存の秩序に挑戦した．しかも，アメリカが自由や平等といった普遍的な理念を国是として建てられていたことで，異議申し立てを行う側が自らの主張の正当性をアピールしやすかったのである．建国の理念は，アメリカにとって国家の統合の源だった反面で，理念と乖離した現状への抵抗の触媒ともなった．

　政治制度の働き　市民社会だけでアメリカの政治的安定を維持するのが困難だったとすると，他に何がそれを支えたのだろうか．そこで本書が注目するのが，連邦と州の政府機構の役割である（アメリカの政治学では，連邦と州の両方の政府を社会と対置して「国家（state）」ということが多く，以下ではそれに倣う）．国家が国内の秩序を維持するのは，当たり前だと思われるかもしれない．冷戦期には連邦政府が自国の生存に対するあらゆる脅威に対処する「国家安全保障国家」となったといわれ，今日は「国土安全保障省」まで存在する．しかし，アメリカでは長年，19世紀までほとんど官僚機構が発達しなかったといわれるなど，国家の役割の小ささが強調され，そのために市民社会の役割が注目されてきたという事情がある．

　例えば，政治学者のスティーヴン・スコウロネクは1982年の古典的研究で，官僚機構が不在の19世紀には，全国をくまなく覆う政党と裁判所が秩序維持の役割を果たしていたと述べて注目された．しかし，この議論に触発されたその後の研究によって，19世紀にも連邦・州の両レベルの政府が従来考えられていたよりもはるかに重要な役割を果たしていたことが様々に明らかにされてきた．本書の記述も，そうした近年の研究を踏まえている．

　アメリカの国家機構も，後に見るように，安全保障や市場の形成といった秩序維持機能を果たしてきた．これはどんな国家にも共通する基本的な役割であるが，そのうえで，アメリカの政治制度は次の三つの仕方で政治変動の幅を制約するように働いたとみられる．

　第一に，軍事や外交等，全国的対応を要する一部の問題以外は州が管轄する連邦制がとられ，州の中でも地方政府に多くの権限が与えられていたことが挙げられる．それにより，国論を二分するような争点でも，州や地方の管轄に属し，しかも地域内で合意がある場合には衝突が回避できた．例えば奴隷制については，建国時から南北間で対立があったものの，それが政治化したのは，新しい州に奴隷制を認めるかなど，連邦の管轄に関わる場合に限られた．奴隷解放後，南部で法的な人種隔離が1世紀にわたって続いたが，それも市民生活の多くの部分を各州が統制する制度的仕組みがあったからに他ならない．

　第二に，アメリカの政治制度は「多数派の専制」の抑止を特徴とし，政策形成に際して数で劣る側が不満を抱えにくい．連邦政府が政策を作る場合でも，

三権の間の抑制均衡が効き，連邦議会の立法時に単純過半数でなく特別多数の賛成を必要とする制度もある．乗り越えに上下両院それぞれの3分の2が賛成する必要のある大統領拒否権は，その代表である．立法にあたりより多くの票を要するならば，その分多くの勢力の間で妥協が必要になるから，法律自体が作られにくく，また成立する法律の内容も少数の側の意向を取り込んだ，その意味で穏健なものになりやすいとみられる．

　また上で見た連邦制も，少数の側に拒否権を与えるように働く．憲法上連邦政府が管轄権を持たない事項について，全国で同一の政策を立法的に実現しようとすれば，全州で同じ法律を通さなければならないが，これは容易でない．同じ目的は，合衆国憲法の修正でも達成できるものの，連邦議会両院それぞれの3分の2が賛成して修正を発議したうえで，4分の3の州による批准が必要で，ハードルが高いのには変わりがない．それもあって，建国からの約230年間で修正は27回しかなされておらず，しかも最初の10の修正は憲法制定時に事実上予定されたものであった．

　第三に，非公式の政治制度である政党のまとまりの弱さが挙げられる．スコウロネクが述べたように，アメリカでも政党は政府と社会の間をつなぐ役割を果たしてきた．しかし，各党は特定のイデオロギーや利害に基づいて組織されているわけではない．また全国政党であるものの，各州の党組織は自律的に行動する．それもあって，連邦議会と各州の議会における政党内の規律は弱い．各議員は基本的に地元選挙区の意向を重視して投票し，日本の国会のような党議拘束は考えられない．そのため，連邦と州のいずれのレベルでも，時の多数党が望む政策——そもそもアメリカの主要政党に明確な政策的目標はないが——を容易に実現できるわけではないのである．

（3）安定した政治体制の実質的な変化

　アメリカ式の政治体制変動　このように，アメリカでは社会経済的変化に政府がそのまま反応する形で急激な政策的変化が生じ，少数派が不満を抱える，ということが起こりにくかった．とはいえ，地域毎の対応や，連邦議会の抑制的な立法であらゆる事態に対応できるわけではない．そして逆説的ながら，アメリカの政治制度のもう一つ重要な特徴として，決定的に大きな社会変動に直

面した時には，連邦政府の役割を大きく変えて対処してきたことがある．

　アメリカで，各地域内の秩序維持に第一義的に責任を負うのは州政府である．それに対して，連邦政府の権限は限定されるものの，建国当初から保有する公有地など資源の分配を通じて産業振興に大きな影響力を発揮した．その後 19世紀後半からは，市場の全国化や科学技術の発達に対応して，鉄道規制や反トラスト（独占禁止）規制といった規制政策に本格的に乗り出していく．さらに1929 年からの大恐慌に際して，老齢年金や生活保護の制度を導入し，人々に最低限の生活を保障する福祉国家としての性格を獲得している．連邦政府は，今日単一国家の中央政府並みの権限を持ち，全労働者の約 2% を雇用し（20 世紀半ばには約 5% に達した），その歳出は国内総生産（GDP）の 3 割を超える．

　こうした変化が生じるのは，アメリカの政治制度がぎりぎりの過半数では動かせない程度には硬直的な反面，コンセンサスがあれば柔軟に改変できるという特徴を併せもつためである．合衆国憲法は幅広い合意があれば修正可能なだけでなく，元々規定の分量が少ない．憲法典で規律されている分野も少なく，その仕方も他国の多くの憲法と比べても大雑把で様々な解釈に開かれている．そのことは，憲法の修正だけでなく，司法府による判例変更等によって憲法の内容を実質的に書き換えられることを意味する．つまり，アメリカで政治体制が安定してきたといっても，その中身までずっと同じだったわけではない．

　アメリカは，合衆国憲法に基づく体制を維持しつつ，長期的にその性格を大きく変えてきた．それによって政府に新たな機関が作られたり，既存の機関の役割が変化したりしてきた．例えば 19 世紀後半には，鉄道運賃規制を行う州際通商委員会が設置され，以後類似した独立規制委員会が重要な規制政策を担ってきた．また 19 世紀までは大統領が政策過程の主導権を握ることは稀だったのに対して，大恐慌後は大統領が政策課題を提示し新たな政策の形成を主導するのが当然になっている．政治学者のセオドア・ロウィが『自由主義の終焉』で，大恐慌とそれへの対応を経てアメリカが「第二共和政」に移行したと述べたのは，そこで生じた政府の構造的変容を踏まえてのことであった．

　政治の構造と変化への着目　以下本書では，世界史上初の大規模な共和政体という政治的実験としてのアメリカ政治の歴史的展開を，なぜ大きな社会経済的な変化や分断を経験しながら，解体することなく，また少なくとも長期的に

は差別や格差を乗り越えるように変化してきたのかを意識しつつ検討していく．その際，連邦政府を始めとする公式・非公式の政治制度が，変化や分断のショックをどのように吸収し，あるいはときに大きく変化して対応したのかに注目する．

　なお，アメリカの政治体制の安定性が高いことは，その過程で政治的に波風が立たなかったことを意味しない．変化を求める側とそれに抵抗する側が，自分達の主張こそ普遍的な建国の理念に適った正当なものだと考えたこともあり，対立は非常に激しいものになりえた．南北戦争は，その最たるものである．また，政治体制の安定が全ての面で望ましいことだったともいえない．様々な民族的少数派を始め，政治的影響力の弱い主体からみて，現状からの変化を難しくするアメリカの政治制度は目指す変革を困難にするものであった．

　それもあって，アメリカは自由と平等を謳って誕生しながら，白人男性以外の人々への権利拡大や，経済的に恵まれない人々への所得の再分配で，しばしば他の国々に遅れをとった．奴隷制が19世紀半ばまで存続し，20世紀前半まで女性の選挙権が全国的に実現せず，黒人の政治参加は20世紀半ばまで妨害されつづけた．アメリカは，今日でも国民皆健康保険を実現していない唯一の先進国である．また南北戦争後の1世紀にわたり，南部は民主党の一党支配の下で人種隔離が法制化され，地域的には権威主義体制が実現していた．21世紀に入っても，投票権の行使を制約する州法が相次いで成立するなど，今日のアメリカでは民主主義の後退の危機までさけばれている．

　以上のような関心に基づいて，本書ではアメリカ史の展開を時系列的に追っていくだけでなく，それぞれの時期にいかなる政治が展開していたのかの構造面にも注意を払う．とくに，第1部および第2部で扱う20世紀前半までの時期は，今日と政府の役割や選挙の仕組み等について重要な違いがあり，政治体制としては同じでも，大きく異なる政治の世界が広がっていた．そのため，通史的な記述に加え，その時期における政治過程の特徴を丁寧に説明するようにした．それによって，出来事の流れと構造の両面からアメリカ政治の歴史的展開を理解できるようにしている．

（4）本書の構成

　本書は，三部構成をとる．第 1 部「連邦共和国の確立」では，アメリカが共和制の連邦国家という実験的な性格を持つ国家として成立し，その存続が確実なものとなる南北戦争期までを扱う．第 1 章では，イギリスの 13 植民地が 18 世紀後半に共和国として独立し，国家連合を経て合衆国憲法に基づいた連邦制国家を生み出すまでを描く．第 2 章では，当初のエリートによる支配から，19 世紀前半に一般市民を支持基盤とする二大政党制が成立し，大陸規模に拡大していった様子を説明する．第 3 章では，奴隷制をめぐる南北対立が 19 世紀半ばに激化して内戦へと発展し，それが黒人を置き去りにした南北の白人間の和解という形で収拾されるまでを検討する．

　第 2 部「途上国から超大国へ」では，南北戦争後から 20 世紀半ばにかけて，初期アメリカの政治体制が，急激な工業化やさらなる民族的多様化にどう対応したのかをみていく．第 4 章では，19 世紀末までを対象に，二大政党と社会運動や第三党の間で展開した改革の政治が，社会変動に対応する諸政策につながったことを示す．第 5 章では，20 世紀に入る頃から革新主義という考え方が影響力を発揮し，選挙と政策形成にまたがって今日につながるような改革が実現した反面，第一次世界大戦を経て共和党多数派の下で保守的な雰囲気が強まったことが明らかにされる．第 6 章では，1929 年からの大恐慌への対応を通じて行政国家化と福祉国家化が進み，さらに第二次世界大戦を経てアメリカが超大国の一つとして立ち現れるまでを検討する．

　第 3 部「現代政治の展開」では，第二次世界大戦以降を扱う．第 7 章では，東西冷戦の下で，民主党の多数派を占めたリベラルが，経済的には長期の高度成長，社会的には人種差別の克服等多様な生き方の保障に向けて成果を上げながら，1960 年代を経て挫折するまでをみる．第 8 章では，1970 年代以降，保守化する共和党がリードする形で二大政党のイデオロギー的分極化が進み，国力の相対的衰退を踏まえて各党派が新たな政治の方向性を模索する様子を，冷戦の終わる時期までについて検討する．第 9 章では，イデオロギー的に分断し，拮抗するようになった二大政党がいがみ合いを強めつつ，「テロとの戦い」や経済危機といった新たな状況にどう対応してきたのかに注目し，終章ではドナルド・トランプ政権期以降の動向にもふれて本書を締めくくる．

第 1 部

連邦共和国の確立

第 1 章

連邦共和国の誕生

1. 植民地時代：アメリカ合衆国の政治社会的背景

（1）入植と発展

イギリスからの入植の始まり　アメリカ合衆国の直接の起源は，イギリスが北米大陸の大西洋岸に建設した 13 の植民地である．アメリカという国家の成立とその性格を理解するには，これらの植民地をイギリスという帝国の一部としてとらえる視点が必要となる．

ヨーロッパの列強による南北アメリカ大陸への進出は，1492 年のクリストファー・コロンブスによる「発見」をきっかけに始まった．しかし，これがアジアでない「新大陸」であると主張したのはアメリゴ・ヴェスプッチで，大陸にもその名が付いた．スペインは，16 世紀前半にコンキスタドールが南米大陸から今日のカリフォルニアまでいたる地域を征服し，巨大な帝国を築き上げた．他にも，フランスやスウェーデン等が北米大陸北部やニューファンドランドを目指した．それに対して，イギリスは宗教改革の混乱もあって，出遅れることとなった．

状況が変わったのは，16 世紀後半のことである．君主がスペイン王と婚姻関係にあったメアリ 1 世からエリザベス 1 世に代わってスペインとのつながりがなくなり，カトリック勢力への対抗意識も強まった．それに加え，農耕地などの囲い込みによって生じた国内の余剰労働力の行き場として，またアジア市場への交通路としてアメリカ大陸の重要性が高まったのである．ただし，君主が主導権を握るよりも，植民を試みようとする主体が土地の使用やそこでの統治の許可を君主から与えられるなどして進出する形がとられることになる．

ところが，初期の植民は疫病や食料不足，農業を始め現地での生活に必要な知識や技術の欠如という問題に直面した．同じく北米に進出したフランス等は，

当初毛皮など一次産品の獲得に力点を置き，先住民とも交易を通じて全体に良好な関係を築いた．それに対して，現地の風土の理解が不十分なまま最初から定住を目指したイギリスの植民では，先住民とも対立しやすく，植民者が全滅する事例も出た．

　イギリスによる初の恒久的な植民の拠点は，女王エリザベスの渾名からヴァージニアと名付けられた大西洋岸南部の地域に 1607 年に建設されたジェイムズタウンである．約 100 名いた入植者は 2 年後にはほぼ半数に減り，その後も先住民のポウハタン族との対立から発展は覚束なかった．ヴァージニアの困難は，植民が共同出資会社の形で遂行されたことにもよっていた．広く出資を募って必要な資金を捻出したものの，植民地への資源の供給は徐々に困難になり，ヴァージニアは 1624 年に君主に直轄される王領植民地となる．

　それでも，族長の娘ポカホンタスとジョン・ロルフの 1614 年の婚姻を期とした小康状態の間に力を蓄えた植民地側は，世紀半ばにかけて先住民を圧倒していった．15 世紀末の時点で，北米大陸には少なくとも百数十万人の先住民がいたとされるが，ヨーロッパ人が持ち込んだ天然痘等の伝染病により人口が激減しつつあり，その数はこうした植民者との抗争でさらに減っていく．

　この時期には，1632 年にヴァージニアの北側にメリーランド植民地が組織され，カトリックの領主の下で宗教的寛容が重視された．さらに，南側のカロライナにも 1663 年に国王から特許状を得た領主らによる植民地が生まれ，18 世紀前半に南北の二つに分かれる．カロライナでは，ヴァージニアと共に米やタバコを始めとする商業作物を生産する大規模な農場が発展していった．そこで労働力として重要になったのが，様々な形で自由を制限されていた人々であった．その中から，人が動産として扱われる奴隷制が確立することになる．

　植民地の地域的広がり　上で見た南部の植民地は，経済的野心が建設の主たる動機付けになっていた．それに対して，ニューイングランドと呼ばれるようになる大西洋岸北部の地域は，主に宗教的情熱に突き動かされた人々によって植民された．アメリカ植民時のエピソードとして恐らく日本で最も有名なのが，1620 年のメイフラワー号の航海であろう．その中心を占め，プリマス植民地を形成したピルグリム達は，イギリス国教会の形式性に異議を唱え，神との直接的な結びつきを軸とする信仰を自由に実践しようとした「分離派」であった．

彼らと信仰上の立場を多く共有したピューリタン達も，多く入植した．

　ニューイングランドでは 17 世紀前半からいくつかの植民地が発達したが，とりわけ規模が大きかったのがマサチューセッツで，1629 年にマサチューセッツ湾会社が特許状を与えられている．堕落した本国に代わって神の意思に適い世界の模範となる，初代総督ジョン・ウィンスロップのいう「丘の上の町」を築くのがねらいであった．そこからコネティカットが 1636 年に分離し，また信仰上の対立からロジャー・ウィリアムズを指導者とするロードアイランドが離反して 1663 年に君主から特許状を得，それぞれ住民が自治を行った．1680 年にはニューハンプシャーが自立し，ニューイングランドは 17 世紀末までに四つの植民地に整理された．

　大西洋岸の中部地域では，様々な事情から民族的・宗教的に多彩な植民地が形成された．ペンシルヴェニアは，クエーカーの信者である領主ウィリアム・ペンの下で信教の自由が認められ，フランスからのユグノーやドイツからのメノナイト等，ヨーロッパ各地で宗教的迫害を受けた人々も移り住んだ．またニューイングランドと境を接する地域は，一時期オランダの西インド会社によって確保されていた．このニューアムステルダムは，各地からの人々が入り乱れる交易の中心地となったが，オランダの勢力後退と先住民との戦争で力を落とし，1664 年にイギリス軍に占領されてニューヨークと改称された．それが領主植民地となった後，そこから派生する形でニュージャージー植民地が成立した．

　以上からは，北米のイギリス植民地が，地理的・経済的条件の違いに加え，様々な動機を持つ主体によって生み出され，多様な性格を持つようになったことがわかる．統治形態の点でも，初期のマサチューセッツやヴァージニアを始め会社等の社団に基づいた場合は入植者が自治を行う自治植民地だったのに対し，中部地域とカロライナは領主の統治下にあるといった違いがあった．分裂や吸収を経て，17 世紀末までに 11 の植民地へと整理されていき，その後設立された中部のデラウェアおよびジョージアを加えた 13 植民地が，後のアメリカ合衆国の基礎となる（地図 1）．これらの植民地は，ときに内部に対立や分裂を抱えながらも，着実に発展していった．

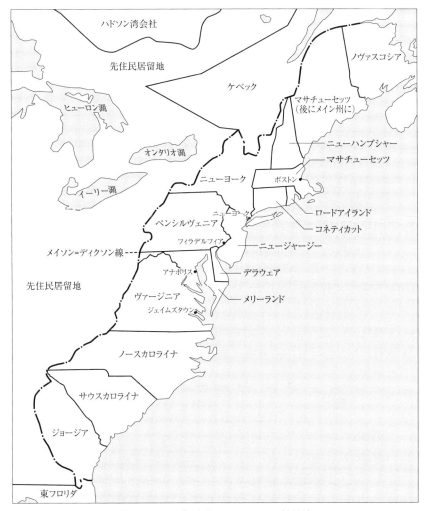

地図 1　1763 年時点のアメリカ 13 植民地

七年戦争後，アパラチア山脈沿いに引かれた国王宣言線（地図の一点鎖線）以西への入植は禁じられた．メイソ
ン＝ディクソン線は南北の境界線として知られる．
［出典］Mark C. Carnes, *Historical Atlas of the United States*（Routledge, 2002）, p. 69 を基に作成．

（2）植民地の社会と統治

　植民地の社会秩序　植民地では，農業を中心とした一次産業と，衣類など日
用品の生産が経済活動の中心であった．ニューイングランドでは製材，漁業等

も発達し，中部はニューヨークやフィラデルフィアといった交易の中心都市が
あったことから商業で栄えた．また南部は，米，藍，タバコといった輸出用作
物の大規模なプランテーション農業によって特徴付けられるようになる．奢侈
品についてはヨーロッパからの輸入に頼る必要があったものの，故郷での生活
を再現したいという意識が，創意工夫と技術革新につながった．

　植民地が安定を迎えると，ヨーロッパの諸地域から多くの人々が移住してい
った．イングランド以外に，ドイツやアイルランドからの移動が目立ち，とく
にスコットランド出身でアイルランドに住んでいたプロテスタントのスコッ
チ・アイリッシュは，以後アメリカで大きな存在感を持つようになる．また家
族単位での移住が多く，男女比があまり不均衡にならなかったことも人口増に
寄与した．植民地の人口は18世紀初頭に約25万に達し，植民地がイギリスか
ら独立を宣言する1770年代半ばまでにその約10倍に増加した．

　移民するにはそのための知識を持ち，費用をまかなえる必要があったから，
本国で一定以上の階層に属する人々が多かった．結果として，移民の識字率は
出身国のそれと同程度かそれを上回っていたとみられている．先にアメリカに
渡った親族や知人を頼る他，移民斡旋業者を介しての移住もあった．また費用
を肩代わりしてもらい，移住後の一定期間債権者の下で諸権利を制限されて働
く，年季奉公人としての移民が半数近くに上ったとされる．他にも流刑囚など，
植民地には人種を問わず自由を制約された人々がいた．

　アメリカにおける自由の剥奪としてすぐに思いつくのが，黒人奴隷制であろ
う．1619年にはアフリカから奴隷が連れてこられたものの，上からわかるよ
うに，彼らだけが自由を奪われていたわけではない．相次ぐ逃亡により失敗に
終わったものの，先住民の奴隷化も試みられ，ヨーロッパ出身者も自由を制約
されることがあった．植民初期には今日のように人種を明確に区別する発想自
体がなかったが，アフリカ起源の人々だけが非自由身分として扱われるように
なるにつれ，その正当化のために差別を伴う人種主義が生み出されていったと
みられている．13植民地は，独立までにその全てが奴隷制の法制化を経験し
ている．19世紀初頭に奴隷貿易が禁止されるまで，15%前後が命を落とした
とされる過酷な航海を経て多くの人々が奴隷としてアフリカから連れられてく
ることとなる．

　その一方で，イギリスの植民地ではヨーロッパ諸国に比べて全体に人々が多くの自由を謳歌したとみられている．それは本国の政治体制と，植民地と本国の関係からきていた．1215年のマグナ・カルタ以来，イギリスには王権を制限し臣民の権利を守る伝統があり，17世紀の大革命（ピューリタン革命）と名誉革命を経て，議会を中心にした，被治者の同意に基づく統治が徹底されるようになったとされる．絶対王政が支配的だったヨーロッパにおいて，イギリスだけが，君主および貴族院と庶民院からなる議会が異なる身分を代表する混合政体を形成し，国全体の利益である公共善を実現してきた一種の共和政体と考えられたのである．

　植民地の統治機構　イギリス自体が人々に自由を与えていたのに加えて，本国から大西洋を挟んで5000 km離れた北米のイギリス植民地は，さらに自由を享受できた．本国は植民地を軍事的，経済的に保護する一方，植民地に干渉しなかった．17世紀中は，二つの革命を経験するなど本国が政治的に混乱していた．1651年の航海法に始まり，本国は植民地の貿易を統制する立法を行い，また17世紀後半からは徐々に植民地の王領化が進んだ．しかし，植民地貿易の規制は執行が徹底されなかった．イギリスは18世紀前半にいくつかの戦争を戦い，植民地も戦場になったが，戦費や兵力の負担は求められなかった．

　植民地では，各植民地に総督が置かれた．王領植民地と領主植民地ではそれぞれ君主と領主によって任命され，自治植民地では民選された．前二者の場合も，官僚機構が貧弱であったため，総督は植民地人との協力を重視することが多かった．また議会が設置され，植民地全体に関わる事項について立法を行った．大半の植民地では二院制で，下院にあたる代議会（assembly: 具体的名称は様々であった）の議員が民選だったのに対し，上院にあたる評議会（council）の議員は，王領植民地では君主が任命し，自治植民地では民選されるなど，選出方法は多様であった．よりエリート性の強い評議会は，立法以外に総督への助言役や最終審の裁判所の役割も兼ね，今日でいう政府の三権全てに関わった．

　代議会議員の選挙権は通常，自由人の白人成年男子に限られ，財産や宗教に基づく制限もあった．しかし，土地が豊富だったため，財産資格を満たすのは比較的容易であった．年季奉公人の生活は過酷だったが，解放に際して土地を与えられることもあった．植民地人は，裁判にも陪審員として関わり，「法の

支配」と被治者の同意を実質的なものにした．

　さらに，植民地内の地方自治体は大幅な自治権を持ち，地域の自由人はその意思決定に参加する資格があった．今日までカウンティ（郡と訳される）が基礎単位であるが，例えばニューイングランドではタウンと呼ばれる，より小規模の自治体が発達した．ただし，こうした自治体は平等に運営されていたわけではなく，社会経済的な序列に基づいて，より上位の者が重んじられる恭順の政治が展開した．それでも，政治的決定の開放度は同時代のヨーロッパと比べて高かったといえる．

　植民地人は，植民地の政治に参加できた一方，本国議会には代表を送れなかった．それでも，自分達が当然に本国人としての資格と権利を持つと考え，また被治者の同意の原則から，植民地内の事項について立法できるのは植民地議会だけだという理解に立つようになった．それによって，アメリカに居ながらにして，イギリス帝国の臣民としての権利を，本国人以上に享受しえたのである．これが成り立ちえたのは，本国の「有益なる怠慢（salutary neglect）」によるところが大きかった．しかし，18 世紀後半に本国が方針を転換すると，植民地との間で摩擦が生じるようになる．

（3）本国との緊張の高まり

　本国による介入の強まり　植民地にとっての転機は，本国がフランスとの覇権戦争である 1756 年からの七年戦争（1754 年からアメリカで戦われていた植民地戦争は「フレンチ・アンド・インディアン戦争」と呼ばれる）に勝利したことであった．1763 年の講和により，イギリスはカナダを手に入れるなど，北米大陸の東半分の支配を確立した．この頃，13 植民地は人口と経済の両面でイギリス帝国内で大きな存在感を持つようになっており，本国は植民地統治に本腰を入れ始める．世紀前半までに，一部を除き植民地が王領植民地に切り替えられたのはその先触れであった．度重なる戦争で台所事情の苦しい本国は，植民地の行政や防衛に「受益者負担」を求めていくが，植民地人は反発を強めていった．

　本国の政策転換を知らしめたのが，1764 年のアメリカ歳入法（砂糖法）である．砂糖等の関税率の改定と脱税対策の強化を通じて植民地の負担を増やす同法には，反発の声が上がった．さらに翌年，新聞等の出版物や各種の法的文書，

さらにゲーム用のカードまでありとあらゆる印刷物に印紙の貼付を求める印紙法が成立するに及んで，それは一層強まった．複数の植民地が合同で反対声明を出したり，ボストンを中心に「自由の息子達（Sons of Liberty）」と呼ばれる結社が法律の執行を様々に妨害したりという事態に発展したのである．

　植民地人が一連の立法にここまで反対したのは，戦後景気が悪化するなかで負担を求められたためだけでなく，それらがイギリスの憲法（国制）に反すると考えたからであった．政府の統治には被治者の同意が必要とされ，とくに課税については不可欠と考えられたため，代表を送れない植民地への課税は重大な憲法違反とみられたのである．とはいえ，本国議会が対外関係等帝国全体に関わる事項について立法することは受け入れられた．この点関税を定めたアメリカ歳入法はまだ容認されたものの，印紙法は植民地内での課税にあたり，より問題視された．歳入法と印紙法がいずれも，違反者の審判を陪審のつかない副海事裁判所（vice admiralty court）で行うと定めていたことも，火に油を注ぐ結果となった．

　イギリスはまとまった憲法典を持たず，その憲法は大部分が歴史的慣習であったから，その理解も多様でありえた．既にみたように，18世紀半ばまで本国議会はアメリカ植民地にほとんど介入しなかった．そのため，植民地議会と本国のあるべき分業関係に関する認識が共有されず，上の見方も植民地人側の憲法解釈だったのである．強い反発を受けて，本国議会は1766年にかけて上の二つの法律を廃止していったものの，それと同時期に本国議会が植民地に対する立法権を持つ最高機関だとする宣言法を制定した．そこからは，本国と植民地が異なる憲法観に立っていることが明らかとなった．

　植民地の抵抗の本格化　翌1767年には，当時の蔵相の名からタウンゼンド諸法と呼ばれる，アメリカ植民地を対象とした一連の立法がなされた．そこでは，植民地が購入する茶やガラス等に新たに課税し，副海事裁判所が増設されるなど，植民地を統制するための政府機構が強化された．またアメリカに駐留する常備軍への宿舎や物資の提供を義務づけた，1765年の軍隊宿営法を受けて，軍が先住民等との戦闘にあたった内陸部から大西洋岸へと移動された．

　これらの法律に基づく本国の税収は，植民地の行政と防衛にかかる経費のごく一部をまかなうにすぎなかった．それでも，植民地人は自治を脅かされ，軍

に監視されているという危機意識を強め，反対の動きも植民地をまたぐ大がかりなものになっていった．なかでも急進的だったマサチューセッツ植民地代議会は，1768 年 2 月にタウンゼンド諸法に基づく課税を「代表なくして課税なし」の原則に反し違憲だとする書簡を他の植民地議会に回状として送り，その撤回を拒否して総督に解散させられるまでになったのである．

　植民地側の抵抗は，他にも様々な形をとった．新聞や，当時主流のメディアであったパンフレットでは，本国批判が展開された．1767 年から翌年にかけて各地の新聞に掲載されたジョン・ディキンソンの「あるペンシルヴェニアの農夫からの手紙」は，本国議会による植民地への課税に異議を唱えるものだった．この時期には他にも，ジョン・ロックらの自然権思想や，本国で王権に批判的なホイッグ派らの共和主義的な考え方を援用した論陣が張られた．本国製品のボイコットや，本国の官吏や植民地側の協力者を民衆が組織的につるし上げ，辱めを与えることもみられた．

　この時期の本国との緊張関係を象徴する出来事が，1770 年 3 月に生じた．ボストンで税関の警備にあたっていた兵士が，植民地政策に抗議して取り囲んだ群衆に発砲し，5 名の死者が出たのである．この一件は「ボストン虐殺」として広められ，本国の仕打ちの不当性が喧伝された．この年 1 月に発足していた本国のフレデリック・ノース内閣の提案で，本国議会は 4 月に茶以外への課税を撤廃し，事態はいったん沈静化したかにみえた．しかし，本国が被治者の同意を得ずに圧政を敷くようになったのではないかという植民地側の疑念が消えることはなかった．

　この間本国は，植民地が本国議会に代表を送っていなくとも，植民地は議会全体によって実質的（バーチャル）に代表されており，また本国議会にイギリス全体の主権があるとして，その立法の正当性を主張した．しかし，植民地側は直接的（アクチュアル）な代表にこだわっただけでなく，各植民地内の事項は植民地議会だけが管轄するという，今日の連邦制に近い発想に立つようになっていた．植民地人は，植民地議会の権限の確保が自らの本国人としての権利とイギリスの憲法を守ることになると考えていたが，皮肉にもそれが彼らを本国と対立させていったのである．

　本国議会との争いは深刻化したものの，植民地と本国の間には君主との絆が残っており，イギリス人としての意識も堅固であった．とはいえ，それはやが

て失われることになる.

2.　体制変動としてのアメリカ革命

(1) 独立へ

　独立戦争の始まり　イギリス本国とアメリカ植民地の関係の危うい均衡は,
1773 年に破られた.本国議会は,破綻寸前のイギリス東インド会社を救済す
べく,北米植民地の茶の輸入元を同社に限るとする新しい茶法を成立させた.
この独占に,改めて強い反発が出た.5 月の立法成立後,ボストン港では植民
地人に茶の荷下ろしが妨害されるなど緊張が高まった.年末には,先住民に扮
した「自由の息子達」の構成員が東インド会社の船舶に乗り込んで海に大量の
茶を投げ捨てる「ボストン茶会事件 (Boston Tea Party)」が生じ,本国は一層
態度を硬化させた.

　これを受けて,1774 年前半には本国で一連の「強制的諸法 (Coercive Acts)」
が成立した.ボストン港の閉鎖に加え,タウンミーティングの開催を制限し,
評議会の構成員を代議会でなく君主による任命とするなど,反抗的なマサチュ
ーセッツ植民地の自治を制限するものであった.これらは,植民地側からすれ
ば憲法を改悪する「耐えがたき諸法」に他ならなかった.マサチューセッツ植
民地への制裁は,全植民地に関わるものと受け止められた.最早本国の支配は
受け入れられないという見方が広まり,各地で既存の政府に代わる様々な委員
会組織が立ち上げられていった.

　さらに同年 9 月には,本国への支持が強かったジョージアを除く 12 植民地
の議会から派遣された代表がフィラデルフィアに集まり,最初の大陸会議
(Continental Congress)――後の連合会議や合衆国連邦議会の起源となる――
を開いて対応が協議された.そこでも各植民地が既存の政府とは別の統治機構
を打ち立てるべきだという案が提示されたものの,本国と和解の余地を残すべ
きだとする見方が徐々に強まった.七年戦争後の本国の施策が憲法違反にあた
ると宣言され,植民地人が「生命,自由,そして財産」を守る権利を持ち,植
民地に渡ったことで本国人としての権利を失ったわけではないことを確認する
決議が採択された.そして,本国やアイルランド,西インド諸島の産品の不買

を約した大陸連盟（Continental Association）が結成された.

　しかし，翌 1775 年 4 月に事態は急展開をみせた. マサチューセッツは本国との戦いの準備を進めており，コンコードに設置された植民地側の武器庫を接収すべくボストンを出発した本国軍部隊と植民地の民兵がレキシントンで交戦状態に入り，本国軍に多くの犠牲が出たのである. さらに 6 月には，ボストン市内に立てこもる本国軍に対し，そこから程近いバンカーヒルを確保すべく植民地側が攻撃をしかけた. これは失敗に終わったものの，本国軍部隊は兵力の 2 割近くを失った. こうして，以後実質 6 年間にわたる独立戦争が幕を開けた.

　第 2 回の大陸会議が開催されたのは，この間の 5 月であった. 直前の戦闘勃発を受けて，大陸軍の発足が決議された. その総司令官には，有力植民地の一つヴァージニアからの代表で，人格と軍事経験を評価されたジョージ・ワシントンが任命され，各植民地が人口に応じて戦費を拠出することとなった. その一方で，君主のジョージ 3 世に和解を求める請願もなされた. 独立はまだ既定路線でなく，代議員達には独立を宣言する権限もなかった. しかし，ジョージ 3 世は和解に応じず，同年 8 月には 13 植民地が反乱状態にあると宣言し，年末には植民地の船舶が海軍による拿捕の対象とされた. 本国と対話の余地がないことは，最早明らかであった.

　独立宣言の発布へ　それでも多くの植民地人には，祖国であり当時ヨーロッパ最強だったイギリスに戦いを挑むのはためらわれた. それを乗り越えさせる一助となったのが，トマス・ペインの著した『コモン・センス』である. ペインは同書で，世襲による君主制を持つ本国の憲法を専制的と断じ，植民地統治がアメリカの人々の利益を顧みないものだとして，独立こそ「常識」に適うと主張した. 平易な言葉で書かれたこのパンフレットは，1776 年 1 月に出版されるや植民地で広く読まれ，一説では年内に 10 万部以上が売れたという.

　同年半ば，大陸会議はそれぞれ担当の委員会を設置して独立宣言や独立後の国家連合の構想を進めた. 前者はヴァージニアのトマス・ジェファソンが起草のうえ，マサチューセッツのジョン・アダムズやペンシルヴェニアのベンジャミン・フランクリンを含む 5 名の委員会で審議され，本会議での修正を経て 13 の植民地による合同の独立宣言として 7 月 4 日に採択された. それは，本国との訣別の正当性と必要性を，植民地の内外に訴えかけるものであった.

　この宣言では，冒頭で全ての人（men）が平等に創られ，生命，自由，そして幸福の追求の権利を含む不可侵の権利を持つとした．そうした権利を保護するための政府は被治者の同意に基づかなくてはならず，でなければ専制に陥ると主張された．それを踏まえて，ジョージ 3 世の治政が植民地人の権利を侵害し，それを改めようとする植民地側の努力が実を結ばなかった以上，本国との結びつきを断ち切るのは彼らの権利にして義務だと述べられた．ここでは，植民地人達がイギリスの臣民として享受してきた諸権利を，天賦の普遍的な自然権に衣替えする形で護ろうとしたといえる．

　独立宣言では，「植民地連合」に代わり，13 の連帯した邦（日本のアメリカ史学では，独立して主権国家となった元植民地をこう呼ぶ）が，戦争や和平など，独立国家として行動できると世界にアピールされた一方で，運命共同体として支え合うことも約されていた．その意味で，この独立宣言は革命による政治体制の変更の宣言にとどまらない，国際法上の文書でもあり，以後世界各地で新たに独立した国家がこれに倣って独立宣言を発するようになっていく．

　ただし，数週間で起草された独立宣言とは対照的に，新たな国家連合——今日まで用いられる「アメリカ合衆国（United States of America）」の呼称が初めて使われた——の枠組みを規定する連合規約（Articles of Confederation）の内容の確定には翌年までかかった．それは，この頃用いられるようになり，後にアメリカのモットーとなる「多から一へ（E pluribus unum）」の実現がいかに困難かを示唆していた．

（2）共和制への移行

　邦の政治制度の整備　独立によって，王権に支えられた植民地政府は正当性を失った．それにより，各邦で新たな政治体制を構築する必要が生じた．君主を戴かない共和制を実現する点では意見が一致していたものの，いかなる政治制度を採用すべきかは未知数であった．古典古代以来，君主制をとらない政治体制はせいぜい都市国家程度の小規模でしか採用されたことがなく，巨大な共和政体が同時に 13 も登場したことで，北米は共和制の実験場の様相を呈するようになった．

　すでにみたように，イギリスの憲法は概ね長年の慣習によって構成されてい

た．しかし，革命によって一気に共和制を導入するのに慣習憲法は明らかに不向きであり，それまでも各植民地の統治の枠組みは君主による特許状の中で明文化されていた．それもあって，新たな政治体制の枠組みは憲法典の形で規定されることとなった．後に合衆国憲法が制定される際，この時期の経験が大いに参照されることになる．

　共和制の政治制度を具体的に定めた成文憲法として，この時期の諸邦の憲法典は先駆的なものであったが，当時の政治状況も受けて，今日の立憲主義の発想とは違いもあったことが注意を要する．まずこの時期には，憲法を一般の法律と区別して扱う発想が浸透していなかった．多くの邦で憲法を制定したのは，革命時に代議会が自主的に衣替えした会議で，特別な制定手続きも用いられなかった．ただし，その後憲法典を修正・再制定するにあたっては，邦民から選出された代議員による憲法制定会議を開くことにするなど，通常の立法よりも厳格な手続きが定められることが増えていく．

　この時期の憲法制定の重要な役割は，邦の統治機構を整備することにあった．どの邦も，政府を立三つの権力に分けた点に，今日支配的な権力分立の考え方が受け入れられつつあったことが表れている．その一方，政府の諸機関に異なる身分が代表されることで国民全体の公共善が実現し，政体が安定するという共和主義の混合政体の考え方も残っており，大半の邦が引き続き二院制の議会を採用した．そこで二つの議院をどう区別するかが問題となったが，イギリスでは貴族によって占められた上院について，財産資格など下院議員よりも厳しい要件を課し，任期も長くすることが多かった．

　邦と連合の役割分担　これら邦憲法の最大の特色は，執行権の位置づけにあった．革命前に本国の意向を受けた総督に抑圧された記憶から，執行権は著しく制限された．多くの邦の知事（governor）あるいは大統領（president）は，邦によってはそれまでの総督と同様に評議会の監視下に置かれ，ほとんどの邦では立法への拒否権も与えられなかった．また半数以上の邦では民選でなく議会によって選出され，任期も 1 年間とする邦が多いなど，権力が集中しないよう配慮されたのである．この点で最も極端だったペンシルヴェニアでは，執行権の担い手を個人でなく邦内各地から選出された 12 名の代表からなる合議体とした．

　多くの邦の憲法典では，政府機構に関する規定に加え，生存権や所有権といった個人に保障されるべき権利が列挙され，イギリスで名誉革命の際に採択された文書に倣って権利章典（bill of rights）と呼ばれるようになった．そもそも革命が，本国政府が植民地人に本国人としての権利を認めようとしなかったことをきっかけにしていたのを考えれば，彼らが自分達の権利を確固たるものにしようとしたのは不思議でない．憲法典で，統治機構に関する規定の前に権利章典が置かれることが多かったのも，権利保障へのこだわりを表している．

　各邦が共和制下の政治制度を整えていく一方，諸邦の連帯を制度化すべく検討がなされていった．この頃には大陸会議が紙幣を発行したり外交交渉を行ったりというように，中央政府としての役割を一部担うようになった．1777年11月に大陸会議が採択した連合規約は，大陸会議を引き継ぐ連合会議（Confederate Congress）を中核とする国家連合を生み出そうとするものであった．連合は軍事や外交について邦に対して優越し，通貨の発行，度量衡の決定や郵便といった連合全体に関わる課題に対処することとなった．

　もっとも，連合政府は組織としての実体を与えられなかった．各邦が対等の立場で参加する立法機関としての連合会議以外は，その休会中に役割を代行する部門別の委員会が置かれただけであった．また課税権はなく，連合の財政は各邦に割り当てられた拠出金に依存することになった．連合規約は邦の位置づけを決定的に変えるものではなかったものの，全邦の批准による成立は1781年3月にずれこんだ．それには，この時期生じていた，諸邦の西側に広がる土地をめぐる邦間の領有権争いという背景があった．多くの邦が，主張する領有権の受け入れを連合規約の批准の条件にしたのである．西側の地域を連合に移管するという妥協がなされたものの，この問題は邦間に対立の芽があったことを示している．

（3）独立革命の成功

　独立成功の要因　ここまでみた共和制の制度的枠組みの構築は，独立を勝ち取るための戦いの最中に行われていた．当時世界最強のイギリス軍を相手に戦うには，大陸軍は練度も低く物資の供給も滞りがちで，質量共に見劣りした．初期の戦闘は一進一退で，フィラデルフィアへの攻撃や占領のために，大陸会

議はしばしば他地域への移転を迫られた．実際，イギリス軍には何度かアメリカを屈服させる決定的な機会があったとされるが，大陸軍は粘り強く戦い，1777 年のサラトガの戦いを始めいくつかの大勝利を上げて人々を鼓舞した．1781 年にヴァージニアでのヨークタウンの戦いに勝利したことで，戦闘は実質的にアメリカ側の勝利で終了した．

　明らかな劣勢にもかかわらず，イギリスに植民地の奪還を諦めさせられたのにはいくつか理由がある．まず，大陸軍には地元で戦っているという利点があった．戦闘が生じると即座に参加するミニットマンと呼ばれる地元の民兵を始め，地域住民の協力を得られたのは大きかった．戦闘はしばしばゲリラ戦の様相を呈したため，土地勘があることは有利に働いた．

　しかし，大陸軍だけでイギリスに勝てたとは考えにくい．大陸会議は，イギリスのライバルを味方につけて戦況を好転させようとした．とくに七年戦争で北米大陸の領土を失っていたフランスは，イギリス帝国の分裂とアメリカとの交易に期待して，1778 年に通商条約と同盟条約を結んで参戦した．北米大陸でアメリカと競合するスペインは，より冷ややかであったが，その翌年フランスと同盟関係に入り参戦した．他にも，ロシアの主導で他のヨーロッパ諸国が武装中立同盟を結んでいる．また革命の大義に共鳴する義勇軍がヨーロッパ各地から参加し，大陸軍の劣勢を補った．

　敗北が避けられないとわかると，イギリスはアメリカがフランス等と結んでそれ以上敵対化するのを恐れて，友好的な内容で和平を結ぶ方針に転換した．そのため，アメリカ側がミシシッピ川以東の西部地域を獲得するといった寛大な条件で 1783 年にパリで講和条約が成立し，戦争が正式に終了した．

　こうしてアメリカはイギリスから独立を勝ちとったものの，大きな犠牲を出し，また戦費の負担や深刻なインフレを経験した．植民地は，本国の経済的な締め付けをきっかけに独立を目指したわけだが，結果的に本国に従った場合よりも圧倒的に大きな人的・経済的犠牲を払うことになった．もし独立できていなければ，本国から厳しく制裁されたのは間違いない．

　植民地人が皆，革命の大義に燃えた愛国派（Patriots）だったわけではない．本国側についた忠誠派（Loyalists）以外にも，革命に消極的だったり意義を理解しないまま巻き込まれたりした人々が少なくなかった．そうであればなお，

多くの人が生命を賭して独立を目指したことが不思議に思われる．植民地は，上でみた経済的な負担だけでなく，1763 年以降に先住民の土地であるという理由付けでアパラチア山脈沿いに引かれた国王宣言線以西への進出を禁じられており，土地不足が不満につながっていた．とはいえ，それが革命に直結したわけでもない．そこでは，彼らが本国の締め付けを憲法を揺るがすものと受け止めたのに加え，当時に特有の歴史観と世界観が作用していたと考えられる．

　アメリカの新たな世界　既に見たように，植民地人はイギリスを，専制的な他のヨーロッパ諸国と異なり，被治者の同意の下で人々の自由と公共善を実現してきた一種の共和制ととらえていた．公共善に従った統治を行うには為政者に徳（virtue）が求められるものの，人間は私利私欲に走りがちで，共和制は他の政治体制に比べて不安定だと考えられていた．実際，古典古代以来の共和政体は短命で，イギリスは混合政体の採用等によって例外的に共和政体を維持できたとされていた．この見方は，イギリスで宮廷に批判的なホイッグ派の思想の影響を受けたものとされる．

　こうした歴史観から，憲法を無視した本国の振る舞いは，イギリスがついに堕落して専制化しつつあるという危機感につながった．植民地人達にとって，経済的負担だけでなく，共和制とそこで享受してきた自由がかかっていた．本国が最早共和政体でなくなった以上，自由を維持するには新たな共和国を打ち立てる他ないと考えて，独立に踏み出したのである．1775 年，後に初代のヴァージニア邦知事となるパトリック・ヘンリーは，本国のマサチューセッツへの制裁に抗議して植民地議会で「我に自由を与えよ，さもなくば死を与えよ」という名演説を行ったが，その背後には以上のような意識が働いていた．

　革命は，アメリカ人に自由の重要性を改めて意識させる機会となり，それはいくつかの変化となって現れた．第一は，奴隷制の扱いである．人間を動産として扱うことが革命の大義に反するのは明らかであった．そのため，奴隷制の経済的合理性がすでに疑問視されていた北部の諸邦では，革命をきっかけに奴隷制が廃止されていった．他方，イギリスで産業革命が始まり，綿花への需要が急増していた南部では，逆にプランテーションの労働力として奴隷が重要性を増しつつあり，奴隷制が堅持されることとなる．

　第二は，社会構造の変化である．ここまで見てきたように，アメリカ革命は

第一義的には政治体制をめぐるものであった．しかし，人々の自由への意識が強まり，社会秩序が弛緩したのもあって，階層や性別の違いに基づく上下関係に疑問が投げかけられるようになった．その結果，社会内で平等意識が徐々に浸透していったとみられる．こうして，自由を求めて起こされた革命は，奴隷制という矛盾を抱えたまま，また自由のあり方をめぐる対立を引き起こす形で，アメリカの諸邦を生み出した．

3.　合衆国憲法体制の成立

（1）連合体制下の危機

　邦内外の混乱　今日の目からは，独立後のアメリカが存続したのは当然に思えるかもしれない．しかし，実際には独立を勝ち取ったことによって，アメリカは連合規模でも邦単位でも深刻な危機に直面するようになった．

　戦争の終結によって，それまで共通の敵に立ち向かっていた諸邦の連帯は弛緩した．混乱した経済と財政を立て直す必要から，諸邦の経済的な競争は激しくなった．互いに関税をかけるなどした結果，邦間の交易が縮小し，経済成長を妨げたのである．イギリスは，諸邦との貿易を制限したり先住民と結んで邦内を混乱させようとしたりし，他の列強も諸邦の亀裂を深め，それを利用しようとした．また大陸会議が戦時中に大量の紙幣を発行したことで，一時インフレとなったものの，その価値が下がるとデフレが進んだ．それもあって，大陸軍の兵士への給与支払いも滞っていた．

　各邦の内部でも，混乱が生じた．経済的な問題以外に，革命を通じて多くの忠誠派がアメリカを離れるなどして社会が不安定化したのを収拾する必要があったものの，対応は容易でなかった．この時期の邦内の政治的対立は，個々の争点に関する議論にとどまらず，政治の枠組みそのものをめぐる争いに発展しがちだったからである．独立の是非をめぐる忠誠派と愛国派の対立が解消した後，新たな共和制を生み出すにあたって，民主化を徹底しようとする急進派と，エリートによる指導を重視する穏健派が争うようになった．両派の違いは社会経済的な階層によるところが大きく，経済や財政をめぐる対立が，政治体制に関する深刻なものになっていった．

　前節でみた，邦憲法の制定時に政治制度のあり方を決定する際にも，急進派と穏健派の力関係が影響していた．穏健派がエリート的な上院を持つ二院制の議会を好んだのに対して，急進派が力を持ったペンシルヴェニア邦等では一院制が採用された．そのため，共和制への移行は民主化の徹底に直結しなかった．共和制では共通善の実現が政治の最重要課題とされたが，民主化がそれに最もふさわしいとは限らなかったからである．むしろ当時の政治理論では，民主政は堕落して衆愚政に陥りやすいとされ，理性と公徳心を備えるエリートに支配させる方が望ましいという考えが強かった．民主化をめぐって対立が生じたのも，そのためであった．

　政治制度に関する対立は，共和主義的な政治観の下でさらに深刻化した．共和主義では，共同体全体にとって望ましい共通善がただ一つ存在し，その見極めに公徳心が必要と考えられた．その結果各政治勢力は，自分達の考えこそ共通善に適うとみて，対立勢力の見方を受け入れないばかりか，他の勢力を私利私欲に突き動かされた反体制的な存在ととらえる不寛容な態度をとった．このような政治観は19世紀前半まで残ったが，それによって生じた非妥協的な政治そのものが，誕生したばかりの共和政体が早くも崩壊しかけているという危機感を生みだした．

　新たな政治秩序への動き　こうした邦内外にまたがる混乱に対して，連合は有効に対応できなかった．そもそも連合政府は執行機関を欠き，迅速に行動できなかったし，邦間の通商規制といった，連合内の秩序維持に不可欠な権限を持たなかった．また連合会議の決定は多数決であったが，歳出を要する場合等の重要事項については9邦の賛成が必要で，連合規約そのものの改正には全邦の同意を要した．諸邦の連合への協力も，十分とはいえなかった．財政難もあったにせよ，諸邦は連合政府への拠出金をごく一部しか支払わず，それが連合政府に徴税権を与えるべきだという見方にもつながった．連合会議の定足数に満たず，審議が進まないことも珍しくなかった．

　以上のような事情から，1780年代半ばには，連合政府を強化すべきだという見方が広く共有されるようになった．それを受けて，ヴァージニア邦の提案で1786年9月にメリーランド邦のアナポリスで邦間通商の問題を検討する会合が開かれた．そこには5邦の代表しか出席しなかったものの，通商面に限ら

ず連合規約体制の抱える問題全般を議論する必要性が意識され，そのために翌年ペンシルヴェニア邦のフィラデルフィアで会議を催すべく，連合会議と諸邦に提案がなされた．

　ちょうどその頃，マサチューセッツ邦の中部および西部で，独立戦争に従軍したダニエル・シェイズに率いられた貧農を中心とする勢力による武装蜂起が発生した．彼らは，重税や負債の取り立て，また自分達の訴えを聞き入れようとしない邦政府のエリートへの反発から，法の執行にあたる裁判所を暴力で閉鎖しようとしたのである．この「シェイズの反乱」は数か月にわたったものの，散発的で，邦の民兵によって容易に鎮圧された．それでも，体制への不満に基づく蜂起が，秩序が安定していたとされるマサチューセッツで生じたことは，諸邦のエリートに衝撃を与えた．

　こうした現状への危機感も後押しとなって，連合会議もあくまで連合規約の修正を検討するという条件で翌年の会議を正式に招集した．早くも危機を迎えたアメリカの共和制を立て直すべく，急進派の強かったロードアイランドを除く12邦が代表の派遣を決定した．1787年5月下旬から，フィラデルフィアの邦議会議事堂で4か月弱にわたり開かれた会議には，全部で55名の代議員が参加することとなる．満場一致でジョージ・ワシントンを議長に選出すると，彼らは連合会議の指示に反して，国家連合よりも結びつきの強い新しい政治体制の制度枠組みの検討を始めた．この会議が「憲法制定会議（Constitutional Convention）」と呼ばれるのは，そのためである．

（2）憲法制定会議

　邦間の利害対立　各邦議会によって選出された代議員達は，半数以上が法曹資格を持つ，社会経済的・知的エリートの集団であった．彼らは，秩序維持やヨーロッパの列強への対抗といったねらいから，より集権性の強い体制を生み出そうとしていた．しかし，新たな中央政府をどう構成し，いかなる権限を与えるかについては意見が割れた．前年から体制変革を主唱してきたヴァージニア邦のジェイムズ・マディソンは，独自の憲法案を練り上げており，憲法制定会議はこの「ヴァージニア案」の検討を軸に進められた．

　この案は，中央政府に各邦（州）の立法に対する拒否権を与えるというよう

に，アメリカを国家連合から事実上の単一国家に変貌させようとするものであった．これには，権力の集中と，集権化による埋没を危惧する主に小邦の代議員達が，現状により近い「ニュージャージー案」を提案するなどして抵抗した．結局，中央政府としての連邦政府に外交，徴税や州際通商の規制を含む，極めて重要だが限られた権限を与え，その範囲で行う立法を州法に優越する最高法規とすることとなる．そこでは，国民が持つ主権を対等な連邦と州の政府が分け合って行使するという，今日の連邦制につながる考え方が採用された．

　連邦と州の関係に関わるもう一つの重要な論点が，憲法典の第 1 編で規定され，連邦政府の持つ権限の大部分を与えられることになる連邦議会への代表選出のあり方である．ヴァージニア等の人口の大きな邦が，諸邦の人口規模に応じた議席の配分を主張したのに対して，小邦はニュージャージー案もそうであったように邦間の均等配分を求めた．

　両者の対立は先鋭化したが，最終的には任期 2 年の下院議員の議席を概ね人口に比例して配分する一方で，任期 6 年の上院議員は各州から 2 名ずつ選出するという妥協が成立した．下院議員は民選とされた一方，上院議員の選出方法は各州が決めることになったが，州議会による選出が想定されており，エリートによって選ばれる上院議員はより公徳心を持つと期待された．それを受けて，条約の批准や政治任用人事の承認等，下院よりも多くの権限を与えられた．

　代表のあり方をめぐっては，奴隷制も対立軸となった．10 年毎に実施される国勢調査で確定され，下院の議席配分の基礎となる各邦の人口に奴隷を含めるよう南部の邦が要求し，既に奴隷制を廃止していた邦との間で対立が生じたのである．メリーランド以南の 5 邦では，奴隷が総人口に占める割合が平均で 3 分の 1 を超えており，それが除外されたのでは新たな体制での影響力が限定されるのが確実だった．自由邦からすれば，奴隷が議席配分時に考慮されることで，彼らの自由を剝奪している奴隷主の権力が強まるのは容認しがたかった．しかし，南部では奴隷制が生活様式の一部になっていたから，それを脅かすような制度は受け入れられなかった．

　この問題をめぐって一時会議全体が膠着状態に陥ったものの，最終的に奴隷 1 名を 5 分の 3 人と数えて算入するという妥協が成立した．それ以外にも，最南部の 2 邦の求めで 1807 年中までは奴隷貿易が認められるというように，南

北対立は全体に南部の要求が容れられる形で決着した．それは，南部抜きの新体制が考えられなかったからに他ならない．とはいえ，以上の規定を含め，憲法案で「奴隷」という表現が用いられることはなかった．自由邦の代表はそれによって，憲法典が道徳的に認められない奴隷制を正面から受け入れる屈辱だけは免れようとしたと考えられる．

　大統領と執行権の位置づけ　憲法制定会議では，強力な連邦政府を生み出そうとした反面，それによって共和制が脅かされないよう配慮された．そこで代議員達を最も悩ませたのが，執行権の性格付けであった．連合会議の無力さと諸邦の混乱の経験から，影響力ある執行機関の必要性については合意していたものの，権力が集中して君主になってしまう危険も意識された．こうした考慮から委員会形式も提案されたものの，最終的には独任制の職とされた．長期支配を危惧しつつも，知事が無力だった諸邦の経験も踏まえて，任期を 4 年と長くとり，再選も妨げないこととした．名称についても，過度の権威づけを避けるべく，邦でも用いられ，一般に組織の長を指す「プレジデント」——大統領と訳される——が充てられたのである．

　大統領については，それをどのように選び，いかなる権限を与えるかがさらに問題となった．大統領は議会から独立すべきと考えられた一方，民選にすると大衆を扇動するデマゴーグが登場する恐れがあった．そこで，各州がその州の連邦議会議員と同じ数だけ大統領選挙人を選び，彼らが大統領を選出する間接選挙にして，知恵のあるエリートが影響力を発揮しやすくした．他方，大統領は条約を締結し，軍の最高司令官となるなどアメリカを対外的に代表する役割を与えられた．また執行諸機関や裁判官の人事を行い，立法への拒否権を持つというように重要な諸権限を付与された．外交や人事に関して連邦議会上院の「助言と承認」が必要とされたのは，諸邦の評議会と同様に大統領のお目付役を期待されてのことであった．

　このように，大統領はある程度強力な執行機関になることが期待されたが，その政治的役割がいかなるものになるかは未知数であった．大統領に関する憲法案の第 2 編は，「執行権は大統領に属する」という規定で始まる．これは，執行権が大統領の最重要の権限であることを示唆するものの，その具体的中身は実践を通じて確定されるべきだと考えられた．そして，その担い手について

代議員達の間には暗黙の了解があった．大陸軍総司令官としてアメリカを独立に導きながら，地位や名誉を求めず故郷に戻り，人々の求めに応じて憲法制定会議議長となったワシントンその人である．彼以上に共和制の政策執行責任者に必要な威厳と徳を兼ね備えた人物はいないとみられた．

　以上からわかるように，憲法制定会議では，中央政府を強化し影響力のある執行機関を設置するという大まかな合意こそあったものの，目指すべき統治機構の像が共有されていたわけではなく，利害や理念の違いから深刻な対立も生じた．その結果，連邦議会は構成と選出方法の両面で妥協の産物となり，大統領の役割も明確化されたとは言いがたい．司法府にいたっては，合衆国最高裁判所の設置が定められたのみで，下級審の裁判所を置くかどうか，置くとしていかなる構成にするかも後の立法に託されたのであった．

　憲法制定会議を主導し，「憲法の父」と呼ばれるようになるマディソンは，連邦政府の役割が期待したよりも限定されたのもあって新体制の将来を不安視したという．しかし，この憲法案の大雑把さは，それがより多くの人々に受け入れられ得，また将来不確実な状況に柔軟に対応しうる可能性を持っていた点で，結果として好都合な面もあったといえよう．

(3) 合衆国憲法の成立

　憲法案批准推進の動き　憲法制定会議が 1787 年 9 月に確定した合衆国憲法の案は，それぞれ立法権，執行権，司法権について規定した最初の 3 編に，連邦政府と州および異なる州の間の関係，憲法の修正手続きに関する条項が続いた．そして最後の第 7 編は，この憲法案の批准の主体を各邦の「会議」としていた．憲法制定会議は連合会議の指示に違反しており，また新たな中央政府は市民によって選出されることとされたから，邦政府による批准は不適当とみられたのである．また各邦が憲法典を再制定する際も，邦議会でなく邦内の各地域から選出された代議員らが憲法典を起草し，一般投票で承認するという手続きが一般化していた．そこで，各邦で合衆国憲法の批准を討議する会議を開くこととしたのである．さらに，13 のうち九つの邦が批准すれば，批准を終えた邦の間でこの新憲法が発効することとされた．

　憲法制定会議の閉会後，代議員達は直ちに諸邦で憲法案の批准に向けた働き

かけに取りかかった．会議中にも新たな中央政府への批判が登場しており，批准成立は決して楽観視できなかった．この当時，君主や貴族のいない共和制は，市民の考えや利害が似通った，都市程度の小規模でしか実現できないというのが支配的な見方であった．そのため，市民から距離のある強力な中央政府は専制に陥りかねないとして批准に反対あるいは懸念を示す勢力が登場した．各邦で招集された会議では，しばしば長期間にわたり論戦が繰り広げられたが，反対派は，アメリカの共和制が地域に根ざした自営農による自治に基礎づけられた，より民主的なものであるべきと考えた．

　一方で，制憲者達も共和主義を重視していたものの，民主的な共和政体におけるエリートの役割をより重視していた．大統領が間接選挙とされ，下院よりも権限の大きな上院の議員について州議会による選出が想定されたのも，大衆から距離のあるエリートの方が共通善にかなった行動をとれるという，共和主義的な発想からであった．以後も，知性と徳を兼ね備えた「自然の貴族」が支配すべきだという発想が，19 世紀初頭にかけてエリート間で共有されることになる．

　批准推進派は，自分達を連邦派<ruby>フエデラリスツ</ruby>，反対派を反連邦派<ruby>アンチ・フエデラリスツ</ruby>と呼んで，反対派が体制改革自体に反対しているかのようなイメージを植え付け，新体制の成功に不可欠な州の批准を確実にしようとした．なかでも，反対派の有力だったニューヨーク邦では，アレクサンダー・ハミルトンがジョン・ジェイとジェイムズ・マディソンと共に，「ププリウス」の筆名で憲法案を擁護する論説を新聞に連載した．これらは，翌 1788 年に『ザ・フェデラリスト』の題で書物として出版されている．多岐にわたる論点に，諸邦の経験も踏まえて理論的に洗練された議論が展開されており，今日でも合衆国憲法の解釈にあたって参照されるばかりでなく，政治思想史上の古典となっている．

　連邦共和国の成立　『ザ・フェデラリスト』のなかで最もよく知られるのが，マディソンによるとされる，大規模な共和制が実現不可能だという憲法案反対派の主張への反論である．この第 10 篇では，私利私欲に走り公共善の実現を阻む徒党（faction）による支配を抑制するうえで，反対派が理想とする小規模な直接民主制よりも，合衆国憲法に基づく代議制の方が望ましいと述べられる．それは，代議制ではより公徳心を持つ人々が選ばれて公職に就きやすいのに加

え，徒党の専横を防ぐのにも向いているからである．

　マディソンは，徒党を作るのは人間の本性である以上，出てきた徒党に支配させないことが肝要だという．この点，小さな共和国では特定の利害に基づく徒党が容易に多数派を占められるのに対して，大きな共和国では多様な勢力が各地で徒党を組んで競争するので，大規模な単一の多数派はできにくい．また連邦と州の多数の政府があり，各政府内の諸機関が抑制均衡の関係にあるため，ある徒党が政府全体を支配するのも困難だというのである．

　党派同士が競争する大規模な代議制の共和国の方が党派の影響を抑制しやすいというこの議論は，それまでの共和主義の常識を覆す画期的なものであった．とはいえ，それで新憲法案への批判が収まったわけではない．また反対派だけでなく，多くの人々が持っていた別の不満として，当時大半の邦憲法に盛り込まれていた権利章典が新憲法案に含まれないということがあった．この点は憲法制定会議でも議論されたが，新たな中央政府は憲法案に具体的に列挙された権限しか行使できない以上，権利章典は必要ないどころか，置くといらぬ誤解を与えかねないとして一蹴されていた．しかし，そうした説明で人々の不安は解消されなかったのである．

　憲法案に対して，各邦は批准するかしないかのどちらかだと想定されていた．ところが，ニューヨーク邦と同様に反対派の強かったマサチューセッツ邦を皮切りに，権利章典の追加を条件としたり，推奨したりして批准する邦が現れた．もっとも，これは推進派の有利に働いた．条件つきの批准も，批准として扱ってしまえたからである．推進派は，憲法典の成立後ただちに権利章典を修正条項として加えることに積極的になり，それも批准の後押しとなった．

　1788 年 6 月に九つ目となるニューハンプシャーが批准を終え，それによって合衆国憲法は発効した．すぐにヴァージニアとニューヨークが続き，ノースカロライナとロードアイランドを除く 11 州で新体制が発足することになった．各州は，直ちに連邦議会議員と大統領の選出にとりかかった．こうして，イギリス人としての権利を守るべく始まった 13 植民地の戦いは，四半世紀を経て自由や平等といった普遍的価値の実現を掲げた，大西洋岸全体にまたがる連邦共和国という壮大な試みに結実したのである．

　合衆国憲法という新たな政治体制の設計図は成立したものの，複数党派の存

在が容認されず，連邦政府の役割について根本的な意見の相違を抱える中で実際の政治がどのように展開するのかは未知数であった．またマディソンにしても，連邦制の「複合的な共和国（compound republic）」の存続を楽観視していたわけではなかった．実際，連邦政府の発足直後から，制憲者達（framers）が予想しなかった形で複数の党派による政治が生み出されることになる．

第2章

大陸規模の民主主義の成立と展開

1. 建国当初の政治的対立

(1) 宮廷政治としての初期連邦政治

　連邦派の諸政策　1789年3月，暫定の首都とされたニューヨーク市で連邦議会が発足した．翌月には大統領選挙人の満票を得たジョージ・ワシントンが初代大統領に就任し，次点のジョン・アダムズが副大統領となった．当初連邦議会は両院合わせて80名程度にすぎず，執行機関も財務省，外務省（同年，国務省に名称変更），陸軍省の三省体制で発足した．公職者の多くを革命指導者達が占めたのもあって，初期の連邦政治は絶大な権威を持つワシントンを軸に，少数の有力者の個人的関係にも大きく左右される，さながら宮廷政治の様相を呈することになった．

　連邦議会の仕事は，憲法制定会議のやり残しを片付けることから始まった．同年中に司法府法が成立して，6名の裁判官からなる合衆国最高裁と各地に置かれる地方裁判所，そして両者の裁判官が共同で担当して地域別に重要事件の第一審も扱う控訴審レベルの巡回区裁判所の設置が決まった．初代の最高裁首席裁判官には，ジョン・ジェイが任命された．また憲法の批准時に要請の出ていた権利章典について，下院議員となったマディソンの主導で，信教，言論，出版の自由や適正手続き等，人々に一連の権利を保障する12の修正条項が議会によって発議され，そのうち10条項が，1791年中に4分の3の州の批准を得て発効した．

　一方ワシントン政権では，独立戦争時にワシントンの副官を務めて以来その右腕となっていたハミルトンが財務長官となり，主導権を握った．独立戦争を通じて大陸会議や邦が抱えた巨額の債務の償還が，その喫緊の課題となった．また彼は，憲法制定会議でヴァージニア案でも集権性が不十分と考えていたこ

とにも示されるように，列強と互していくには強力な国家機構による経済への
介入が不可欠とみていた．ハミルトンは1790年から翌年にかけて，連邦議会
に政策構想をまとめた三つの報告書を提出した．諸邦の独立戦争時の債務を連
邦が引き受け，金融市場を安定させるために中央銀行として（第一）合衆国銀
行を設置し，保護関税やインフラ整備等を通じて製造業を発展させるべきとい
うのがその主張であった．

　これらの提案は，順次立法化されていった．しかし，国民から遠い連邦政府
が政治的主導権を握って専制化するのを恐れ，その役割を限定すべきと考える
勢力から強い反対が出た．合衆国憲法は，列挙された諸権限の他に，憲法上の
目的を達成するための立法を行う権限一般を連邦議会に与えており，ハミルト
ンは自らの提案がそれによって正当化できると考えた．それに対して，反対勢
力はこれを憲法違反ととらえた．この頃には，ジェファソンがそうした勢力の
中心になっており，ワシントンはハミルトンらと融和させるべく彼を国務長官
にしていた．しかし，ハミルトンの方針には『ザ・フェデラリスト』の共著者
であったマディソンも反対に回った．

　連邦による諸邦の債務引き受けを定めた1790年の公信用法については，首
都をフィラデルフィアを経て南部（後のワシントン）に移すことと引き換えに妥
協が成立したものの，二つの勢力の確執は激化し，1790年代前半にハミルト
ンやアダムズらが連邦派（Federalists），ジェファソンやマディソンらが民主共
和派（Democratic Republicans，あるいは単に共和派）と称する党派を形成してい
った．共和派は，公徳心をもつ自営農民による自治こそがアメリカの共和制の
基礎たるべきという，連邦派と対照的な見方をとった．政権の一員として，ジ
ェファソンは連邦派を直接批判することは避けたものの，自由に政治活動を行
うためもあって，1793年末に国務長官を辞任することとなる．

　「第一次政党制」の対立激化　この党派対立の構造は，長く第一次政党制と呼
ばれてきた．しかし，各党派は自分達こそ共通善の担い手と考えて，互いの存
在を正当なものと認めようとしなかった．そのため近年では，党派間の競争が
制度化されておらず，政党制だったとはいえないと考えられている．ワシント
ン個人の考えは連邦派寄りだったものの，党派対立が生じては共和制を維持で
きないと考えて，一方に肩入れするのを避けた．しかし，党派の存在に否定的

な人々による党派的な政治は，殺伐とした雰囲気のものになった.

　この時期の党派対立は，外交とも連動していた．連邦政府の発足後程なくフランス革命が勃発し，1792 年 4 月からはそれをめぐりヨーロッパで戦争となった．ワシントンが再び大統領選挙人の満票を得て再選され，二期目に入った直後の 1793 年 4 月に着任したフランスの駐米公使エドモン・ジュネは，アメリカ国内でフランスへの支持をたきつけ，義勇軍を募るなどして物議を醸した．共和派は同じ共和制を目指すフランスに親近感を抱いていたが，ワシントンは同年 8 月にフランスに対してジュネの召還を求めたのである.

　他方，この戦争でアメリカが中立を宣言したのに対し，イギリスがそれを無視してアメリカ船舶の拿捕に踏み切ったことに共和派は強く反発した．他方，産業革命の進むイギリスとの経済的な相互依存が国力の強化に不可欠と考える連邦派は宥和を目指した．この思惑はイギリスとも一致し，特使として派遣されたジョン・ジェイは，翌年最恵国待遇等アメリカに有利な内容を持つ条約の締結に成功し，このジェイ条約は一時的に外交の安定をもたらした．しかし，共和派はイギリスと結ぶことに不満であった.

　1790 年代は連邦派が連邦議会で多数派を占めることが多かったものの，その支配が安定していたとはいえない．1791 年に，ハミルトンの提案で連邦財政の健全化のためにウィスキー税が導入されると，輸送費を節約するために穀類をウィスキーに加工していた内陸部の農民は徴税に抵抗し，1794 年にはペンシルヴェニア州で徴税監督官の邸宅が襲撃されて死者が出る事態に発展した．ワシントンはこの「ウィスキー反乱」を共和制の秩序を乱す重大事件とみて，同年 10 月に自ら 1 万を超える民兵を率いて事態を収束させたものの，連邦派への不満は共和派への支持に転化していくこととなる.

　ワシントンが二期目の終わりを控えて引退を表明したのは，こうした不穏な状況下であった．1796 年 9 月に発表した「告別の辞」において，政府と連邦（Union）の一体性こそが市民の自由の源泉だと訴え，私心に基づく党派の興隆や地域間対立がそれを脅かす恐れを説いたのはそのためであった．また外国の影響も大きな脅威になるとして，距離の遠さを活かしてどの国とも恒久的な同盟関係に入らず，中立を維持すべきと主張したのであった.

　ワシントンは，新たに創設された大統領職に権威を与えただけでなく，内閣

制度を生み出し，二期8年で退任するなどの多くの慣行を打ち立てて，制憲者達の期待に応えた．超然とした態度によって，建国直後という先の見えない時期に党派対立が決定的に悪化するのを防ぐことは，彼だけに可能だったといえよう．そしてアメリカには，ワシントンという個性に頼らずして共和制を安定させるという課題が残されたのである．

(2) 政党制なき党派対立から政権交代へ

　アダムズ政権下の党派対立　1796年の大統領選挙では，連邦派がアダムズ，共和派がジェファソンを立て，初めて複数の候補によって争われた．当時の憲法上の規定は党派対立を想定しておらず，大統領と副大統領は同一の選挙で選ばれた．各大統領選挙人が2票を別々の候補に投じ，得票第1位の候補が大統領，次点が副大統領に当選することになっていた．その結果，連邦派はアダムズを大統領に当選させたものの，副大統領候補の票の調整に失敗し，他方で共和派が動員に励んだ結果，ジェファソンが副大統領となったのである．

　党派から距離を置いたワシントンと違い，アダムズは共和派との衝突を恐れず，両党派の対立はいよいよ深まった．とくに，対仏外交が深刻な影を落とすことになる．米英関係が好転した一方で，フランスはアメリカを含む中立国の船舶を拿捕するようになり，アメリカとの国交停止まで宣言していた．アダムズ政権は1797年に関係改善のために使節を送ったものの，フランスのシャルル・タレーラン外相は3名の使者を通じて，交渉に応じる条件として借款と賄賂の提供を求め，物別れに終わった．この使者を指して「XYZ事件」と呼ばれる一件を経て対仏感情は悪化し，米仏は翌年から一時武力衝突にいたった．

　連邦議会でも多数派を占めた連邦派は，この間に軍備を拡大した．1798年には海軍省を設置し，さらに国内秩序を脅かす外国人の抑留・送還や，政府に批判的な言動を取り締まる一連の外国人・治安諸法を制定した．共和派がこれに反発したのはいうまでもない．ジェファソンは副大統領として，公然と政権を批判するのは避け，前任者のアダムズが，副大統領の兼任する上院議長として審議に積極的に参加したのに対して，議会への関与も控えていた．しかしジェファソンとマディソンは，この立法を批判し，各州には憲法違反の連邦法を違憲と宣言する権利と義務があるとする文書を執筆して，1798年末にそれぞ

れ共和派の強いケンタッキーとヴァージニアの州議会で決議された．

　政権批判は治安法に抵触する恐れがあり，両決議の起草の経緯は厳重に秘匿された．この間の展開は，当時の党派対立が政府権力をめぐる競争というよりも，互いの存在への攻撃という性格を帯びていたことをよく示している．世論の外国人・治安諸法に対する反対もあって共和派はさらに勢力を伸ばし，政権交代の可能性も取りざたされるようになった．1800 年の大統領選挙は，こうした極度の緊張状態の中でたたかわれることになる．

　再選を目指すアダムズに対して，共和派は再びジェファソンを擁立したが，大統領選挙人による投票の結果，前回に引き続き波瀾が生じた．ジェファソンと共和派の副大統領候補アーロン・バーが，共に最多票を得たのである．憲法の規定により，結果の確定は連邦議会下院での決選投票に持ち越され，選挙の帰趨は改選前の下院で多数派を占めた連邦派の手に握られた．通常の採決と異なり各州が 1 票を持ち，過半数の州の支持を集めた候補の勝利となる決選投票はなかなか決着がつかなかったものの，ハミルトンがよりましな候補としてジェファソンを推し，実に 36 回目の投票で大統領当選が決まった．この経験を受けて，1804 年には正副大統領選挙を分ける合衆国憲法の第 12 修正条項が成立することとなる．

　史上初の政権交代へ　共和派はこうして初めて大統領選挙に勝利し，連邦議会でも上下両院で多数派を占めた．1801 年 2 月の決選投票から翌月の新大統領就任まで，政権交代を受け入れがたい勢力によるクーデタの心配もささやかれた．それだけに，ジェファソンが後に「1800 年の革命」と呼んだこの平和裏の政権交代の意義は大きい．彼は就任演説で「我々は皆共和派です．我々は皆連邦派なのです」と述べ，党派を超えた連帯の必要を訴えた．

　もっとも，連邦派はこれで連邦政府の支配を完全に失ったわけではなかった．実質的に終身である司法府の裁判官達は，ワシントンとアダムズに任命された連邦派寄りの人々であった．しかも，大統領選挙の決選投票の最中に，連邦派は新しい司法府法を成立させて裁判官職を多数増設し，アダムズは大統領としての最後の夜までかけて連邦派を任命していった．司法府はしばらくの間，連邦派の橋頭堡として大きな存在感を持つことになる．

　アダムズによるこの「深夜の任命」は，司法府が重要な権限を持つことを確

認するきっかけともなった．そこで任官された裁判官の一人ウィリアム・マーベリについて，ジョン・マーシャル国務長官が辞令を送付しそこね，政権交代後国務長官となったマディソンはこの辞令を保留した．そこでマーベリは司法府法に則って，辞令交付を求める訴えを合衆国最高裁に起こした．もし連邦派の支配する最高裁がマーベリの訴えを認めれば，最高裁が党派的に行動したと非難されるのは確実であった．しかも，当時新任の首席裁判官のマーシャルはこの一件の当事者でもあった．

　マーシャルは，自ら執筆したこのマーベリ対マディソン事件に対する 1803 年の判決で，マーベリの訴えを退けた．ただしその際，マーベリの依拠した司法府法が最高裁にこの事件の管轄権を与えていたことがそもそも憲法違反であるとの理由付けを行って，司法府が法律の合憲性を判断する権限を持つと述べた．この歴史的な判決を通じて，最高裁は党派的偏りの批判をかわすだけでなく，合衆国憲法で明記されていない，政府の活動の合憲性を判断する司法審査権を確立したのである．

　こうして 19 世紀は，共和派が連邦議会の多数派と大統領，連邦派が司法府をそれぞれ確保して幕開けを迎えた．とはいえ，この二つの党派の対立という構図は長くは続かなかった．

（3）共和派の一党支配へ

　共和派の方針転換　連邦政府の役割を限定的にとらえる共和派が政権を握ったことで，ジェファソン政権下で大きな政策転換が生じても不思議はなかった．ところが，外国人・治安諸法の廃止や軍備の縮小といった措置がとられた一方，経済発展を目指した既存の政策は多くが継続された．1791 年に設置されていた（第一）合衆国銀行は，1811 年に特許状が切れるまで存続しただけでなく，次のマディソン政権下の 1816 年に新たな（第二）合衆国銀行に特許状が与えられている．農本主義的な共和派が嫌っていたはずの保護関税も存続するなど，引き続き製造業の振興策がとられたのである．

　ジェファソン政権は，それ以外にも積極的に連邦政府を活用した．地図 2 にあるように，1803 年には，合衆国の西側に広がるルイジアナ地域をフランスから購入し，一挙に領土を倍増させるとともに，太平洋岸まで大陸内を往復す

イギリスから割譲（1818）

オレゴン領有
（1846）

ルイジアナ（1803）

ミ
ズ
ー
リ
川

メキシコより割譲
（1848）

コロラド川

ア
ー
カ
ン
ソ
ー
川

レッド川

オ
ハ
イ
オ
川

独立時の領土

ミ
シ
シ
ッ
ピ
川

ガズデン購入
（1853）

リ
オ
グ
ラ
ン
デ
川

テキサス
（1845）

メキシコとの
係争地（～1848）

スペインより獲得
（～1819）

地図 2　アメリカの領土拡大（1783～1853 年）

［出典］Carl N. Degler et al., *The Democratic Experience: A Short American History*（Scott, Foresman, 1977），
p. 210 を基に作成.

る探検隊を派遣して内陸部の様子を探らせた．また 1806 年には，首都ワシン
トン沿いに流れるポトマック川の上流にあるカンバーランドと内陸部をアパラ
チア山脈を越えて結ぶカンバーランド道路の建設を決め，陸軍工兵隊も建設に
関わっている．領土の獲得と交通路の整備は，自営農民を中心とする，ジェフ
ァソンのいう「自由の帝国」を築き上げるねらいに基づいており，後の政権に
も引き継がれていく．

　連邦政府による積極的な統治を支えたのが，連邦派が中心の司法府であった．
合衆国最高裁は，マーベリ対マディソン事件判決以後，半世紀にわたり連邦法
には違憲判決をほとんど出さなかった反面，州法に対してはしばしば違憲の判
断を行った．第二合衆国銀行に反対のメリーランド州が，同行の州内の支店に
課税しようとしたのを憲法違反とした 1819 年のマカロック対メリーランド事
件判決，連邦の州際通商規制に州は介入できないとする 1824 年のギボンズ対
オグデン事件判決等，マーシャル首席裁判官時代の最高裁は，州に対する連邦
の憲法上の優越を判例によって確立し，大統領や連邦議会の信頼を勝ちとった．
　連邦派の衰退と政界の世代交代　共和派が連邦派のお株を奪うような集権的

で国力増強を重視した政策を展開していくなかで，連邦派は存在感を失っていった．19世紀に入ると，革命を主導した世代が政界を引退していったが，少数派となった連邦派には新たな有力指導者が現れにくかった．連邦派の顔であったハミルトンは，1804年にニューヨーク州で長年の仇敵であったアーロン・バー副大統領との決闘の末，命を落としている．そして，対英仏関係の展開により，連邦派の凋落が決定的なものとなる．

　1803年からのナポレオン戦争に際して，イギリス軍はアメリカの船舶から船員を徴用するようになり，アメリカは反発を強めていたが，1807年に海軍のチェサピーク号まで一時拿捕されるに及んで，同年12月にアメリカ商船の出港禁止が立法で決まった．しかし，これはニューイングランドの経済に大きな打撃となり，この政策に反対する同地域の連邦派が息を吹き返すきっかけになった．その後，アメリカを含む中立国の貿易の妨害をめぐるイギリスとの交渉がこじれた結果，1812年にアメリカはイギリスに宣戦布告を行った．1815年まで続いたこの「1812年戦争（米英戦争）」では，首都ワシントンが占領され，大統領官邸が焼き討ちに遭う事態まで生じた．

　この間連邦派は政権批判を繰り返し，1814年には南部や西部で強い共和派がニューイングランドの利害を省みていないとして，コネティカット州のハートフォードでニューイングランド諸州の代表会議が開かれた．そこでは，連邦からの離脱やイギリスとの単独講和まで提案され，年明けに連邦政府を非難する決議が採択された．ところが，1814年末に南ネーデルラントのガンで和平が成立しており，しかもその報が伝わる前の1815年初めに，アンドルー・ジャクソン将軍率いる部隊がニューオーリンズでイギリス軍に大勝した．その結果，ニューイングランドの反体制的な姿勢に非難が集中し，連邦派はさらに影響力を弱めることとなった．

　これにより，全国規模では共和派の一党支配が実現した．1820年代前半まで，ジェファソン，マディソン，ジェイムズ・モンローというヴァージニア出身の革命指導者達が各二期大統領を務める「ヴァージニア王朝」が続くことになる．他方，この時期には新世代の指導者も台頭した．ケンタッキー州のヘンリー・クレイとサウスカロライナ州のジョン・カルフーンは，この1812年戦争に際して好戦的な立場をとったナショナリストであった．この二人に加え，

ニューハンプシャー州の連邦派ダニエル・ウェブスターは，19 世紀前半の政治を牽引することになる．「三巨頭」と称された．彼らは，それぞれ新興の西部，南部，北東部の利害を代表しており，政治対立に新しい構図が生み出されていったのである．

　1812 年戦争は，経済面でも大きな転機となった．出港停止措置もあって貿易が滞ったため，ニューイングランドを中心に製造業が発達し，ヨーロッパから一足遅れて産業革命に道筋がつけられたのである．連邦派が批判した共和派の反英的な政策によって，皮肉にも彼らの目指すアメリカの経済的自立が進んだことになる．以後も 1830 年代にかけて，クレイの提唱した「アメリカン・システム」構想に代表されるように，保護関税と金融・交通インフラの整備といった政策手段を組み合わせて経済力の強化が図られていく．

2.　全国的な二大政党制の成立とその構造

(1)　大陸規模の発展の足がかり

　奴隷制の拡大とミズーリの妥協　1817 年からのモンロー政権期には，共和派に対抗しうる政治勢力がなくなり，ナショナリズムも引き続き支配的であった．そのため，当時は「好感情の時代（Era of Good Feelings）」とまで呼ばれたが，争いの種がなかったわけではない．中でも深刻になりえたのが奴隷制の位置づけであり，アメリカの西部への拡大に際して，新しくできる州に奴隷制が認められるべきかが議論となった．これは，奴隷制が国内でどれだけ存在感を持つかに加え，奴隷州の持つ政治権力の大きさに関わる深刻な問題であった．

　この問題は，それ以前から意識されていた．1787 年に連合会議が制定した北西部条例は，イギリスとの講和で獲得した今日の中西部地域について，新たに邦（州）が組織される際には奴隷制を認めないことを定めていた．しかし，その後に獲得した領土に奴隷制を認めるかどうかははっきりせず，ジェファソン政権期に購入されたルイジアナ地域では奴隷制が実践されていた．そこへ，1819 年にその一部であるミズーリ準州（の南東部分）が連邦へ奴隷州としての加入を申請したのである．

　ミズーリは東側で自由州と奴隷州のいずれにも接しており，また当時は奴隷

州が 10, 自由州が 11 とほぼ同数だったこともあって, どのように昇格させる
かが承認権を持つ連邦議会で論争となった. 同年末にアラバマが奴隷州として
昇格を認められたのもあって, 北部からは自由州とすべきだという主張も出て
紛糾した. しかし, マサチューセッツ州からメインが分離して自由州としての
加入を求めており, 翌年ミズーリとメインの希望通りの加入で決着をみた. こ
の「ミズーリの妥協」では, 以後当時の領土内で奴隷州はミズーリよりも南
（北緯 36 度 30 分以南）にしか認めないという取り決めもなされた.

　これ以降 19 世紀半ばにかけては, 新しい奴隷州と自由州を同時期に加入さ
せることが慣例となる. 連邦議会下院では, すでに自由州選出の議員の方が多
かったため, 上院で南北の拮抗状態を維持し, 奴隷州に拒否権を与えるのがそ
のねらいであった. こうして, 奴隷制の争点は西部への進出との関係ではしば
らくの間非政治化されることになる.

　モンロー・ドクトリン　そのうえで, モンロー政権はアメリカが以後大陸大
に発展していく方向性を対外的に打ち出し, 正当化する役割を果たした. 当時
ヨーロッパでは, ウィーン体制下で域内の国際関係が安定をみ, 1804 年のハ
イチ独立を皮切りに, ラテンアメリカで列強の植民地が相次いで共和国として
独立を果たしたのを受けて, 干渉を強めようとする気運が強まっていた. それ
に反対するイギリスが, アメリカに共同での態度表明を求めてきたのに対して,
モンロー政権は単独で行動することとした. 1823 年 12 月に議会教書の一部と
して発したのが, いわゆるモンロー・ドクトリンであった.

　モンローはそこで, アメリカ大陸で共和制が発展し, 君主制のはびこるヨー
ロッパとは異なる世界が生み出されたことを強調した. そのうえで, ラテンア
メリカ諸国の再植民地化を含めた干渉の動きを牽制し, アメリカ諸国とヨーロ
ッパは相互に干渉すべきでなく, 同盟等の錯綜した関係に入ることも回避すべ
きだと主張したのである. これは, 以後 19 世紀を通じてアメリカの外交姿勢
の基調となる.

　この教書は, しばしばアメリカによる孤立主義の表明だと説明されるが, 二
つの点で留保が必要である. 第一に, アメリカは 19 世紀末にイギリスに大使
を派遣するまで公使級の外交官しか設けないなど, 外交に熱心とはいえなかっ
た. しかし, 交易や大量の移民の受け入れという形でヨーロッパと結びついて

いた．とくに移民の受け入れは，不足する労働力を補う意味合いが大きかった
ものの，君主制のヨーロッパ社会で不適応者とされた人々を受け入れてなおア
メリカが成功することで，共和制の優位を示し，世界の民主化を主導すること
も企図されていた．

　第二に，アメリカはラテンアメリカ地域の共和国としての独立を歓迎してい
た一方で，アメリカ大陸を共和制の第一人者として主導する勢力圏とも位置づ
けており，むしろヨーロッパの干渉を排して積極的に関与していこうとしてい
た．それには，アメリカ自体の領土的拡大も含まれた．モンロー政権自体，
1819 年にはスペインからフロリダを購入し，北米大陸西部のスペイン領との
境界を画定する条約を結んでいる．

　当時のアメリカは軍事的・経済的にヨーロッパの列強の後塵を拝する，いわ
ば発展途上国であった．そのため，ワシントンが「告別の辞」で述べたように，
ヨーロッパ諸国と関係を緊密化させて対立のリスクを増やすよりも，歴史家 C.
ヴァン・ウッドワードが「自然の安全保障」と呼んだ広大な大西洋の存在を活
かして，外交的に距離をとろうとしたのである．しかし，内に閉じこもるので
なく，外から人を呼び寄せ，西部に向けて大陸大に発展することが目指されて
いた．

　モンロー政権期には，このように中長期的にアメリカの内政と外交の針路を
決める，重要な決定がなされた．それだけでなく，1819 年からは深刻な恐慌
が発生し，政府が市場の統制にいかなる役割を果たすべきかが論議を呼んだ．
連邦レベルでは，中央銀行としての第二合衆国銀行の役割や関税の規模，また
経済を発展させ景気を刺激する手段としての国内開発（インフラ整備）に注目
が集まった．それに，多くの州では財産や宗教上の制限が撤廃されて白人男子
普通選挙が実現するなど民主化が進みつつあり，各州の大統領選挙人も，ほと
んどが一般投票で選ばれるようになっていた．1820 年代には，こうした変化
が政治の構造を大きく変化させることになる．

（2）民主党の登場

　共和派内の対立から民主党の多数派へ　モンローの後任を決める 1824 年の大
統領選挙は，19 世紀に入って初めて実質的な競争を伴うものとなった．「ヴァ

ージニア王朝」では，前政権の国務長官が次期大統領候補に指名されることが慣例であった．その流れでは，19 世紀に入って連邦派から共和派に鞍替えしていた，アダムズ大統領の息子で，モンロー・ドクトリンの策定も主導したジョン・クインジー・アダムズ国務長官が指名されるはずであった．ところが，連邦政府の役割を限定的にとらえる守旧派が支配する共和派の連邦議会議員総会（コーカス）は，連邦政府の役割を重視するアダムズでなく，ジョージア州のウィリアム・クロフォード財務長官を指名した．

　これを受けて，アダムズ，クレイ，そしてカルフーンと，異なる地域を代表する指導者達が相次いで立候補した（ただし，カルフーンは後に副大統領選挙に鞍替えして当選する）．一方，彼らのエリート性に反発する勢力が，1812 年戦争で国民的英雄になっていたテネシー州のアンドルー・ジャクソンを担ぎ出しており，選挙は混戦になった．

　選挙の結果，大衆的人気を誇るジャクソンが大統領選挙人票でも一般有権者からの得票でも首位になったものの，選挙人の過半数は得られず，1800 年以来初めて連邦議会下院での決選投票が実施された．そこでは，上位 3 名による決選投票に残れなかったクレイが，政策的に近いアダムズから政権発足後の厚遇の約束を取り付け，自分の支持勢力をアダムズに振り向けたのもあって，アダムズが勝利したのである．

　ジャクソン支持派は，アダムズの勝利が不正で，民主化の流れにも反するとして，次の選挙で確実にジャクソンを勝たせるべく，全国的な組織化に乗り出した．そこで活躍したのが，民族構成や経済的利害の多様なニューヨーク州で，共和派内の派閥間競争で辣腕を振るい「小さな魔術師」の異名をとった，マーティン・ヴァン・ビューレンであった．彼は全国各地の反アダムズ勢力を，政策方針の共通性に固執せず，政府を掌握した際に得られる各種の利権の配分を約束して支持を獲得していった．

　この頃，アダムズとクレイの主導する，連邦政府の役割を重視する勢力は，共和派の中でも全国共和派（National Republicans）と呼ばれる一大勢力となっていた．しかし，1828 年の大統領選挙ではジャクソンがアダムズの再選を阻んで当選した．ジャクソン支持派は「デモクラシー」あるいは民主党（Democratic Party）と呼ばれるようになっていき，以後今日まで二大政党の一角を占

めることとなる．従軍した独立戦争までに家族を全てなくし，苦労して法曹資格を得たジャクソンは，革命を指導したエリート以外からの初の大統領となった．以後アメリカでは，エリートよりも庶民（コモン・マン）や叩き上げ（セルフ・メイド・マン）であることが積極的に評価されるようになっていく．

　愛国的・庶民的な民主党へ　庶民の重視は，ジャクソン政権の方針にも表れた．能力主義的な公務員の人事制度（メリット・システム）がなかった当時，ジェファソン以降の大統領は，選挙戦等で貢献した幹部や支持者を閣僚から全国の郵便局員にいたる公務員に登用するようになっていた．ジャクソンはこれを徹底し，以後この党派的な政治任用制度は，公務員職を選挙という狩りの獲物に喩えて「猟官制（スポイルズ・システム）」と呼ばれるようになる．またジャクソンは，公務員の仕事は誰にでもでき，多くの人が経験することで公徳心が養われるとして，頻繁に人材を入れ替えた．この「官職交代制」も，以後党を超えて定着する．

　ジャクソンは，政策的にも（白人の）庶民の利害を重視して行動した．アメリカは1812年戦争後，西漸運動の活性化も受けて，イギリスの後ろ盾を失った先住民への圧力を強めた．武力行使に加えて，各部族と条約を結んで条件のよい土地を奪っていった．チェロキー族をはじめ，白人の生活様式をある程度受け入れ，独自の憲法典を制定して政府を組織するなどして自分達の存在を認めさせようとする部族も現れた．しかし，ジャクソンは開拓者らの要望を受けて，1830年にインディアン強制移住法を成立させ，チェロキー等南東部の5部族に，南西部のオクラホマの不毛な土地への移住を強制した．

　これに反発したいくつかの部族は訴訟等で抵抗したものの，失敗に終わった．とくに，1838年に連邦軍が実施した最後の移動は，その途上で約3割の人々が命を落とす過酷なもので，「涙の旅路」と呼ばれている．この政策は，文明的に劣るとされた先住民への差別意識を前提に，白人の庶民からなるアメリカを発展させるというナショナリズムを背景にしていた．これを含め，連邦の対先住民政策はジェノサイド（民族浄化）の性格が濃厚であった．

　ジャクソンの反エリート性は，1832年からの「銀行戦争（Bank War）」にも表れた．この年連邦議会で成立した，第二合衆国銀行の特許状を更新する法案に対して，かねてより同行が北東部の財界に牛耳られていると主張していたジャクソンは拒否権を行使し，廃案に追いこんだ．それまでの大統領は，ある法

案を違憲と考える場合でもなければまず拒否権を行使しなかったが，これ以降
は政策的見方の違いに基づく拒否権行使も増えていく．政権は第二合衆国銀行
から政府資金を引き揚げていき，同行は1836年に特許状が切れた後に廃止さ
れた．以後，20世紀初頭に連邦準備制度（第5章参照）が設けられるまで，ア
メリカは本格的な中央銀行制度が不在の状況となり，それもあって度々恐慌に
見舞われることになる．

　ジャクソンは，全体に州権を重視した．しかし，先住民対策にもみられたよ
うに，ナショナリズムのためには連邦政府の権力行使も辞さなかった．それが
表れたのが「無効危機（Nullification Crisis）」である．「アメリカ・システ
ム」を重視するアダムズ前政権下の1828年に建国以来最高税率の関税法が成
立しており，1832年7月の改定でも，自由貿易を求める南部の反対にもかか
わらず税率の大幅な引き下げは実現しなかった．この「唾棄すべき関税」に対
して，サウスカロライナ州議会が11月に開いた州民大会で，連邦法がある州
内で効力を持つにはその州の同意を要するという「無効理論」に基づいて，関
税法の執行を認めないと決議された．「無効理論」の主唱者はナショナリスト
から極端な州権論者に転じていたカルフーンで，彼はジャクソン政権でも副大
統領を務めていたが，地元のサウスカロライナ側で活動するため同年末に辞任
した．

　一方，この頃再選を決めていたジャクソンは，州権を重視し自由貿易を支持
していたものの，連邦のまとまりを絶対と考えてサウスカロライナ州を非難し
た．1833年に入り，連邦議会は関税法の執行について，大統領に武力行使も
認める強制法を3月に制定した．しかしそれと併せて，南部に大幅に譲歩する
内容を持つ新たな関税法を成立させ，サウスカロライナ州がそれを呑んだこと
で危機は終息した．以後，世紀半ばにかけて関税率は引き下げられていく．こ
うして連邦の一体性が維持されただけでなく，ジャクソンと民主党は愛国的な
庶民の味方という評判を確立し，多数派の地位を築いていった．

（3）二大政党制の成立

　民主党対ホイッグ党の政党制へ　1828年選挙での敗北後，アダムズやクレイ
は全国共和派を軸に対抗組織化を始めた．ジャクソンが専制的な暴君「アンド

ルー 1 世」になったとして，イギリスで反王党派を指す「ホイッグ」を自称するようになっていった．とくに，ジャクソンが「銀行戦争」で拒否権を行使したことを問題視し，民主主義を強調する民主党に対し，自分達こそ共通善を体現するという共和主義的な主張を行ったのである．彼らは 1832 年にクレイを大統領候補に立てて敗れたものの，政財界のエリートを多く会員に持つ秘密結社フリーメイソンへの反対を掲げて登場した反メイソン党等，多様な反ジャクソン勢力を糾合していき，民主党と並ぶ全国政党になっていく．その過程で，政党間の競争こそがあるべき政治の姿だという考え方が定着していった．

　こうして生み出された民主党とホイッグ党の政党制は，第二次政党制と呼ばれ，ホイッグ党が消滅する 1850 年代まで続く．ホイッグ党は，1836 年には大統領候補の一本化に失敗した．しかし，1840 年の選挙には対先住民戦争で活躍したウィリアム・ヘンリー・ハリソンを擁立し，西部に長く暮らした彼を丸太小屋とハード・サイダー（リンゴ酒）と結びつけた庶民的なイメージで売り出して，ジャクソンの後継となっていたヴァン・ビューレン大統領の再選を阻み，連邦議会でも多数派を勝ち取った．

　民主党は，白人男性という限られた範囲ながら平等を重視し，特定の業界や階層を優遇する「階級立法」に反対した．旧全国共和派が多くを占め，「アメリカン・システム」の実現により熱心なホイッグ党の方が，政府の市場や社会への介入に積極的だという違いがあった．もっとも，二大政党の間に明らかな対立軸や支持層の違いがあったとは言いがたい．それは，そこで生み出された政党の組織的特徴によっている．

　いわゆる第一次政党制では，候補者の選出など党派内の決定が連邦や州の議会の所属議員総会（コーカス）でなされ，地方組織もあまり発達しないなどエリート性が顕著であった．それに対して，ここで登場した第二次政党制以降は，候補者の選出や選挙に向けた綱領の採択が各種の党大会（party convention）で行われるようになった．タウン等の地域共同体の党大会が基礎となり，そこからカウンティや州等の党大会へ，さらに大統領選挙の年に開催される全国党大会に州党大会から代議員が派遣されるようになる．地元の党大会には，共同体の党支持者全員が参加できた．

　州・全国レベルの党組織にはほとんど実体がなく，それぞれ地方・州レベル

の指導者達による調整の場にとどまった．つまり，各党は全国政党といっても様々な立場をとる地方組織の連合体以上のものではなかった．その後も19世紀を通じて，二大政党が明確に対立するのは，せいぜい政党間対立を形作った最重要争点についてにすぎなかった．他の問題については，同じ党でも地域によって政策的立場が異なることも珍しくなく，同じ地域の二大政党が類似する主張をすることもしばしばみられた．

　各地域内の政党間対立は，民族や宗教・宗派の違いと対応していることが多かった．民主党はホイッグ党よりも政府による介入に消極的だったため，飲酒等の生活習慣への規制を嫌うアイルランド系等，非プロテスタントの支持が集まりやすかったのである．このように，政党支持と個人のアイデンティティに一定の対応関係があったのに加え，地元の党組織が支持者に官職を始めとする様々な恩恵を与え，選挙時に徹底的な動員を行ったことで，有権者の大多数が特定の政党に単なる支持を超えた一体感を持つようになった．

　有権者と政党の結びつきの強化　この政党一体感（party identification: 政党帰属意識とも訳される）については，その時期の重要争点への態度を基にして，個人がどの党を支持するかが決まり，時間が経つにつれて支持が強化され，世代を超えて受け継がれていったとされる．また男性だけでなく，少なからぬ女性も政党支持を持ち，政党の活動に参加したとみられている．各地の党組織は地域内の支持者を個々に把握して党の構成員として扱い，それがアメリカで他国に広くみられる正規の党員制度が発達しなかった一因と考えられる．

　政党組織は選挙に勝利すべく，支持者を徹底して囲い込んだ．党組織はピクニックや選挙前の松明行列等の行事を企画して，支持者と党の一体感を強化しようとした．また党選出の公職者は，支持者に口利きや利益誘導を行った．とくに人の数と出入りの多い都市部では，機械のように精妙に作動する党組織が文字通り「マシーン」と呼ばれるようになる．マシーンは，新しくやってきた移民に，職の斡旋や帰化手続きを手伝うなどして信頼関係を築き，党に取り込もうとした．各都市では，各政党とつながり露骨に党派的な報道を行う新聞が発行され，人々はそれを通じて党派的な視点で政治を見るようになった．

　有権者の政党支持と政党による動員のあり方を象徴的に示したのが，高い投票率である．19世紀初頭までは，人々にとってより身近な州レベルの選挙の

投票率が高く，白人男性でも宗派や財産によって投票権の制限があった．それが，白人男子普通選挙の実現した 1830 年代以降，政党による徹底した動員と，有権者側の支持政党に対する政党一体感が相俟って，19 世紀末まで大統領選挙の投票率が平均して約 8 割，連邦下院議員選挙でも 6 割以上となった．これは，これまでのアメリカ史で抜きん出て高い．

　ただし，第二次政党制では全国的に民主党が優勢であった．連邦議会でホイッグ党が上下両院で多数派を占めたのは，1841 年からの 2 年間にすぎない．ホイッグ党が大統領選挙に勝ったのは 1840 年と 1848 年の二度だけで，それも党の政治家でなく，それぞれハリソンとザカリー・テイラーという軍功を上げた将軍が候補のときであった．クレイや，連邦派からホイッグ党に加わったダニエル・ウェブスターらを除けばスター政治家を輩出できず，また全国共和派以来のエリート性を克服できなかったのである．

　第二次政党制の成立後 19 世紀末までは，政党が政府だけでなく社会にも根を下ろし，政治全体を支配した「政党の時代」とされる．ここで成立したアメリカの主要政党は，組織と政策方針の面ではごく緩やかなまとまりしかない一方で，党内の政治家は利害を共有することで，そして支持者はそのアイデンティティと，支持の見返りに与えられる各種の恩恵（パトロネジ）を通じて強固に結びついていた．こうした政党の構造は，基本的に今日まで変わっておらず，アメリカの主要政党には党全体を束ねる党首もいなければ，恒常的な党綱領も存在しない．

3.「政党の時代」の政治社会秩序

(1) 連邦政府の活動様式

　大統領と連邦議会の役割　組織と政策のうえではまとまりが弱い一方，選挙に向けて激しく争う二大政党が登場したことで，政治のあり方は大きく変わった．二大政党にとって，公務員職を含む様々な利権を配分できる大統領職を確保することが至上命題になった．上で見たように，大統領選挙でなかなか勝てないホイッグ党は，この点で不利な状況に立たされることになる．

　しかし，政府内で大統領が絶大な権力を握ったわけではない．全国党大会で

候補指名を得るには党内で幅広く支持される必要があるが，有力者は敵も多く，地力がなくとも敵がいないという理由で担ぎ出されて指名される場合もあった．また19世紀までの大統領選挙では，候補者が進んで権力を求めるのは共和主義の影響から不謹慎とされ，選挙戦は各地の政党組織が行った．結果として，大統領は当選後も党の指導者に頭が上がらず，閣僚等の人事も他の党指導者と協議して行った．ジャクソンより後の大統領が政策的な主導権を発揮することは少なく，大統領は権威こそあれ，連邦議会の作る法律の執行の監督役としての性格が強くなっていく．

　ただし，対外関係はその限りではなかった．1835年から7年にわたりフロリダで第二次セミノール戦争が戦われるなど，先住民との戦争は断続的に続いた．また就任から間もなく病死したハリソンの後を襲ったジョン・タイラー大統領は，アメリカ人が流入して1836年にメキシコから独立を宣言していたテキサスの併合を推進し，1845年に実現している．この併合を受けて，ジャーナリストのジョン・ルイス・オサリヴァンは西部への拡大がアメリカに神の与えた「明白な運命(マニフェスト・デステイニー)」だと主張し，以後西漸運動のスローガンとして広く知られるようになる．

　テキサスの併合を契機に，メキシコと国境の確定をめぐって紛争が生じ，次のジェイムズ・ポーク民主党政権が宣戦布告して1846年に米墨戦争が始まった．この戦争には国内でも，メキシコへの言いがかりだという批判が出た．それでも，1848年に勝利すると，グアダルーペ・イダルゴ条約でカリフォルニアを含む，メキシコ領の3分の1に及ぶ広大な西部地域を割譲させて，アメリカを大陸規模に拡大したのである．同年にカリフォルニアで金が発見されたことで，それを目当てのゴールド・ラッシュが起き，現地の人口は急増した．またこの間の1846年には，北西部のオレゴン地域の境界をめぐるイギリスとの紛争が解決して条約が結ばれている．マシュー・ペリー率いる艦隊の1853年の日本訪問を含むアメリカの太平洋進出も，こうした西部進出の延長上に位置づけられる．

　その一方で，連邦政府で内政上の主導権を握ったのは，憲法上の権限も大きく，各地の政党指導者が議員となる連邦議会であった．ただし，二大政党は全国政党であっても地域組織の寄り合い所帯だったから，議会内で各党内の規律

は弱く，議員達は地元の意向を意識して自律的に政策的な態度を決めて投票した．ホイッグ党の方が民主党よりも政府による市場や社会への介入に積極的であったが，地域によって利害が異なることもあって，党全体のまとまりは強くなかった．他方，両党共に選挙区への利益誘導については党内で互いに協力したため，全体として緩やかな政党間対立が生じた．

　連邦議会の役割でとくに重要だったのは，各種の国内主体に対する各種の助成であった．権限の限られる連邦政府は，多くの分野で他の主体に何かを強制できない．しかし，関税収入や豊富な公有地という大きな資源を持っており，それを分け与えて動機付けを行うことはできた．とくに公有地は，個人に安価で払い下げられて西漸運動を後押ししただけでなく，州・地方政府や企業にも分け与えられた．

　この分配政策は，以後今日まで連邦政府の基本的な政策手法となる．1830年代以降，すでに普及していた蒸気船に加えて鉄道が実用化されたことで，国内各地が結びつけられ，資本主義にとりこまれていった．連邦議会から運河建設など国内開発を進めるための助成が大規模になされ，それが開発の後押しとなった．1843 年には，電信を発明したサミュエル・モースの働きかけを受けて，鉄道の線路沿いに電信線を敷設する事業への助成が決まっている．1850年代からは，大陸横断鉄道建設のため事業者向けの助成も始まる．

　「視野の外」の連邦政府　従来，19 世紀の連邦政府は権限も規模も小さく，ほとんど活動していなかったとみられがちであった．それは，他国のように大きく存在感のある官僚機構の発達が遅れたからに他ならない．ヨーロッパで君主による統治を支える官僚制が発達していたのに対して，民主化が早期に進んだアメリカでは，選挙で選ばれない官僚に政策を任せる動きが起きにくかった．公務員は政治任用とされ，猟官制の下で素人行政が長く続いたのである．

　しかし，本章で見てきたように，連邦政府は関税で国内産業を保護し，領土を拡げたうえで先住民を排除して西漸運動のお膳立てをし，国内開発のための助成を行っていた．また憲法で定められた特許の管理や郵便制度の整備は，情報の流通や科学技術の発展に大きく資することとなる．政治史研究者のブライアン・バロウは，連邦政府が国家の発展に果たしたこれらの決定的な役割が意識されにくかったのは，市民の多くの目につかない場所や形態で活動していた

からだとして，19 世紀までの連邦政府を「視野の外の政府」と呼んでいる．

　ただし，連邦政府は徐々にではあるが市民の目につくような活動も増やしていった．蒸気船についてボイラーの爆発事故が多発していたのを受けて，1838 年には州際通商の規制権限に基づいて蒸気船法が制定された．それにより，蒸気船の運航には財務省に所属する検査官による船舶の安全性検査を経て発行される免許が必要となった．これは，連邦政府による最初期の規制政策の一つとされる．1852 年には，検査官で構成される行政委員会も設置された．

　この例でもそうであるが，連邦政府の国内向け政策の執行は，国務省や財務省など様々な機関で行われていた．しかし，こうした政策の重要性が増すにつれて，それらを一括して所管する官庁を設置する必要性が意識されるようになった．米墨戦争で既存の省庁の負担が増したのをきっかけに，1849 年に設置されたのが内務省である．同省はしばしば「その他全て省」と呼ばれたように，測量など公有地の管理，先住民政策，特許の審査など極めて多様な政策を扱った．その多くは専門知識を必要としたため，同省には独自にノウハウが蓄積されていくこととなる．

（2）州と地方政府の役割

　州政府のポリス・パワー　合衆国憲法では連邦の権限が列挙されたうえで，権利章典の一部である第 10 修正条項で，その他の権限が州と国民に留保された．このように，連邦政府の権限が限定されたのと対照的に，所有権や商取引のあり方を定めた民事法や，犯罪とその処罰についての刑事法等，社会や経済の秩序を守る役割は州に与えられてきた．そればかりでなく，州および地方政府は，州民の福祉を実現すべく進んで社会に関与すべきと考えられた．なお，連邦政府と州政府が異なる役割を与えられており，基本的に対等なのに対して，地方政府は，州によって作られ，その許可や委任を受けて活動する，従属的な地位にある．

　とくに建国初期には，共和主義的な発想から，人々により身近な州・地方政府が共通善を実現すべく積極的に統治すべきだという見方が強かった．それとの対比で，個人の自由が重視される「ジャクソンの時代」に入ると政府の役割が限定されていったとされてきた．しかし近年は，ウィリアム・ノヴァクらの

研究を通じて，州・地方政府が引き続き多様な分野と形態で市民生活を統制していたことがわかってきている．コモン・ローの下で，州・地方政府は公衆の健康，安全，道徳，そして一般の福祉を守る幅広い役割と権能を持つと考えられるようになり，それらは後にポリス・パワーと総称されるようになる．これは，議会による立法や裁判所の判決によって定立されていった．

　この目的を果たすために，州は多様で大きな権限を行使した．経済面では，食品など各種の産品の生産や流通に関する規則や，各種の産業に従事するための免許制度が設けられるといった，包括的な規制権限を用いた．そこでは，それぞれの事業に従事することは特権であって当然の権利ではなく，政府の干渉は当然と考えられた．他にも，今日と異なる形で統制がなされた．例えば，1830 年代半ば以降，法人の自由な設立を認める州法が各地で成立していくが，それまでは州議会が個別に特許状を与えていた．銀行の設立認可はその好例で，1835 年には全国で約 700 行を数えるようになっていた．また組織が法人格を持つことは特権だという考えから，それに見合う公共性が期待された．

　よく知られる裁判例でみると，マサチューセッツ州は 18 世紀末に，ボストンを流れるチャールズ川に有料の橋を建設し管理する会社の設立を許可した．しかし，交通量の増大に伴って，同州がそのすぐ隣にも橋の建設を認め，後にそれを買い取って無料での往来を認めたことで，最初の橋の管理会社が州を契約違反で訴えたのである．1837 年の判決で，合衆国最高裁は州の判断を合法とした．そこからは，当時州による統制がいかに広範に認められていたかがわかる．しかしこの判決には，最初の橋にはその公共性から独占権が付与されていたはずだとの批判も出ており，法人の公益性に対する意識の強さも窺える．

　この例もそうであるように，州政府は連邦と同様に交通インフラの整備を積極的に進めた．この時期の最も大規模な事業の一つに，イーリー運河がある．1817 年の着工から 8 年後に，五大湖の一つイーリー湖の東端から，ニューヨーク州の最も東西に長い部分をほぼ横断する 584 km の運河が完成している．また道路や河川，運河といった交通インフラは公共物であるという観点から，その建設や管理について私権が制限された．使用されていないと見なされれば，私有地でもインフラに転用されることは珍しくなかった．そして，一旦公共のものとされると，その自由な利用を阻む行為，例えば河川への水車小屋の設置

等には厳しい規制が課せられたのである.

　州による様々な秩序維持　他にも，19世紀前半には信仰上の大覚醒もあって，道徳的観点からの規制も行われた. 酒場，賭博場，劇場，宿屋など，共同体の秩序を乱す恐れのある施設を対象に，営業の可否や形態が決められた. また，安息日である日曜日について旅行等の活動規制も行われた. こうした規制は，州内の自治体毎に作られることも多かった. 酒類の製造と販売を禁じる禁酒法は，1851年にメイン州で初めて成立している. これは禁酒運動家のニール・ダウが市長であった同州のポートランド市で作られた条例をモデルにしており，その後この「メイン法」は数年で10以上の州で採用された.

　以上からすれば，共同体の秩序や安全を守るために州が大きな権限を認められていたのは当然であろう. 当時は都市部を中心に，大規模火災がしばしば生じて問題になっていた. ニューヨーク市では世紀前半だけでも1835年と1845年に大火が発生している. そのため，多くの地域で木造建築の禁止，火薬の取引に関する各種の制限といった，防火のための規制が導入されていた. また延焼を防ぐために先回りして家屋の取り壊しが行われても，所有者の許可も補償も必要とされなかった. 本格的な公衆衛生規制は19世紀後半からとなるが，この時期には既に伝染病の流行に隔離措置もとられている.

　また19世紀中は，連邦レベルの市民権と州レベルのそれが区別されていた. そのため，各州も旅券を発行し，1906年の帰化法改正までは独自に基準を定めて外国人を帰化させることができた. 20世紀に入るまで，出入国に旅券は必要なかった. 移民を含む出入国管理も実質的に国境に接する州が行い，連邦政府の本格的な関与は1890年代に入ってからとなる. モンロー・ドクトリンの下で，アメリカが幅広く移民を受け入れたのは事実であるが，そこで選別がなかったわけではない. 秩序維持の観点から，心身の健康に問題がある，あるいは貧困と判断された者は送還されることも多かった. また南部の港では，外国籍の黒人船員が上陸を認められないといったこともあった.

　このように，州政府および，そこから授権された地方政府は，人々の福祉のため幅広い分野で大きな権力を行使できた. もちろん，州による違いもあれば，同じ州でも全分野で同程度の規制が導入されていたわけではない. また官僚制が未発達であった当時，規制の執行は多くが訴訟を通じたもので，時間がかか

り，また私人による告発に頼る場合は徹底しないという問題もあった．とはい
え，19 世紀のアメリカが自由放任の世界でなかったことは確かであろう．

(3) 市民社会の動き

　市民社会の構造　本書の序章でもみたように，19 世紀のアメリカ社会につい
ては，市民社会が自律的に発達して秩序を形成したことが強調されてきた．日
本でも知られるフリーメイソンのような，会員同士の親睦を深める友愛協会の
発達は，それを象徴している．またアメリカは，地理的な広さの割に当初国家
機構が発達せず，政府の影響力が及びにくかった．それでも，本節でここまで
見てきたように，世紀前半でも連邦政府も州政府もそれぞれに重要な形で社会
に関与し，その秩序形成に影響を与えていた．およそ政府の手が及ばないと考
えられた西部の開拓でさえ，完全ではないにせよ連邦政府による先住民の排除
があって初めて実現しえたのである．

　アメリカで自律的な市民社会が発達したのは確かだが，重要なのはそれが国
家と隔絶していたのでなく，むしろ国家に積極的に関与しつつ進んだ点である．
有権者を動員して選挙を戦い，その要望を政府に伝えるだけでなく，そこから
官職などの資源を調達して支持者に分け与える政党は，その象徴といえる．こ
うした特徴は，参政権が他国より早期に広まっていたことからくる．19 世紀
前半の民主化に際して，大半の州の選挙法で投票権が白人男子に限定され，女
性や非白人は明示的に排除された．しかし，手段は限定されたもののこれらの
人々も政治に参加しており，そこに自発的結社が大きく関わっていた．

　当時の市民社会は，身分制の残るヨーロッパよりは平準化していたものの，
皆が平等だったわけではない．白人は黒人などの非白人に対して強い差別意識
を持ったし，白人の間でも WASP が主流を占め，「アメリカ的」な生活様式
を生み出していた．そのため北欧系や，ドイツ系でもプロテスタントは早期に
彼らの文化に順応した．それに対して，19 世紀半ばにアイルランドやドイツ
から大量に流入した移民には，カトリックが多かった．宗教面だけでなく飲酒
など生活習慣でも違いの大きいこれら「旧移民」（19 世紀末からの「新移民」と
区別してこう呼ばれる）は，先に主流社会に加わった人々からしばしば一段下に
見られて差別の対象となった．

　このように，WASP を頂点とし，黒人を底辺とする人種・民族に基づく階層構造が生み出されていた．それでも，選挙権を持たない黒人や先住民を除いて，大多数が政党に取り込まれていったところに政党の包摂性の高さが表れている．しかし，他の結社も政治的に大きな存在感を持った．とくに重要だったのが，各種の社会改革運動である．禁酒，奴隷制廃止，初等公教育の整備，安息日の遵守，さらにはユートピア共同体の建設等，目的は多様であったが，改革を通じて社会全体を望ましい方向に作り替えようとする点が共通していた．

　社会改革運動の活動　最も存在感の大きかった改革運動の一つに，禁酒運動がある．元々アメリカでは飲酒が広く行われていたのが，19世紀に入り，大覚醒もあって飲酒の制限が主張されるようになる．初期には蒸留酒を避ける節酒（temperance）が目標だったのが，徐々に完全な断酒（teetotalism）を掲げる動きが目立っていった．各地の運動組織を束ねて 1836 年に結成されたアメリカ禁酒連盟は，100 万人以上の会員を集めたという．1840 年に元飲んだくれの男性らが互助を通じて断酒すべく始めたワシントニアン協会は，数年で 50 万人を超える会員を集めたともいわれる．しかし，その後禁酒運動は個人の飲酒習慣の改善から，酒類の製造と流通の禁止（prohibition）に目標を切り替えた．前項で見たメイン法は，その成果である．

　掲げた大義の実現を通じて社会をよりよく変革しようとするこれらの運動は，新聞や雑誌等の出版物を発刊したり，運動家がライシアムと呼ばれる市民向けの教育機関等を回って講演旅行を行ったりしてその主張をアピールした．これらの運動の中心的担い手は，弁護士や聖職者といった，生活に余裕のある専門職等の中間層であったとされる．

　その一方で，改革運動は政府との関わりも深かった．他の自発的結社の多くにも共通するが，こうした運動組織の活動の中心は政党と同様に地域毎の組織であり，全国組織はあくまでそのとりまとめ役であった．19世紀にとりわけ重要視された活動が請願であり，合衆国憲法でも認められている．運動組織が組織内外の人々に，地元選出の議員に手紙を書くよう求めたり，請願の内容に賛同する人々の署名を付して連邦や州の議会に提出したりといったことがなされた．請願は社会改革以外についても盛んに行われたが，女性や黒人，先住民という選挙権を持たない人々も積極的に行っていたことがわかっている．

　なかでも白人女性は，それ以外の形でも様々な改革運動で活躍した．当時女性は，財産権等を制限され，父親や夫といった男性の家族の監督を受ける立場にあった．実際には経済的に難しかったとしても，結婚すれば家庭に入ることが期待された．こうした差別の一方，女性は公徳心の点では男性よりも優れているとして，家庭で次世代の国の担い手を育てることで社会に貢献する「共和国の母」たるべきとされた．選挙権のない女性は政党政治の表舞台に立つことはなかったが，より私的な領域に近いとされた改革運動に関わることは問題視されにくかった．

　それでも，女性が社会運動で指導的な地位に就けたわけではない．参加していた奴隷制廃止運動で女性が差別されたことに納得せず，ルクレシア・モットやエリザベス・ケイディ・スタントンらは，1848 年にニューヨーク州のセネカフォールズで集会を開き，女性の権利運動が本格的に始動した．そこで発表された「所感の宣言」は，独立宣言を模した体裁をとっている．「全ての男女は平等に作られている」と述べたうえで，参政権を与えないなど，君主ならぬ男性が女性をどう抑圧してきたかを列挙し，当然の権利を勝ち取るために戦うと宣言するものであった．

　このように各種の改革運動が盛り上がった反面，労働運動は全体に停滞した．19 世紀のアメリカは労働者不足で，ヨーロッパと比べても労働条件が良く，労働運動も一部の熟練労働者がさらなる好待遇を求めて行うという性格が強かった．不況になると労働運動が停滞しがちだったのは，その表れである．民族や人種の壁があったことも，労働者としてまとまるうえで障壁となった．白人男子普通選挙が早期に実現していたことで，他国の労働運動が共通に持った参政権の獲得という目標もなかった．1830 年前後に，ニューヨーク等の都市で労働者政党が組織されたものの，短期間で消滅し，労働者は二大政党に取り込まれていくことになる．

　こうして，1830 年代からの「政党の時代」には，白人男性を幅広く取り込んだ二つの全国政党が，人々の生活に入り込んで政治全体を支配するようになった．ただし，政党そのものに確たる政策方針があったわけではなく，地域毎に人々の意向を吸い上げる形で働き，とくに州レベルではそれを受けて積極的な統治が行われたのである．それと対照的に，連邦政府は市民の活動を統制す

るよりも，人々が活動できる環境を整え，また政府として推進したい活動を促すために資源の分配を行った．

　とはいえ，連邦政府が「黒子」でいられるには，全国レベルで決定的な政治対立がないという条件が満たされている必要があった．19世紀半ばには，それが充足されなくなったことで，アメリカは存続のための重大な試練を経験することになる．

第3章

共和国存続の試練

1. 奴隷制をめぐる対立の激化

(1) 奴隷制をめぐる南北対立

　南部における奴隷制　イギリスからの独立が議論されていた 18 世紀後半には，奴隷労働は地域を問わず収益性が低く，その存続は定かでなかった．ところがイギリスで産業革命が始まり，繊維工業の原材料として綿花の需要が激増した．こうして，皮肉にも工業化によって南部のプランテーションの奴隷制が息を吹き返す形となり，奴隷制の不採算性と非人道性の両方の理由から奴隷制を廃止した北部との間で，奴隷制への考え方は乖離していった．

　南部において，奴隷が実際に置かれた状況は様々であった．「動産奴隷制」という名称通り，奴隷は労働力であると共に財産でもあったから，所有者には奴隷を単に酷使するだけでなく，健康に保つ動機付けがあった．とはいえ，都市部ではある程度自律的に行動できる者もいたが，総じて活動を厳しく監視，制限され，怠慢や逃亡等主人の意に反すれば鞭打ち等厳しい罰もあった．奴隷達は，子どもを産ませるためにも「家族」を作ることを認められたものの，主人の都合によって引き離されて売買されることもしばしばであった．奴隷市場は奴隷州だけでなく，奴隷制の認められていた首都ワシントンでも開かれ，外交官等の外国人から好奇と軽蔑の眼が向けられた．

　また男性の主人が女性の奴隷に子どもを産ませ，奴隷とすることも多かった．よく知られた例では，トマス・ジェファソンが所有する奴隷のサリー・ヘミングスとの間に少なくとも 6 人の子をもうけ，成人後に解放している．ヘミングスは，早世したジェファソンの妻マーサの父が奴隷のエリザベス・ヘミングスに生ませた子ども，つまりマーサの異母妹にあたるとされる．白人の血筋であっても女性の奴隷から産まれた子どもは奴隷として扱うといった見方が定着し，

黒人の定義が州法で定められていった．今日のアメリカで，黒人の血筋に少しでも属していれば黒人とみなす「血の一滴」の考え方が一般的なのはその名残である．

　奴隷をこのように支配した奴隷主が，報復を警戒したのは不思議でない．個々人では，男性の奴隷が白人女性を襲うこと，集合的には反乱が恐れられた．1800年に，ヴァージニア州で読み書きができ，鍛冶職人の技術を持つ奴隷ゲイブリエルによる反乱計画が発覚して関係者が死刑になったのをきっかけに，奴隷であるか否かを問わず黒人に教育を受けさせないことも制度化されていった．実際の反乱は多かったとはいえないが，よく知られる例では，1831年にヴァージニア州で奴隷のナット・ターナーが主導した反乱では少なくとも55名の白人が殺害され，白人に恐怖心を植え付けた．

　南北の白人の人種差別意識　一方，北部の白人の間では，奴隷制が建国の理念と神の下の平等に反するという見方と，黒人への差別意識が共存していた．自由黒人のアフリカへの送還を掲げて1816年に結成されたアメリカ植民協会は，そのことをよく示している．同協会は，1820年代から西アフリカに植民を開始し，リベリアと名付けられたこの地は1847年に独立を果たす．植民の動きは首都モンロヴィアの名前の由来となったモンロー大統領や，後に大統領となるエイブラハム・リンカンら，多くの白人に長く支持された．しかし，アメリカしか知らない黒人に，故郷でもないリベリア行きを希望する者は少なかったとみられる．この植民は，対象が自由黒人だけのため奴隷州を刺激せず，劣等で野蛮とされた黒人と共存せずにすむ形で，白人の良心を都合良く満足させる策であった．

　南部には黒人が人口の過半を占める州もあった一方で，19世紀前半の北部には黒人が極端に少なく，白人から離れて集住したため，黒人の実態への無知も白人の偏見を強化した．多くの州は，黒人の差別的な扱いを定めた黒人法を制定し，奴隷州と接する自由州を中心に，黒人が州に入ることを禁じるものまであったのである．北部では，19世紀半ばにかけて初等公教育が実現したが，黒人がその恩恵に与るのは難しかった．南北の白人は，奴隷制への立場が違っても，黒人への差別意識は共有していた．

　それに，南部のプランテーションで作られる一次産品は，その存在感の大き

さから「キング・コットン」と呼ばれた綿花を始め，大量に輸出され，そこから得られる収入が北東部の製造業への投資につながっていた．南部以外の地域も，奴隷制の経済的恩恵に与っていた．そのため，ニューヨークなど重要な交易都市を中心に，南部と奴隷制に好意的な者も少なくなかった．こうした背景を踏まえれば，奴隷制が政治的に保護されたことは不思議でない．

　「ミズーリの妥協」以後，自由州と奴隷州の数を合わせる形で少数派の南部の懐柔がなされたが，その後発達した政党政治も奴隷制に関する対立を非政治化する役割を果たした．二大政党はいずれも全国展開したから，奴隷制をめぐる対立は政党間対立と重なりにくかった．また多数党の民主党は，1832 年に初めて開催された全国党大会以降，大統領候補の選出に代議員の過半数でなく3 分の 2 の賛成を要することとした．これは，南部に拒否権を与える狙いからであった．1850 年代まで，民主党の正副大統領候補はいずれかが奴隷州の出身者となった．

　奴隷制をめぐる本格的な南北対立へ　奴隷制に対抗する動きが北部で本格化したのは，1830 年代である．その代表的存在が，1833 年にウィリアム・ロイド・ギャリソンや元奴隷のフレデリック・ダグラスらによって結成されたアメリカ反奴隷制協会であった．この組織は，奴隷主に対する金銭的補償を行っての漸進的な奴隷解放等ではなく，奴隷制の即時，無条件の撤廃（アボリション）という立場をとった．印刷工であったギャリソンは，1831 年から週刊紙『解放者（*Liberator*）』を発行して全国的に注目を集めていた．アボリショニズムは，その急進性にもかかわらず幅広い支持を獲得した．当時の大覚醒による信仰心の高揚の影響もあって，アメリカ反奴隷制協会は 1840 年には 20 万人近くの会員を集めたとされる．

　奴隷解放運動は，啓蒙活動や請願以外に，南部に奴隷制を糾弾する内容のパンフレットを大量に送付したり，逃亡した奴隷を北部，さらにはカナダ等外国まで逃がす「地下鉄道」と呼ばれる活動を行ったりと実力行使にも及んだ．協会の中でも急進性の強いグループの代表格であったギャリソンは，後に奴隷制を事実上容認する合衆国憲法のコピーを「死との契約」「地獄との合意」と呼んで焼き捨てるパフォーマンスまでしている．ここからわかるように，アボリショニストには現存の政治体制がアメリカの掲げる普遍的理念と相容れず受け

入れられないと考える者もいた.

　こうした動きに，南部は積極的に対抗した. 奴隷制は生産手段としてだけでなく社会の伝統の一部として定着しており，また州レベルの制度である以上，連邦による奴隷制への干渉は認められないと訴えた. 南部では，キリスト教の教義や疑似科学も用いて，黒人は劣等人種で自治能力を持たないため，奴隷制という「独特の制度」は白人が黒人を支配するのでなく庇護するものなのだと主張された. そればかりでなく，連邦議会下院では反奴隷制の請願を受けつけない「箝口令」が 1836 年から 10 年近く実施され，南部では奴隷制に反対する内容の文書の郵送が妨害されることもあったのである.

　南部の動きに対して，北部では奴隷制への反対が強まっただけでなく，奴隷の存在によって少数派の南部諸州の中でもごく少数にすぎない白人プランターらが全国的に大きな権力を握ることに不満が強まった. 民主的であるべきアメリカが，貴族のごとくふるまう奴隷主らの「奴隷権力（slave power）」による寡頭制になっているとして非難されるようになる.

(2) 政党制の変容と共和党の登場

　南北の妥協の動揺　奴隷制をめぐる南北対立は，このように深刻化したものの，1840 年代までは決定的な悪化をみなかった. それは，この間「ミズーリの妥協」が維持されたのに加え，共に全国展開する民主・ホイッグの二大政党制が安定していたことによる. 1839 年にはより現実主義的なアボリショニストによる反奴隷制の自由党（Liberty Party），そして 1848 年には奴隷制の西部への拡大に反対する自由土地党（Free Soil Party）が結成された. とくに後者はヴァン・ビューレン元大統領を擁立して一般投票で 10% を獲得したものの，二大政党の牙城を崩すにはいたらなかった. 1846 年からは，米墨戦争で獲得する領土について奴隷制を禁じる立法上の試みがなされ，そこで提案されたウィルモット条項は下院を通過したものの，上院で否決されている.

　しかし，その後上の二つの条件が相次いで崩れ，奴隷制はアメリカの政治体制そのものを揺るがすことになる. 最初の転機は，1850 年に訪れた. 直前の米墨戦争で獲得した諸地域をどのように組織するかが問題になったが，そこでカリフォルニアが自由州として加入を求めた. 対応する奴隷州の候補がなかっ

たこともあり，事態の収拾にあたり奴隷制をめぐる様々な争点が噴出した．最終的に，カリフォルニアを自由州とし，首都ワシントンの奴隷市場を閉鎖する，という北部の要望が受け入れられた一方で，逃亡奴隷の取り締まりを強化するなどの妥協が成立したのである．

この「1850年の妥協」によって，奴隷州は連邦議会上院で少数派となったが，全体としては南部よりも北部の反発が強かったとみられる．とくに全国の保安官等に逃亡奴隷の取り締まりを義務づけ，逃亡奴隷への支援を刑事罰とする新たな逃亡奴隷法は，北部を奴隷制に加担させるものと受け止められた．奴隷達の過酷な運命を描いたハリエット・ビーチャー・ストウの小説『アンクル・トムの小屋』がアボリショニストの新聞に連載されたのはこの頃で，1852年に単行本が出ると1年で数十万部が売れ，北部の奴隷制廃止への支持を大いに強めたとされる．

奴隷制の位置づけをめぐり緊張が高まった一方，この頃には政党制が動揺をみせるようになった．二大政党それぞれの内部で，奴隷制をめぐる南北対立が強まった．それに，ホイッグ党は少数党の立場が長かったうえ，結党から続く党内のまとまりの弱さを克服できず，民主党との差別化も難しくなった．しかも，1840年代後半から反カトリシズム・排外主義に基づく秘密結社が急成長を遂げていた．組織について尋ねられた会員が「何も知らない」と答えたことから「ノウ・ナッシングス」として知られるようになったこの組織は，やがてアメリカン党（American Party）を組織し，民主党よりも移民の統制に積極的なホイッグ党と競合するようになったのである．アメリカン党は，1854年にマサチューセッツ州の州議会で多数派を制するまでに成長した．

カンザス・ネブラスカ法と共和党の登場　しかし，ホイッグ党に引導を渡したのは奴隷制をめぐる対立であった．1854年に，民主党のスティーヴン・ダグラス上院議員は，地図3からわかるように，ミズーリの西側にカンザスとネブラスカの二つの準州を組織し，それらが州に昇格する際に奴隷制を採用するか否かは各準州の住民が決定するという法案を提出した．奴隷制の採否を現地の人々に委ねる考え方は「住民主権論」と呼ばれ，「1850年の妥協」で作られたユタ準州およびニューメキシコ準州でも採用されていた．しかし，これらの地域が州に昇格するのは先とみられており，争いは出なかった．それに対して，

地図3　カンザス・ネブラスカ法制定時における奴隷制の地理的広がり

［出典］Carl N. Degler et al., *The Democratic Experience: A Short American History*（Scott, Foresman, 1977),
　　p. 252 等を基に作成.

　この法案は「ミズーリの妥協」を反故にするもので，また結果の予見が難しかった．

　中西部のイリノイ州選出のダグラスが明らかに南部を利する法案を出したのは，当時計画されていた大陸横断鉄道について南回りと北回りのルートが提案されており，自州のシカゴを通る北回りの案を南部に受け入れさせるためであった．カンザス・ネブラスカ法案は，北部の議員の多数派が反対したものの，奴隷州の議員の圧倒的な支持を得て1854年中に成立した．しかし，この立法に猛反発した議員達は，その審議中から奴隷制の西部への拡大に反対する新党の結成に向けて活動を始めた．ホイッグ党の出身者を軸に，民主党やアメリカン党からも賛同者を集めて生み出された新たな政治勢力は，やがて共和党（Republican Party）に発展する．

　共和党は，自由土地党から「自由な土地，自由な労働，自由な人間」のスローガンを引き継いだ．そのうえで，奴隷労働に立脚する南部から自由意思に基づく労働に従事する人々の手に権力を取り戻そうとした．参加者はほぼ例外なく奴隷制に反対していたものの，党としては奴隷制の廃止でなくその拡大への

反対を主張した．既存の奴隷制には介入できないと考えられたのに加え，北部でも奴隷州と境を接する州を中心に，奴隷制が廃止されると元奴隷が北部に押し寄せて社会が混乱すると恐れる者が少なくなかったからである．しかし南部にとって，新しい州で奴隷制の採用を認めないことは奴隷制の否定と同じであり，共和党の登場は南北の対立を決定的に悪化させるきっかけとなる．

　共和党は組織化を進めて 1856 年に初の全国党大会を開催し，ジョン・フリーモントを大統領候補に選出した．民主党のジェイムズ・ブキャナンに敗れたものの，ホイッグ党とアメリカン党が合同で立てた候補を上回る，一般投票の約 3 分の 1 を獲得して，16 の自由州のうち 11 州を制した．連邦議会でも民主党に次ぐ第二党となり，二大政党の一角を占めるようになった．以後今日まで，アメリカでは主要政党の入れ替わりが生じていない．

　この間，奴隷制をめぐる南北対立は悪化の一途を辿った．カンザス・ネブラスカ法が成立すると，州昇格に動き出したカンザスに注目が集まった．他地域から奴隷制の導入賛成派と反対派が大挙して流入して争ったことで，「流血のカンザス」と呼ばれる内乱状態に陥ったのである．自由州派と奴隷州派がそれぞれ憲法制定会議を開催して州憲法案を起草した結果，1850 年代後半を通じて計四つの憲法案が連邦議会に提出される事態となる．結局連邦議会は昇格審査を棚上げし，カンザスは 1861 年に自由州として昇格が実現する．

　その連邦議会でも，南北対立が形をとって表れた．1856 年に，共和党のチャールズ・サムナー上院議員は，カンザスを自由州として昇格させるべきだと主張する演説の中で南部のある議員を批判したところ，後日その議員の甥にあたるプレストン・ブルックス下院議員に，上院の議場で杖で滅多打ちにされた．重傷を負ったサムナーは約 3 年にわたり上院を離れざるを得なくなり，この一件の後，自衛のため議場に武器を携行する議員が多くなった．

(3) 内戦への道

　共和党の党勢拡大と 1860 年選挙　さらに 1857 年には，合衆国最高裁のある判決が北部を強く刺激した．この訴訟は，奴隷のドレッド・スコットが，アボリショニストの弁護士の支援を受けて主人を訴えたもので，かつて奴隷制のないイリノイ州等を訪れたことにより自分は奴隷でなくなったはずだと主張した

のである．それに対して，奴隷州のメリーランド出身のロジャー・トーニー首
席裁判官による判決は，スコットの訴えを棄却しただけでなく，そもそも黒人
は奴隷であるか否かを問わず合衆国市民たる資格を持たず，連邦政府は準州に
ついても奴隷制を禁止する権限を持たない，と述べるものであった．

　このドレッド・スコット判決は，南北対立が決定的に悪化する一因になった
として，最高裁史上最悪の判決の一つに数えられている．傍論とはいえ最高裁
が明らかに奴隷州の肩を持ったことに北部は強く反発しただけでなく，奴隷制
を巡る対立に妥協の余地が失われたという諦めが広がった．共和党は翌 1858
年に実施された連邦議会下院等の選挙で勢力を伸ばし，第二党ながら北部の最
大勢力となった．1859 年には，アボリショニストのジョン・ブラウンが奴隷
反乱を起こすべくヴァージニア州ハーパーズ・フェリーの連邦武器庫を襲撃し
た．これは失敗し，ブラウンは処刑されたものの，北部で広く同情を集めた．

　こうして南北間の緊張が最高潮に達したところで実施されたのが，1860 年
の大統領選挙であった．民主党は奴隷制の拡大をめぐって南北で分裂し，別々
に候補者を指名した．また自由州に隣接する奴隷州を中心に，南北間の内戦に
よる犠牲を恐れて，連邦の存続を掲げる立憲連邦党（Constitutional Union Par-
ty）が組織されたのである．

　それに対して，共和党ではニューヨーク州のウィリアム・シュウォードやオ
ハイオ州のサモン・チェイスという有力州の知事経験者を抑え，イリノイ州の
エイブラハム・リンカンが候補指名を得た．州議会議員以外は連邦下院議員を
一期務めただけで，公職歴で見劣りする彼が選ばれたのは，共和党の組織化に
功績があったのに加え，1858 年に同州で上院議員として再選を目指していた
スティーヴン・ダグラスに共和党の候補として論戦を挑み，7 回にわたる公開
討論会で互角以上に渡り合って全国的な知名度を獲得していたためでもあった．

　リンカンは，一般投票での得票こそ約 4 割に留まったものの，民主党の分裂
に助けられる形で，18 州から全国の大統領選挙人票の約 6 割を獲得して当選
を果たした．彼はニュージャージーの一部を除いて全自由州を制したものの，
そこでの得票率は 54% と圧勝とはいえなかった．また共和党は，この年の全
国党綱領で奴隷制の西部への拡大に反対した一方，既存の州の奴隷制の存続を
認める立場を表明していた．それでも，南部はリンカンの当選を北部による奴

隷制の拒絶とみなし，1860年12月のサウスカロライナ州を皮切りに，南部で
も南寄りの深南部の諸州が相次いで連邦からの離脱を表明していったのである．

　アメリカ連合国の結成と南北戦争の始まり　翌1861年2月，それら7州がア
メリカ連合国（Confederate States of America: 以下，南部連合と表記する）の結成
を宣言し，ミシシッピ州のジェファソン・デイヴィスを大統領に選出した．デ
イヴィスは，北部との武力衝突に備えて軍備を整えていった．

　この間，連邦議会では奴隷州を連邦に引き留めるべく努力がなされた．3月
初旬には，ブキャナン大統領の提案も受けて，州の奴隷制に干渉する権限を連
邦議会に与えるような憲法修正を禁じる内容の憲法修正案が連邦議会で発議さ
れた．直後に大統領に就任したリンカンも，消極的に支持を与えた．彼は就任
演説で，既存の州の奴隷制に対する不干渉を保証したうえで，連邦からの離脱
は法的に無効で，南北は分かちがたい絆で結びつけられているとして，「我々
は敵同士になってはなりません」と復帰をよびかけた．

　しかし，南部連合はそれに応じず，同月独自の憲法典を正式に採択した．そ
こでは，各州が主権を持つと宣言され，合衆国に比べて中央政府の権限が制約
されたのに加えて，奴隷制の存続を保証する条項が盛り込まれた．ただし，他
の点では大筋で合衆国憲法の内容が踏襲された．それは，自分達こそ制憲者達
の正当な後継者なのだという意識からきていた．そのうえで，合衆国に独立を
認めさせるべく交渉に乗り出し，領内にある連邦の施設等の買い取りを申し出
た．連邦側がそれに応じないと，今度はそれらの明け渡しを要求するようにな
ったのである．

　その間，サウスカロライナ州のチャールストン港湾の海上にあるサムター要
塞では，駐留する連邦軍の部隊と明け渡しを求める州の部隊のにらみ合いが続
いていたが，1861年4月12日，州側の発砲をきっかけに戦闘が始まった．こ
れが，以後丸4年間にわたる南北戦争の始まりである（なお，南北戦争が内戦な
のか国家間戦争なのかについては様々な議論があり，決着がついていない）．これを受
けて，態度を保留していた奴隷州のうち最大の人口を持つヴァージニアを始め
とする4州が相次いで南部連合に加わり，全部で11州になった（地図4）．首
都も，アラバマ州のモンゴメリーからヴァージニアのリッチモンドに移された．

　南北戦争は，最初から長期化が見込まれていたわけではなかった．両陣営は，

地図4　南北戦争の構図

なお，ヴァージニア州の北西部は州を離脱し，1863 年にウェストヴァージニア州として連邦に加入した．
[出典] Mark C. Carnes, *Historical Atlas of the United States* (Routledge, 2002), p. 155 を基に作成．

正反対の理由で早期の終結を予想していた．当時の北部は，人口でアメリカ全
体の7割，工業生産は9割を占めていた．また終戦までに連邦側では約200万
人が従軍したが，南部側はその半数弱にとどまる．そのため，経済規模でも軍
事力でも劣る南部が早々に翻意して連邦に復帰すると考えた．しかし南部は，
自分達の産品を輸入する諸国が味方すると期待しており，いずれ北部が引き留
めを諦めるとみていたのである．ところが南北は，それぞれ独立の達成と連邦
の回復という目標を達成するまで戦い抜く意思を固めていた．

　それでも，軍事力で上回る連邦軍が南部連合軍を圧倒していれば，戦争は短
期で終結したかもしれない．ところが，連邦軍の総司令官に任命されたジョー
ジ・マクレラン将軍は一向に攻勢を仕掛けようとせず，リンカンら政治家をや
きもきさせた．これは，後に司令官となるロバート・E.リー将軍を始め，南
部出身者が大挙して連邦軍を辞して南部連合軍に加わったことで連邦軍が混乱
したためでもあった．また尚武の伝統がある南部には優秀な軍人が多く，主に
南部が戦場となったため地の利にも恵まれた．結局，南部連合を表立って支援
する国は現れなかったが，初期の戦闘では南部が互角以上の戦いぶりをみせ，

戦争は長期化することとなる．

2.　政治社会変動の触媒としての南北戦争

(1)　政府の役割と規模の拡大

　　戦費の調達　戦闘が始まると，リンカンは軍の最高司令官としての権限を用いて州兵を連邦軍に編入し，志願兵の募集を開始した．しかし，戦争は兵だけでは戦えない．リンカンは，通常は12月に開会する連邦議会を7月に招集し，戦争への立法上の対応を要請した．連邦議会は社会のありとあらゆる資源を総動員するような立法を行い，南北戦争は世界史上初の総力戦となっていった．

　　戦争を戦うのに，カネの調達は不可欠である．財務省は金融機関からの借り入れや国債の発行を始めたものの，それでは到底追いつかなかった．連邦政府はそれまで関税以外の税をほとんど課してこなかったが，1861年8月の歳入法で初めて所得税を導入した．さらに，戦争の長期化がはっきりすると，翌年7月の歳入法で3%の定率だった所得税を累進税に改訂し，以後酒類，タバコ，宝飾品を始め，「水と空気以外は全て」といわれるほど多様な対象に税をかけていくことになる．

　　またそれに先立つ1862年2月には，法貨法が成立している．これは財務省に不換紙幣の発行を認めるもので，連邦政府として初の紙幣の発行であった．当時の金銀複本位制の下で，連邦政府は取引時に金貨あるいは銀貨で支払いを行う必要があった．そこで，新しい不換紙幣を法貨として通用するようにし，実質的に正貨主義から離脱することで，政府の資金不足を補い，マネーサプライを増やして経済を活性化しようとしたのである．こうして発行された紙幣は，裏面が緑一色で印刷されたことから「グリーンバック」と呼ばれ，その意匠は今日のドル紙幣にも引き継がれている．

　　しかし，全体の通貨量が増えても，1830年代の「銀行戦争」以来金融を統制する中央銀行制度が不在の下で，地域間の通貨量の偏りは解消されなかった．そこで翌1863年の国法銀行法で，連邦政府が免許を与える国法銀行の制度が導入された．国法銀行は準備金として国債の引き受けを義務づけられ，その額に応じた量の紙幣の発行を許された．それによって，地域格差は残ったものの

通貨量は増え，連邦政府もさらに借り入れが可能になったのである．こうして，アメリカでは州法銀行の紙幣に加え，グリーンバックと国法銀行券が流通することになった．

　それ以外にも，戦時中には関税が引き上げられ，以後世紀末まで保護関税が基調となる．これは戦費の調達だけでなく，国内産業の保護のためでもあった．これらの政策の結果，1861年に約4000万ドルだった歳入は，65年にはその約8倍に跳ね上がった．とはいえ，歳出は1861年でも6000万ドルを超えていたのが，65年には約13億ドルとなり，財政赤字の解消が課題として残された．

　ヒト・モノの動員　戦費を確保できても，動員可能な資源がなければ戦争は戦えない．そのため，産業発展のための諸政策がとられた．1862年5月には西部開拓を促進すべくホームステッド法が成立し，新たな土地を開拓した者に，男女を問わず160エーカーが無償で与えられることとなった．同年7月に制定されたモリル法によって，農学や工学といった実学を教える大学を設置する州に，財源として連邦の直轄領の土地が与えられるようになる．またこの年から戦後にかけて数次にわたり太平洋鉄道法が成立し，大陸横断鉄道を建設する鉄道会社に路線周辺の土地が供与されることとなる．

　さらに，戦争が長期化すると，州兵の編入や志願兵では兵員が足りなくなり，1863年春には初めて徴兵制が導入された．20歳から45歳までの，帰化を希望する移民を含む男子全員が登録を義務づけられた．ただし，抽選により実際に徴兵された場合でも，身代わりを見つけるか300ドル（購買力でみると今日の約1万ドルに相当する）を支払うかすれば免除されたため，「金持ちの戦争，戦うのは貧乏人」だと不満が出た．徴兵が7月に初めて実施されたニューヨーク市では，約1週間にわたり大規模な暴動が発生し，軍に鎮圧されるまでに100名を超える死者を出したのである．

　南北戦争では最新の科学技術も多く活用され，しばしば世界初の近代戦と呼ばれる．ガトリング砲（自動火器），高性能ライフル，装甲艦，潜水艦といった新兵器が投入された．陸戦では，開けた戦場で両軍が正面衝突する「決戦方式」という旧来の戦闘方式のまま，高い精度と大きな破壊力を持つ兵器が使用されたことが死傷者を増加させたとみられている．また連邦は電信や鉄道といったインフラの整備でも南部を圧倒しており，通信と兵站の両面で大きく差を

つけた．リンカンは，最新の戦況を知るべく陸軍省の電信室に通いつめたという．

　動員をめぐる対立　戦争を機に国家機構が発達することはよく知られるが，このような総力戦体制は，資源の動員と活用のために軍だけでなく政府全体を拡大することとなった．戦時中の正確な数字は定かでないが，1861 年に約 3 万 6000 人だった文民の連邦公務員は，10 年後には 5 万人を超えている．とくに，首都ワシントンで働く連邦公務員は，同時期に約 2000 人からほぼ 3 倍に増加している．

　これらの動員は，議会で多数派を占める共和党議員の主導で実現した．しかし，党内でも民主党出身者を中心に，連邦政府の規模と役割の飛躍的な拡大には反対も出た．例えば，サモン・チェイス財務長官はグリーンバックの発行について，財政上の必要を認めつつも正貨主義を放棄することに強く抵抗し，戦後最高裁首席裁判官として，法貨法の一部に違憲判決を書くことになる．民主党側は，リンカン政権の戦争遂行に反対し停戦を求めるピース・デモクラッツ（コパーヘッズ）と呼ばれた一部の勢力を含め，連邦政府の拡大には全体に否定的であった．しかし，戦争の遂行に限って政権に協力する，ウォー・デモクラッツといわれる勢力もあり，党内は割れていた．

　一方，南部連合は動員に際して連邦側に比べても大きな困難に直面した．憲法典で各州に主権を認めたことからわかるように，集権化が強く忌避された．ところが，中央政府も軍も急ごしらえだったのに加え，北部よりも社会全体の資源が限られていたうえに連邦軍によって海上封鎖をかけられ，海外からの物資が滞ったのもあって，連邦側よりも徹底した動員を余儀なくされたのである．不換紙幣の発行や徴兵は，北部よりも南部で先に実施されている．それでも，国力の不足は克服できなかった．戦争末期には，戦後の解放を条件に奴隷を従軍させることまで検討された．

（2）奴隷制廃止への道

　奴隷解放宣言へ　連邦側は圧倒的な軍事力を誇りながら攻め手を欠いたうえ，南部連合が粘り強く戦ったため，戦況は 1862 年に入っても一進一退であった．こうした状況下で，リンカンは奴隷制の廃止を検討するようになった．彼は若

い頃から奴隷制を嫌悪し,「奴隷制が悪くないなら,この世に悪いものは何も
なくなってしまう」と述べたこともあったが,この戦争をあくまでも連邦の統
一を回復するための戦いと位置づけ,各州の奴隷制に対する干渉には否定的で
あった.それは,連邦政府がその権限を持たないと考えていただけでなく,デ
ラウェア州等連邦側に残った奴隷州(境界州)への配慮にも基づいていた.

　そのリンカンがここへ来て考えを変えていったのには,二つ理由があった.
まず南部の奴隷制を廃止すれば,奴隷達が主人の下を離れ,南部の社会経済が
混乱して戦況が有利になると期待された.それに加え,外交上の考慮もあった
とみられる.既に見たように,南部連合は交易関係にあるヨーロッパ諸国が味
方に回ると考えていた.これらの国々は南部連合を国家承認こそしなかったも
のの,連邦側が期待したように南部連合に冷たくあたることもなかったのであ
る.連邦側の戦争目的が統一回復に留まる限り,他国からは内輪揉めとしかみ
られず,同情は期待できなかった.

　ただし,奴隷制が放置されたわけではない.南部の早期復帰の芽がなくなる
と,連邦の直轄領の奴隷制が廃止されていった.1862年4月には,奴隷主へ
の補償付きで首都ワシントンの奴隷制が廃止され,同年6月には準州等の直轄
領でも奴隷制が廃止された.また1861年と翌年に制定された没収法は,奴隷
を含む,南部連合に役立つ財産の没収を定めた.さらにリンカンは1862年7
月に,軍の最高司令官として,連邦への敵対行為をやめなければ南部連合の支
配地域の奴隷を解放するという最後通牒の案を閣議で提示した.そのうえで,
連邦軍が9月にアンティータムの戦いで大勝し戦況が好転したのを受けて,そ
の同月にこの奴隷解放の予備宣言を発した.奴隷解放の期日は,翌年元日とさ
れた.

　この宣言に対する北部の反応は,様々であった.白人には,奴隷制への反対
から解放を支持する人々が多かった反面,黒人の自由のために白人が犠牲にな
ると不満を持つ者も目立った.直後に実施された連邦議会下院議員等の選挙で
は,戦時中の政権党にもかかわらず共和党が後退したが,それには有権者の厭
戦気分に加え,奴隷解放予備宣言への反発も影響したとみられている.リンカ
ンは年末まで本宣言を出すべきか検討を重ね,1863年1月1日,予告通り奴
隷解放宣言を発した.彼は宣言書の署名に際して,「もし私の名が歴史に残る

としたら，それはこの宣言によってであって，これには私の全てが込められているのです」と強い決意を語った．

　南北戦争の性格の変化　南部連合の支配地域に対象が限定されたとはいえ，奴隷解放宣言は南北戦争の性格を決定的に変化させた．この宣言に，黒人達が強く影響されたのは不思議でない．以後連邦軍は，黒人の戦闘員としての従軍を正式に認めるようになった．フレデリック・ダグラスは，黒人が市民としての権利を獲得するための手段と位置づけて従軍を呼びかけた．終戦までに約 20 万人が従軍し，そのうち約 2 割が戦死したとみられている．また黒人女性も看護師，斥候等として多くが軍に加わった．かつて「地下鉄道」で活動し，戦時中はスパイとして連邦軍を南部に導いた元奴隷のハリエット・タブマンの活躍は広く知られている．

　解放の報は，南部の奴隷にも伝わっていった．自主的に主人の所に留まる者もいたが，多くが主人の下を離れていき，南部の社会は連邦側の期待通り混乱に陥った．奴隷解放は，こうした変化をもたらしたものの，それで白人の人種差別意識がなくなるわけではなかった．1863 年の徴兵の実施時に生じた暴動では，黒人のために徴兵されるという見方から，黒人がリンチされるなど多数の犠牲者が出た．また黒人が編入された連邦軍でも，白人と黒人が同じ部隊で戦闘に参加することは稀であった．白人の部隊に黒人兵が後方支援役として帯同するか，白人の指揮する黒人部隊が組織されるかするのが普通であった．

　1863 年後半には，戦況は連邦軍の優位に傾き始めていたものの，戦争の終わりは見えなかった．それに，南部の奴隷解放は実現したものの，奴隷制の完全な廃止の道筋がついていたわけでもない．その間にも戦闘が続き，7 月にはペンシルヴェニア州のゲティスバーグで両軍併せて 16 万の兵が激突し，3 日間で約 5 万人が死傷するという凄惨な戦いが展開した．この年 11 月に，戦死者墓地の奉献式典でリンカンが行ったのが，日本でもよく知られるゲティスバーグ演説である．

　公の場での演説が数時間にわたることも珍しくなかった当時にあって，この演説は数分間という異例の短さで，演説中のリンカンの写真も残っていない．その中で，リンカンは独立宣言を引用して，南北戦争を全ての人の自由と平等を掲げて誕生した国の存亡をかけた戦いと位置づけた．彼は，大義に命を捧げ

た兵士達の死を無駄にしないためにも，生き残った者はその遺志を引き継がな
ければならないと訴え「この国が自由の下で新たに生まれ変わり，そして人民
の，人民による，人民のための統治が地上から潰えないように」するという務
めを与えられたのだと締めくくっている．

　リンカンがこの演説で，南北戦争を自由と平等という建国の理念を守るため
のものと位置づけ，民主主義の存亡をかけて戦っている，と述べることができ
たのは，南部のみとはいえ奴隷解放を実現していたからに他ならない．しかし，
南部のみならず北部の白人も根強い人種差別意識を持っている中で，どう連邦
の統一を回復するかという課題は，まだ形を現しつつあるにすぎなかった．

（3）戦後に向けての動きと戦争の終わり

　再建をめぐる共和党内の対立　ゲティスバーグの戦いは，戦争全体の帰趨を
決める意味合いを持ち，勝利した連邦軍はその後優勢に戦いを進めることとな
った．南北の国力の差が戦力差として表れるようになり，奴隷解放によって南
部が混乱に陥ったのに加え，それまで指揮官に恵まれなかった連邦軍で，ユリ
シーズ・グラントが頭角を現したことが大きい．1862 年から翌年にかけてシ
ャイローやヴィクスバーグといった重要な戦いを勝利に導いた彼は，1863 年
10 月には少将，さらにチャタヌーガの戦いを制した後の 1864 年 3 月には中将
に昇進し，連邦軍全体の指揮権を託されることとなる．

　こうした戦果により，1863 年中にはルイジアナ州等南部連合の一部地域が
連邦の支配下に入っていた．これらを念頭に，南部諸州をいかなる条件と手続
きを経て連邦に復帰させるべきか，その際に解放民（元奴隷）をどのように市
民としてアメリカ社会に包摂していくか，そして反逆者にいかなる懲罰を与え
るか，という南部の「再建（reconstruction）」が本格的に議論されるようにな
っていった．そのさきがけとなったのが，同年 12 月にリンカンの発した「大
赦と再建に関する宣言」である．

　この通称「10% 案」は，ある州で 1860 年選挙の投票者数の 1 割を超える有
権者が合衆国への忠誠を宣誓した段階で，彼らに新たな州憲法の制定と州政府
の設置を認めるものであった．この条件を満たせば，その州は奴隷解放を受け
入れればよく，南部の白人に極めて寛容な条件だったといえる．リンカンはそ

こで，反乱は個々人が起こしたもので，南部諸州が連邦を離れたことはないという建前を貫き，南部主体での早期の再建を期待した．1864 年秋に再選を目指す大統領選挙を控え，厳しい策をとって南部との融和を重視する共和党内の保守派を刺激したくないという考慮も働いていたとみられる．連邦の支配下にあったルイジアナ州は，直ちにこの宣言に基づいて再建を開始した．

　しかし，奴隷制の廃止だけでなく，南部の社会構造全体の変革による人種間の平等な取り扱いの実現を目指す共和党急進派は，この案を問題視した．またリンカンが再建を戦後処理と位置づけて自らの管轄下にあると考えたのに対して，議会側は連邦議会の管轄にあると捉え，急進派は独自の再建法案を起草した．このウェイド＝デイヴィス法案は，州の有権者の過半数が，南部連合を支持したことがないという「鉄の誓い」をすることを再建開始の条件とし，州憲法に奴隷制の禁止規定を含むことを義務づけるなど，リンカンの宣言よりも格段に厳しいものであった．

　リンカンは，この立法によって既にルイジアナ州で進行中の再建に影響が出ることを懸念しただけでなく，同法案が南部の連邦からの離脱を前提に作られていることに反発した．そのため彼は，1864 年 7 月の会期末に議会両院を通過したウェイド＝デイヴィス法案を，署名も拒否もせずに握りつぶして廃案に追い込んだのである．その結果，共和党は再建の方針を確定しないまま終戦を迎えることになる．

　リンカンの再選と終戦　この年の選挙を控えて，奴隷解放は北部で全面的に支持されたわけではなく，再建の方針についても共和党内に対立があった．そのため，共和党が団結できるのは連邦の統一という目標だけであった．それを意識して，共和党は 6 月の全国大会で「ナショナル・ユニオン党」と改称し，リンカンの副大統領候補にアンドルー・ジョンソンを指名した．ジョンソンは南部のテネシー州の上院議員であったが，連邦離脱に反対して南部選出の議員で唯一連邦議会に残り，1862 年にリンカンによってテネシー州の軍政知事に任命されていた．共和党は，ジョンソンの擁立によって南北の統一を演出したのである．

　対する民主党は，開戦初期に連邦軍を指揮したジョージ・マクレランを大統領候補に立てた．結果はリンカンが 25 州中 22 州で勝利する圧勝で，連邦議会

でも上下両院で合衆国憲法修正の発議を可能にする3分の2を上回る議席を得る見通しとなったのである．しかし，大統領選挙の一般投票ではリンカンが約55％と，マクレランと10％差にとどまり，内戦を勝利に導きつつある現職としては物足りない結果であった．党内不和もあって，リンカンは選挙前まで自分が負ける可能性を真剣に考えていたという．

　選挙後には，奴隷制の廃止が進んだ．これは共和党急進派がかねてより提案していたものの，支持が得られていなかった．境界州では連邦派と南部連合派それぞれの政府が成立して対立し，とくにミズーリは州が内戦状態に陥っており，奴隷制の廃止の推進はユニオニスツと呼ばれた連邦支持派の不利に働くと考えられたのである．しかし，メリーランド州等が奴隷制の廃止に向けて動きだしたこともあり，この年の共和党全国綱領にも合衆国憲法の修正による奴隷制廃止が盛り込まれていた．リンカンもこれを支持し，自ら民主党議員を含む反対派を懐柔していき，1865年1月に憲法修正が発議された．これにより，奴隷制の廃止が南部再建の前提条件となった．この第13修正条項は，同年12月に批准成立する．

　1865年3月，リンカンは二期目の任期に入った．就任演説では，終戦を意識して南北の人々が同胞であることが強調され，「何人にも敵意を持たず，何人にも慈愛をもって」国全体を癒すという課題に取り組むべきと述べられた．一方，追いつめられた南部連合では，ゲリラ戦に切り替えての抗戦も検討されたものの，国民の犠牲を考慮して見送られた．4月9日，ヴァージニア州のアポマトックス・コートハウスでグラントと南部連合軍司令官のリーが会談し，リーが降伏を表明した．これにより南北戦争は終結したが，戦死者は両軍合わせて60万人を超えた．これは今日までにアメリカが戦った他の戦争全ての戦死者数とほぼ同じであり，そこからもこの内戦の凄惨さが理解できよう．

　ところが，終戦の知らせに沸いたのも束の間，悲劇が襲った．4月14日に，首都ワシントンのフォード劇場で観劇中のリンカンが，南部の人気俳優ジョン・ウィルクス・ブースに銃撃され，翌日亡くなったのである．大統領としての任期のほぼ全てを戦争の遂行に捧げて亡くなったリンカンは，以後神格化されていく．しかし，連邦政府がまとまった再建政策を持たないまま終戦を迎え，再建の帰趨を左右しうる立場にあったリンカンが死去したことで，戦後政治の

行方は一気に不透明化した.

3. 再建とその挫折

(1) 再建政治の構図

　「大統領による再建」から「連邦議会による再建」へ　リンカンの暗殺後, その跡を襲って大統領となったジョンソンが再建をどう進めるのかが注目された. 彼はそれまで南部に対して厳しい発言をくり返しており, 穏健なリンカンに不満な共和党急進派は強い期待をかけていた. ところが, その当ては外れた. ジョンソンは, リンカンと同様に再建を大統領の管轄と捉えて, 連邦議会の招集を拒んだ. そればかりでなく, 奴隷制の廃止こそ義務づけたものの, 州権主義の立場から, それ以外は南部を戦前の状態に「復旧」させる方針で政策を進め, 南部連合の関係者にも寛大に恩赦を与えていったのである.

　この「大統領による再建」は 1865 年中に完了し, 11 州全てが新たな州憲法の下で州政府と連邦議会議員の選出を終えた. また黒人の権利を著しく制限する州法（ブラック・コード）が制定され, 南部連合の指導者が多数公職に選ばれていた. 連邦上院議員には, 南部連合副大統領のアレクサンダー・スティーヴンスまで含まれていたのである. これは, 共和党の極端な保守派や民主党以外には到底受け入れがたかった. 12 月の連邦議会開会時に, 両院の共和党多数派は南部選出の議員の着任を承認せず,「連邦議会による再建」に着手した. 圧倒的な多数を占める議会共和党は, 異例の団結を見せて 1866 年半ばまでに一連の再建立法を進めていくことになる.

　そこで主導権を握ったのは, 保守派ほど南部に甘くない一方, 急進派のように人種間の平等まで目指すつもりはない, 共和党内で多数派を占める穏健派であった. まず, 先住民を除き国内で生まれた者が人種等を問わず合衆国の市民であり, 所有権や訴訟を起こす権利等を持つことを確認し, 違反に罰則を課す法案を通過させた. これは, 奴隷解放だけでなく, 黒人に市民として当然の権利を与えて社会に統合することを再建の要件とする意思表示であった. すでに戦後処理が完了したと考えるジョンソンは, この市民的権利法案を州への不当な干渉とみて拒否権を行使したものの, 連邦議会はそれを乗り越えて 4 月に成

立させた（市民的権利（civil rights）は市民権，公民権とも訳される）.

　同年 7 月には，解放民の保護を主な目的に前年の 3 月に設置されていた解放民局を存続させる解放民局法が，同じくジョンソンの拒否権を乗り越えて成立した．再建をめぐる政治はこうして，内戦の「勝利の成果」を実質化しようとする議会共和党に，ジョンソンと民主党，そして思いがけず後ろ盾を得た南部の白人支配層が抵抗する図式となった.

　共和党の思惑　ここで議会共和党が，南部の連邦への忠誠を確実にしようとしたのには，再び反乱を起こさないようにする以外に二つの理由があった．第一に，南部の政治的影響力が強まる見込みだったためである．連邦議会下院議員および大統領選挙人の定数配分の基礎となる人口の算出にあたり，奴隷 1 名は 5 分の 3 人と数えられてきたが，それは無効となった．それにより，南部の発言力が強まる見込みとなったのである．議会共和党は，この問題への対応を含めた包括的な再建政策として，1866 年 6 月に合衆国憲法の第 14 修正条項を発議し，その批准を南部諸州の復帰の要件とした.

　この修正条項では，アメリカに生まれ，または帰化した者が合衆国および居住する州の市民だとしたうえで，その権利および適正手続きについて規定し，反乱者の公職追放と復帰の要件等を示した．また上の定数配分に関しては，成年男子のうち特定の集団——例えば黒人——が選挙権を与えられない場合，定数配分の計算時にその集団の人口を除外するとしたのである．ところがジョンソンの反対もあって，ユニオニスツ（南部連合派からは無能者を意味する「スキャラワグス」と呼ばれた）の強いテネシー州を除いて，南部諸州の批准は進まず，成立には 1868 年までかかった.

　第二に，共和党の党利が絡んでいた．政治的影響力を増した南部が民主党と結ぶことがあれば，共和党の多数党の地位が危うくなる恐れがあったのである．そうでなくとも，内戦が終結し奴隷解放も実現したことで，共和党は結党の目的を十二分に達成しており，政党政治の行方が不透明化していた．共和党の競争相手には，そこにつけ込む動機があった.

　その筆頭が，南部の民主党出身ながら共和党に担ぎ上げられ，明確な政党所属を失っていたジョンソンである．彼は 1866 年の選挙に向けて，共和党内の極端な保守派と協力し，民主党と南部の支配層を糾合した新たな多数派連合の

組織化を試みた．この「ナショナル・ユニオン運動」は，8 月に全国大会を開催し，ジョンソンは大統領についてタブー視されていた選挙戦での遊説を各地で行うほど運動にのめり込んだ．しかし，選挙では北部世論の南部への反発から共和党が圧勝し，民主党が保守派の受け皿となった．

　共和党と再建のジレンマ　選挙に勝利したものの，共和党はこの頃南北の板挟みとなっていた．南部の支配層の抵抗を乗り越えて，北部の求める厳しい内容の再建を進めるには，白人のユニオニスツだけでなく解放民に権力を持たせる他なかった．ところが，それには当の北部の世論が人種差別意識から反対するとみられたのである．このジレンマは，以後 1860 年代後半を通じて共和党を苛むことになる．

　南部の抵抗に業を煮やした議会共和党は，1867 年 3 月以降，ジョンソンの拒否権を乗り越えて一連の再建法を成立させ，再建の再度のやり直しに着手した．テネシーを除く 10 州を五つの軍管区に再編して再び軍政下に置いたうえで，連邦への復帰に第 14 修正の批准や黒人男性に選挙権を与えること等の条件を課したのである．これは連邦法で特定の集団に選挙権が与えられた初の事例であり，ユニオニスツと黒人が多数派となって連邦——と共和党——に忠実な体制を生み出すことがその狙いであった．

　以後の再建政策はこの再建法に基づいて進められることとなるが，この法律の効果は，まず北部で表れた．1867 年秋の州レベルの選挙で，共和党が相次いで後退したのである．当時北部では，ニューイングランドの一部の州を除いて黒人が選挙権を持たなかった．民主党が，再建法は北部にも黒人選挙権が強制される先触れだと喧伝して有権者の人種差別意識を煽ったことが，共和党への反発につながったとみられる．終戦から 2 年以上経っても，再建の終わりは見えなかった．

(2) 再建の挫折

　ジョンソンの弾劾裁判と黒人選挙権問題の非政治化　再建法の成立によって，南部再建は本格的に執行の段階に移った．しかし，ジョンソンのサボタージュによって議会共和党との対立は一層激しくなった．南部の抵抗のため再建政策が急進化し，共和党急進派の発言力が増大していたこともそれを助長した．

　議会共和党は，ジョンソンの抵抗を受けて 1867 年 3 月に官職任用法を成立させていた．これは，連邦政府の高官について任命のみならず罷免時にも上院の承認を義務づけるもので，ジョンソンがリンカン政権から引き継いだ高官を更迭して再建を停滞させるのを防ぐねらいがあった．そして 1868 年 2 月，ジョンソンがかねてより再建をめぐって対立していたエドウィン・スタントン陸軍長官を無断で解任すると，連邦議会下院は直ちに弾劾を決議し，翌月から上院で史上初の大統領に対する弾劾裁判が開かれることとなった．

　共和党は，上院で罷免に必要となる 3 分の 2 を超える議席を確保していた．しかし，同年 5 月の採決の結果は全ての嫌疑について 1 票差で無罪というものであった．ジョンソンの行動は問題視されたものの，官職任用法には違憲の恐れもあるとみられていた．また彼の残りの任期は 1 年を切っており，連邦議会が大統領を解任すれば権力分立のあり方を決定的に変化させる危険な先例になりうるとも懸念された．そのため，他にも無罪票を投じる用意のある議員はいたとみられる．以後ジョンソンの抵抗は減ったものの，弾劾を主導した急進派も影響力を失い，両者の痛み分けとなった．

　それが表れたのが，1868 年の選挙である．共和党は，確実に勝てる大統領候補として，国民的英雄となっていたグラントを擁立して圧勝した．しかし，他の公職の選挙では前年に引き続き振るわず，連邦議会下院では 3 分の 2 を割り込む恐れが出てきた．これを受けて，議会共和党は選挙後直ちに，人種や過去に非自由身分だったかどうかによる選挙権の差別を禁じる合衆国憲法の第 15 修正条項を発議した．共和党は 1868 年の全国党大会で，北部の選挙権には干渉しないと決議していた．それでも，憲法修正を行って黒人選挙権の問題を非政治化し，党勢にさらなる悪影響が出るのを防ごうとしたとみられる．

　第 15 修正条項は 1870 年に批准成立し，第 13，14 修正条項と併せて「南北戦争修正」と総称される．これらは，それぞれの目的を達成するのに必要な立法を行う権限を連邦議会に与えた点で，権利章典のように連邦政府の権限を制約したそれまでの憲法修正の多くと性格を異にしていた．第 14・15 修正条項は，市民的権利と投票権の保障について，今日まで大きな役割を担っている．

　この二つの条項の成立過程で，女性の権利運動は女性参政権の推進を主張し

た．しかし，多くのアボリショニストや共和党急進派は「今は黒人の番だ」と耳を貸さなかった．それを受けて運動が新たな盛り上がりを見せたものの，黒人との連携の是非や，連邦レベルと州レベルのどちらで参政権の獲得を目指すか等の路線対立が生じた．1869 年には，スーザン・B. アンソニーやエリザベス・ケイディ・スタントンらが全国女性参政権協会を，ルーシー・ストーンらがアメリカ女性参政権協会を立ち上げ，1890 年に合流するまで別々に活動することになる．

　民主党による南部の「回復」　再建法の成立以降，南部では白人のユニオニスツと黒人，そして北部からの移住者であるカーペットバガーズ（多くが絨毯生地のずた袋一つで移住したためこう呼ばれた）が共和党組織を立ち上げ，州政府を組織していった．数年前まで奴隷だった解放民も政治参加し，公職者にもなるという画期的な事態となった．1870 年までに全州が連邦への復帰を完了したが，1870 年代半ばまでに，10 名以上の黒人連邦議会議員が誕生している．

　こうして再建は一段落したものの，社会変革が徹底しなかったことで，その成果は後退していく．とくに，解放民の置かれた状況は過酷であった．全員に「40 エーカー（の土地）と 1 頭のラバ」が与えられるという噂は現実化せず，解放民局が始めた教育も行き渡らなかった．知識も財産もない解放民は，多くが元主人の下に留まった．プランテーション地域では，元主人から土地を借りて耕し，収穫の半分かそれ以上を地代として納めるシェアクロッパーと呼ばれる小作農となった．しかし，主人の財産でもあった奴隷の頃と違い，地主は容赦なく小作農を搾取したため，しばしば奴隷状態より劣悪とされる困窮状態に置かれたのである．

　解放民は，やがて憲法で保障されたはずの市民的・政治的権利も侵害されていった．1870 年代には，共和党支配と解放民の権利向上に反発した白人の間で，クー・クラックス・クラン（KKK）やライフル・クラブといった白人至上主義を掲げる結社が勢力を伸ばし，暴力を伴ってユニオニスツや黒人の投票を妨害するようになった．KKK が儀式で用いる白装束はよく知られるが，これも無知な黒人が幽霊と思い込んで怖がるだろうという人種偏見からきていた．

　南部で再建の成果を骨抜きにするような事態が生じても，北部の白人は冷淡

であった．終戦から5年以上が経ち，再建への関心が薄れつつあっただけでなく，南部諸州の共和党政府に汚職等の悪評が立ったためであった．黒人の多くは教育を受けておらず，白人の中には成り上がるために共和党に参加した者も少なくなかった．この時期には北部でも政治腐敗が目立つようになっていたから，こうした事態は無理からぬことであった．にもかかわらず，北部の世論は根強い人種差別意識もあって南部の共和党を見放していったのである．

　それでも議会共和党は，1870年以降選挙権を保障する一連の強制法を成立させて，ユニオニスツや黒人の権利を守ろうとした．また1875年には新たな市民的権利法を成立させたが，これはホテルや公共交通機関等での差別的取り扱いを禁じる，当時としては画期的な内容を持つものであった．しかし，どの法律も十分に執行されず，市民的権利法には1883年に違憲判決が出されることとなる．1870年代半ばには，南部の大半の州で旧来の支配層が復権し，支配を回復した．彼ら「リディーマーズ」（取り返す人々，の意）は反共和党感情から民主党と手を組み，共和党とその支持者を排除していったのである．

（3）南北戦争と再建の意義

　「堅固なる南部」の成立　こうして迎えた1876年の大統領選挙は，大接戦となった．集計の結果，民主党のサミュエル・ティルデンが共和党のラザフォード・ヘイズに一般投票で約3%，大統領選挙人で19票差をつけたものの，共和党への選挙妨害がとくに激しかった南部の3州の分を含む20票の選挙人票の行方が決まらず，勝者が確定しなかった．対策を検討するため，年明けの1月に連邦議会の上下各院と最高裁からの各5名からなる特別委員会が設けられた．共和党側の委員が1名多かったこともあり，南部から連邦軍の撤収と引き換えにヘイズの大統領就任が認められることとなる．この「1877年の妥協」によって，再建は正式に終わりを迎えた．

　連邦軍が退いた後，南部諸州では再建の成果がさらに後退していった．政治的権利については，19世紀末にかけて第15修正に違反しないよう，人頭税の支払いや識字テストへの合格，あるいは祖父が自由人であったこと等が投票の要件とされていった．黒人に加えプランターの支配に不満の白人の貧農も選挙から排除されていき，白人エリートの支配が復活した．また市民的権利につい

ても，公共交通機関やホテル，レストランといった公共施設における人種隔離が法制化されていった．これらの州法は，ミンストレル・ショウで顔を黒塗りした白人役者が演じる間抜けな黒人の登場人物の名から「ジム・クロウ」と総称された．こうした徹底した人種差別は，経済的利害を異にする白人のエリート層と貧農を政治的に結びつける役割も果たすことになる．

これらの差別的な諸制度は，19世紀末までに定着した．連邦議会では，共和党議員が投票権を保障するための立法を試みたものの，南部選出の議員に阻まれて失敗に終わっている．ジム・クロウについては，鉄道の客車について人種隔離の是非が争われたプレッシー対ファーガソン事件訴訟で，施設が同等であれば「分離すれども平等」だとして，1896年に合衆国最高裁が合憲判決を出した．世紀末までに黒人の議員は連邦・州議会から姿を消し，共和党も南部で存在感を失って，「堅固なる南部」と呼ばれる民主党の一党支配が現出する．法制化はされなかったものの，北部でも学校等について隔離が行われていった．

南北戦争がもたらしたもの 南北戦争は，19世紀をその前後でアンテベラム（戦前）期，ポストベラム（戦後）期と時期区分することからわかるように，アメリカ史における最大の画期の一つである．これまでアメリカが戦った戦争の中でも圧倒的に多くの死傷者を出し，主戦場となった南部は多くの地域が自然状態に返ったといわれるほど荒廃し，長く経済的に停滞することになる．しかし，それだけの犠牲を出しながら，奴隷制の廃止を除けば，旧支配層が復帰し，黒人が苛烈な差別に苦しむというように，南北戦争は北部が求めた「勝利の成果」にほど遠い帰結に終わった．戦後連邦政府で勢力を拡大したこともあり，近年では南北戦争の実質的な勝者は南部だったという議論もみられるようになっている．

こうした限界の背後に，北部の白人の人種差別意識と無関心が大きく働いていたことは間違いない．再建の終了後は，共に南北戦争という艱難辛苦をくぐり抜けた同胞という形で，南北の白人同士の和解が進み，しばしば男性的な北部と女性的な南部の結婚というイメージで語られた．黒人は置き去りにされ，再建期に一時目指された人種間の法的平等という「未完の革命」が再び動き出すには，「第二の再建期」ともいわれる1世紀後の1960年代を待たなければな

らない.

　しかし，南北戦争はアメリカを全く変えなかったわけではない. 黒人は諸権利を制限され，経済的にも厳しい状況に置かれたものの，全てが奴隷のときと同じではなかった. 奴隷解放宣言が出された後，主人の下を離れた解放民の多くが，奴隷取引によって引き離された家族を探しに行ったという. 様々な制約はあったものの，自らの意思で行動できるようになったことの意義は計り知れない. 19 世紀末以降は，多くの黒人が新たな生活を求め，大挙して北部の大都市に移動していくことになる.

　解放民達は家族で暮らせるようになり，自分達の教会を組織して共同体を生み出した. キリスト教信仰は，奴隷が現世での立場を受け入れて従順になることを期待した白人が植え付けたものだったが，以後黒人教会は白人の目の届かない，黒人達の活動拠点となり，知識人である聖職者は有力な指導者の供給源となる. また奴隷制廃止運動の参加者は，黒人に教育機会を与えるなどの運動を続け，その中から世紀末にはブッカー・T. ワシントンら黒人の権利運動の指導者も登場する. ワシントンが白人中心の社会構造を受け入れ，そのうえで黒人が努力して「向上」して平等を勝ち取るべきだという妥協的な路線をとったのに対して，20 世紀に入ると黒人の中からもより積極的な異議申し立てがなされるようになる.

　また戦争を通じて，連邦側が一貫して南部連合の独立を否認したことで，州は連邦を離脱できず，連邦のまとまりが州の自主性に優越するという見方が確立したことも重要である. 1830 年代の「無効危機」のように，州が連邦からの離脱をちらつかせて譲歩を引き出すことはできなくなった. アメリカは，君主制をとる旧世界に対抗する共和制の壮大な実験ととらえられてきた. その一方，歴史上の共和制がいずれも短命に終わったことから，アメリカも同様の運命をたどるのではないかという懸念がささやかれ，南北戦争はアメリカ共和制の終わりの始まりではないかと恐れられた.

　しかし，この試練を乗り越えたことで，国民はアメリカが存続できるという自信を共有するようになる. その際，合衆国が州の集合体でなく一つの国家だという見方が強まっていった. それは，戦後 19 世紀末にかけて，合衆国を指す言葉が諸州の連合体を含意する「ユニオン」から国民全体を意味する「ネイ

ション」に置き換わっていったことにも表れている．以後アメリカは，従来か
らの人口増と経済成長だけでなく，産業構造の転換や民族構成のさらなる多様
化を通じて，現代に向けた変化を経験しつつ大国への道を歩んでいく．

第 2 部

途上国から超大国へ

第4章

現代化する社会への対応

1. もう一つの戦後政治

(1) 平時への移行をめぐる政党政治

　連邦政府の規模と役割の縮小　南北戦争後は，社会と経済の大変革期であった．経済的には工業化が勢いづき，1869 年の大陸横断鉄道の開通に象徴されるように，西部の開拓がさらに進むとともに，人々の活動が州境を越えることが増えていった．その影響から社会的には都市化が進み，賃金労働者が増えたこともあって所得格差が拡大していった．また移民の出身地域がそれまでの西欧中心からアジアを含む他の地域に広がり，さらなる多民族化が進んだのである．その過程で深刻な社会的・経済的な摩擦が生じた．本章では，それがどのようにして克服され，あるいは解決されないままに，アメリカが世界最大の工業国として 20 世紀を迎えたのかを検討する．

　南北戦争の戦後の政治は，再建一色ではなかった．連邦政府の役割は戦時中に質量共に飛躍的に拡大したものの，恒久化を意図して導入された国法銀行制度等を除けば，戦時限りのものと捉えられていた．戦後すぐに政治を大きく動かしたのが，連邦政府の役割と規模の削減をめぐる諸争点である．軍の動員解除が進み，所得税を始めとする内国税が争いなく廃止されていった一方で，論争になったのが関税の引き下げと金銀複本位制への復帰であった．

　関税については，国内産業の保護のため引き続き高関税が必要だという立場から，自由貿易を重視して連邦財政を賄える最小限度の「歳入関税」にすべきだというものまで多様な見方が登場した．他方通貨政策については，当時の常識であった正貨主義に戻すことにほぼ合意があった．しかし，それには正貨との兌換が可能になるまで紙幣の流通量を減らさなければならず，デフレが避けられない．そのため，速やかに兌換を再開すべきという見方から，景気の動向

をにらんで長期的に実現すればよいという立場まで，考えは多様だったのである．

　いずれの問題についても，二大政党それぞれの中で意見の相違があった．総じて政府の介入により批判的な民主党の方が，正貨主義と自由貿易への支持が強かった．他方，共和党は戦時中に諸政策を導入した側であり，党内には性急な政策変更に懐疑的な見方も強かった．また戦時中の動員を通じて，共和党は財界との結びつきを強めており，党内で保護貿易を後押しする声につながった．ところがその共和党内に，自由放任を重視する（古典的）自由主義の立場から，正貨主義と自由貿易を強硬に主張する勢力が登場し，論争の焦点になっていく．

　共和党リベラル派の挑戦　リベラルを称した彼らは，再建法の成立した1867年頃から存在感を強めていったが，政府による介入への反対から南部再建にも早期の幕引きを主張した．また彼らに独自の主張として，能力主義的な公務員人事制度（メリット・システム）の導入がある．公務員の能力不足が問題視されるようになっていたこともあり，政府の効率性を上げてその規模を縮小するのがねらいであった．当時は，大陸横断鉄道の建設会社が政治家の買収を試みたクレディ・モビリエ事件等，政治家や公務員の汚職が頻発しており，こうした観点からも行政改革が注目を集めた．

　代表的なリベラルとして，ジャーナリスト等を経て1869年からミズーリ州選出の連邦上院議員となったカール・シャーツや，公務員制度改革を主導したイリノイ州のライマン・トランバル上院議員が挙げられる．彼らは，南北戦争と再建を経て目標を失った共和党が，一連の自由主義的な改革を進める改革の党として再出発すべきだと考えた．しかし，その主張は党内でも極端で，彼らは少数派にとどまった．とくに，猟官制は党が支持者に恩恵を与えるための重要な手段だったから，それを廃止することには党派を問わず抵抗が強かった．

　1868年の大統領選挙で，リベラル達は公務員制度改革への支持を表明していたグラントに期待して彼を支持したものの，政権発足後，公務員の汚職が相次いだことに落胆した．さらに法貨法の合憲性をめぐる訴訟で，1870年に合衆国最高裁が一部違憲判決を出すと，グラントは合憲派の裁判官を送り込み，翌年に合憲判決が出された．この「裁判所への詰め込み」は，経済の混乱を防ぐためとして広く容認されたものの，リベラルは政権に反発を強めていった．

　次の 1872 年の大統領選挙に向けて，リベラル達はグラントの再指名阻止を画策した．それが失敗に終わると，共和党を離脱し，自分達こそ改革を目指す真の共和党だとしてリベラル・リパブリカン党（Liberal Republican Party）を立ち上げた．ただし，この新党に集ったのは大半がグラント政権に対する共和党内の様々な不満分子であった．さらに民主党は，グラントに勝てる唯一の手段とみて，この新党の全国綱領と正副大統領候補を丸呑みした．主要政党が第三党の大統領候補と綱領を受け入れたのは，今日までこのときだけである．しかし，この年の選挙では共和党が圧勝し，多くのリベラルは不承不承共和党に戻っていくことになる．

　共和党内は，この過程で改革への態度によって大きく二つの勢力に分かれていった．一つ目は党勢の維持・強化を最重視する強権派（Stalwarts）で，猟官制をはじめパトロネジを重視し，支援してくれる財界とも手を結ぶべきだと主張した．もう一つは穏健派（Half-Breeds）で，党益を重視しつつも，共和党は改革の党たるべきだという見方をとった．こうした党内競争は，メリット・システムが導入される 1880 年代前半まで続くことになる．

　1870 年代から世紀末までについては，政財界を中心に腐敗が蔓延したという印象がつきまとってきた．『ハックルベリ・フィンの冒険』などで知られるマーク・トウェインは，1873 年に出版した共著の小説の題で，この時期を外見ばかり華やかで中身を欠いた「金メッキ時代」と命名し，それが定着している．しかし，当時の政治は他の時期より腐敗していたわけではなく，強い改革志向にも表れた人々の強い規範意識が同時代への低い評価につながったと考えられている．

（2）「金メッキ時代」の二大政党間対立

　新たな政党間対立の構図　リベラルの挑戦や，前章でみたジョンソン大統領を中心とするナショナル・ユニオン運動にも表れていたように，奴隷制をめぐる対立を通じて生み出された共和党のまとまりには，戦後ほころびが生じていた．しかし，民主党やホイッグ党もそうであったように，共和党内の諸勢力は政策方針の共有だけでつながっていたわけではない．多数党だったことで多くの利権を分配でき，その地位を協力して維持しようという動機付けが党を結び

つけていた.

　1870 年代半ばには, 戦後の政党政治の枠組みが生み出されていた. 共和党は引き続き北部の大多数の州で優位を保ったが, 南部が実質的に民主党の一党支配になっていくにつれて, 全国的には二大政党が拮抗するようになる. 北部で強い共和党は, 州の数が物をいう大統領選挙と上院議員の選出で優位に立った. とくに大統領選挙では, 19 世紀末まで 1884 年と 1892 年の二度, いずれも民主党のグローヴァー・クリーヴランドに敗れた以外全て勝利している. 他方民主党は, 奴隷制が廃止されて戦前よりも議席配分で有利になった南部を独占し, 1875 年以降, 多くの時期に連邦議会下院で多数派を占めるようになる. その結果, 世紀末まで大統領の所属政党と連邦議会の多数党が異なる分割政府が常態化した.

　二大政党は, この新しい対立の構図を踏まえて有権者にアピールした. 共和党は南北戦争の記憶を呼び覚まし, 自党が連邦を救った愛国の党であるとして, この時期の「偉大な老政党 (Grand Old Party)」という愛称が今日まで定着している. また南部に肩入れする民主党を反逆の党だと訴える, 「血染めのシャツ振り」戦術を重視した. 戦後 19 世紀末までの大統領選挙で勝利した共和党候補が, 全て南北戦争の従軍経験者だったのは偶然でない. それに対して, 民主党は白人の人種差別意識をあおり, 南北は融和したとして南北戦争は過去のものだと主張した. そのうえで, 共和党政権の腐敗を非難し, その時々に自党に有利な政治争点を前面に出して選挙を有利に進めようとしたのである.

　利益供与の重要性　その一方で, 主要政党が支持を確保するにはパトロネジの供与が引き続き重要であった. 戦後には, 都市人口の拡大に伴って, 大都市を中心に政党マシーンが影響力を拡大した. マシーンは公務員職や, 市政府や州政府による政策に関する利益誘導を行って, しばしば腐敗の温床となった. その代表例が, ニューヨーク市の民主党系マシーンであるタマニー・ホールである. 1850 年代以降, ウィリアム・トウィードを中心に影響力を拡大した後, 1870 年代以降はアイルランド系指導者が中心となり, 世紀末にかけて最盛期を迎える.

　大都市, なかでも大西洋岸の諸都市には, 新たな移民が多く流入したが, 支持政党を持たない彼らは格好の動員の対象であった. 新参者は見下されつつも,

互いに協力しつつ定着していった．例えば，今日警官や消防士にはアイルラン
ド系が多いというイメージがあるが，それはニューヨーク市でもそうであった
ように，アイルランド系がこの時期都市部で存在感を持つようになり，これら
の職種が地方政府で新たに登場した時期にそれにありついていったという背景
がある．二大政党はいずれも移民の支持の獲得を目指したが，以後新しくやっ
てくる移民の多くは非プロテスタントで，全体に民主党の方が有利であった．

　他方，1866 年には連邦側で従軍した人々の退役軍人会として共和国陸海軍
人会（Grand Army of the Republic）が結成されて，世紀末までに数十万人の会
員を集め，共和党の外部支援組織としての性格も持った．また 19 世紀末には
連邦予算に占める軍人恩給の支給額が 3 割近くに上ったが，これは実質的に社
会保障制度として機能したと考えられている．それだけでなく，共和党は支持
者の多い西部地域から新しい州を積極的に昇格させて民主党に対抗した．南北
戦争後，19 世紀末までに西部で九つの州が生まれることになる．

　二大政党の政策的違い　主要政党は利益誘導を重視したものの，政策を無視
したわけではない．工業化の進んだ北東部や中西部の都市部で強かった共和党
の方が，保護貿易への支持が強く，世紀末まで高関税が基調となる．正貨主義
への復帰時期をめぐっては，引き続き両党内で争いがあった．しかし財界の影
響もあり，共和党が正貨主義の重要性を強調する形で，1875 年にグリーンバ
ックの流通量を減らして正貨との兌換を 4 年後に復活させる再開法が成立した．

　それに，共和党は総じて政府による社会の統制により積極的であった．1873
年に成立した，性的な内容の出版物や避妊具等の「わいせつ物」の郵送や州を
越えた取引を禁じたコムストック法を提案したのは共和党議員で，その後 20
以上の州で同種の立法がなされた．こうした政策が支持を集めたのは，「金メ
ッキ時代」の退廃的な雰囲気の一方で文化的には保守的な雰囲気が強く，中産
階級を中心に社会全体の堕落への恐怖心が強まったことも一因とされる．また
公立学校でプロテスタント教育が行われたのに対して，少数派のカトリックは
独自の教区学校を作ったが，1870 年代に連邦と州の両レベルで，教区学校へ
の公的助成を認めないといったカトリックの排除の動きが共和党側から起きて
いる．

　このように，争点や政党の立場は異なるものの，各党が利権と緩やかな政策

的つながりに支えられていた点で，第三次政党制は第二次政党制と類似していた．しかし，共和党がそれまでの政党と異なり，奴隷解放という改革を成し遂げていたことが，戦後の政党制に新たな特徴を付与することになる．戦後多くの重要政策が「改革」という規範的な観点から議論されるようになっただけでなく，戦前と異なり政党がその重要な手段と位置づけられるようになっていったのである．

(3) 改革の政治の本格化

社会改革運動の政党化　第二次政党制を構成した民主党とホイッグ党は，特定の政策を実現するというよりも選挙に勝つことを目的に登場していた．それに対して，共和党は奴隷制の拡大阻止という目標を掲げた点が異なっていた．奴隷制廃止は最重要の社会改革の一つと捉えられたため，多くの北部人は共和党を，一大改革を成し遂げた改革政党と捉えていた．それは共和党の政治家も同じで，だからこそリベラルは共和党が戦後新たな改革に向けて尽力すべきと考えたのである．

社会改革が重要視されること自体は，新しいことではなかった．しかし，戦前の社会運動家の多くは，政党政治を利己的なものとみて忌避していた．それが，再建政策が一段落つくと，改革運動の間では，改革の党である共和党を通じて自分達の改革を実現しようという気運が一時強まった．共和党がそれに応じず，むしろ党内で政治腐敗が相次ぐようになると，改革運動は相次いで新党を結成するようになる．これらの運動は共和党を，改革を掲げて登場した第三党とみていた．そして，共和党が改革の党であることをやめたのであれば，かつて共和党がそうしたように自分達が政党制を再編し，二大政党の一角を占める主要政党になろうと考えたのである．

こうした運動の代表例が，禁酒運動である．すでに見たように，禁酒法は1851年のメイン州を皮切りに1850年代に二桁の州で実現したものの，その成果は南北戦争中までに後退していた．運動家は終戦後間もなく，全国禁酒協会および出版局を組織した．共和党に禁酒政策を働きかけて受け入れられないとみると，彼らは1869年に全国禁酒党（National Prohibition Party）を立ち上げ，北東部を中心に選挙に参入するようになる．禁酒党は，ほとんど選挙に勝てな

かったが，禁酒政策が不人気だったわけではない．禁酒政策が広く支持されている地域で，共和党が進んでそれを主張に取り込んだため，票を奪われる結果となったのである．

　選挙権のない女性達は，別の形でも禁酒運動を推進した．1873 年から，中西部で女性達が酒場の前に集まって祈りを捧げたり店主に廃業を説得したりといった活動を始めた．この「女性の聖戦」は全国的に注目され，1874 年には女性キリスト教禁酒連盟（Women's Christian Temperance Union: WCTU）が組織された．WCTU はフランシス・ウィラードの下で他国の運動組織とも連帯し，以後 20 世紀初頭にかけて禁酒運動の代表的な組織となる．1870 年代には，酒類の製造や販売を何らかの形で制限する立法がいくつかの州で成立した．

　農民運動・労働運動の展開　それに対して，早期に成果を上げたのが農民政党である．1867 年に結成された，農業者連盟（Patrons of Husbandry）と呼ばれる農民の相互扶助組織を基盤とする農民運動は，鉄道をはじめとする独占企業によって地域全体の経済的調和が損なわれているという共和主義的な立場をとった．同運動の組織した，反独占党（Anti-monopoly Party）等の農民政党は，1870 年代半ばまでに，ときに少数党の民主党と連合しつつ中西部の諸州で州議会の多数派を占めるまでになる．農民運動が影響力をもった諸州では，独占的立場を利用して法外な料金が設定されていると問題視された，鉄道やその他の輸送施設について規制法が制定され，農業者連盟の通称から「グレンジャー法」と呼ばれるようになる．

　これに反発する企業側は，この立法が適正手続きによらず所有権を侵害し違憲だとして訴訟を起こした．それに対して合衆国最高裁は，1877 年のマン対イリノイ事件判決で，公益性のある事業に従事する私企業に対しては，連邦の規制がなければ州際通商に関わる場合でも州政府が規制を行ってもよいと判示した．全体に財界に有利な判決が出やすかった当時，これは画期的な判決で，後に連邦および州政府が本格的に規制政策に乗り出すにあたり，重要な法的基礎付けを提供することとなる．

　また中西部の農民政党を基礎に，1874 年にはグリーンバック党（Greenback Party）が結成された．グリーンバックの増刷によってインフレを起こし，農民の債務負担を軽減するのがその目標であった．これは広く支持され，1870

年代後半には連邦議会に二桁の議員を送り込むことに成功している.

　農民運動が大きな成果を上げた反面,労働運動は 1870 年代まで伸び悩んだ.1866 年に職能や産業を横断する組合組織である全国労働組合(National Labor Union)が立ち上げられ,それを基盤に 1872 年の大統領選挙への候補者擁立が目指されたものの,運動内で調整がつかず解体した.他方,1869 年に結成されたのが労働騎士団(Knights of Labor)であった.全国労働組合と同様に職能や産業を問わないばかりか,当時としては珍しく,白人男性と支部は分けられたものの,黒人や女性も受け入れたのが特徴的である.

　戦後初期の労働運動は,10 時間労働あるいは 8 時間労働を主目標とし,1868 年には連邦公務員について 8 時間労働が立法で実現している.労働時間の減少により,労働者が余暇を自己啓発に充ててよりよい市民となるという,社会改革の文脈で主張された.しかし 1873 年に,鉄道建設ブームに乗った投資銀行のジェイ・クックの倒産を機に恐慌が生じると,減給や賃金不払いが問題となった.1877 年には鉄道業を中心に一連の大規模ストライキが発生し,暴動の鎮圧に連邦軍まで投入され,100 名以上の死者が出ている.労使対立の激化により労働騎士団も注目を集めるようになる.

　戦後から 1870 年代までに,全国的に拮抗した二大政党の間で,第三党も交えて多くの政治争点が社会改革の文脈で取り上げられるというパターンが生み出された.第三党は選挙で勝てないまでも,二大政党の勢力が拮抗するようになると選挙で存在感を増していった.1870 年代半ば以降世紀末まで,連邦議会下院の実に約 3 割の選挙区で第三党候補への票がキャスティングボートになった.対して 1880 年代以降は,戦後生じた社会経済的変化に伴う摩擦が顕在化し,それへの対応が模索されていくことになる.

2.　社会経済の構造変化とそれへの対応

(1) 1880 年代の諸変革の試み

　公務員制度改革の実現　再建の終了後初めてとなる 1880 年の大統領選挙では,共和党のジェイムズ・ガーフィールド下院議員が勝利した.しかし,彼は翌年 7 月に,政治任用に与れなかったと逆恨みした人物に銃撃され,9 月に死亡す

る．それをきっかけに，猟官制の廃止に向けて超党派で立法が進み，1883年にペンドルトン法が成立した．これは，グラント政権期の一時期設けられた公務員制度委員会（Civil Service Commission）を復活させ，能力試験による公務員の採用を進めるものであった．ただし，下級官職からメリット・システムが導入されていったものの，大多数の官職が対象になるまでには40年近くを要した．今日でも，数千に及ぶ上級の官職について政治任用が続いている．

　ペンドルトン法の制定は，アメリカの官僚制がしばしば腐敗を伴った政治任用による素人行政を脱し，専門性を獲得する重要なきっかけとなる．しかし，内務省など省庁によっては，この時期すでに中堅の官僚が主導する形で，自律的に政策を立案し執行しようという動きが生じていた．例えば，1862年に設置された農務省の官僚は，自然科学の研究者と協力し，連邦が助成する大学に農業試験場を設けて技術開発や情報の発信を行わせる案を提示した．これは，1887年にハッチ法として立法化されている．こうした点に，本格的な行政国家化への胎動がみられる．

　公務員制度改革は実現したものの，ガーフィールドの後任のチェスター・アーサー大統領は，ニューヨーク州の共和党強権派でマシーン政治家として知られ，政治腐敗が解消する気配はなかった．次の1884年大統領選挙で，党内のリベラル達は様々な政治腐敗とのつながりが指摘されてきたジェイムズ・ブレインの候補指名を不満として，民主党のクリーヴランドの支持に回った．彼らは，党よりも自分達の方が重要と思いこんでいる「マグワンプス」（先住民の言葉で「酋長」）だと揶揄された．しかしこの選挙では，彼らの勢力が強かったニューヨーク州で，クリーヴランドがブレインを約1000票上回ったのが勝敗を分けた．同州では禁酒党が約2万5000票，グリーンバック党が約1万7000票得票しており，改革派がその影響力を見せつける形となった．

　この選挙で，南北戦争後初めて民主党の統一政府が誕生した．1880年代前半は不況で，これも共和党への評価を下げたとみられる．重工業中心の工業化による所得格差の拡大が，不景気の影響を深刻化した．かつて賃労働は，自営農や商店主等として経済的に独立するまでのつなぎの労働形態と考えられた．それが，1880年には既に労働人口の過半数が非農業従事者になっており，生涯賃労働に従事する人々がまとまった階層になっていた．また都市化も進み，

1870 年からの 20 年間で都市人口は倍以上に増えている.

　　政治的労働運動の盛衰　　大都市では，ボストンの「ブラーミン」に代表される，富と教養を兼ね備えた上流階級が力を持った．彼らは文化的・社会的事業にも乗り出し，このフィランソロピー活動からコーネル，ジョンズ・ホプキンスといった名門大学が生まれるなど，長期的にアメリカの国力増大につながった．それと対照的に，新たに入ってきた移民を中心に，低所得者が住むスラムの存在が，治安や公衆衛生といった都市問題と共に問題視されるようになる．当時流行した，貧農から大富豪にのし上がるホレイショ・アルジャーの小説のような成功物語は，現実には難しかった．1890 年に公刊されたジェイコブ・リースの『残りの半数はどう生きているか』は，ニューヨーク市のスラムの実態を写真も交えて描きだした，後の調査報道につながる作品であった．

　　こうした状況下で発展したのが労働運動で，1879 年に指導者となったテレンス・パウダリーの指揮下で労働騎士団が大きく成長した．1880 年代半ばには，全労働者の約 2 割が労働騎士団の会員になっていたとされ，運動は「大蜂起」と呼ばれる盛り上がりを見せる．労働騎士団の後ろ盾を得た第三党の候補者が地方選挙で勝利することもあり，不況下で労使対立も激化した．

　　ただし，この頃までの労働運動には，共同体には共通の経済的利害があり，農民，労働者，そして小規模な製造業者からなる消費財の「生産者」が経済活動の主役だとみる，生産者主義と呼ばれる共和主義的な考え方が浸透していた．そのため，労働運動は総じてストライキにも消極的であった．それでもこの時期には労働争議が増え，労働者の集会が秩序を乱す謀議として取り締まられるようになった．1886 年 5 月には，シカゴのヘイマーケット広場で開かれた集会に警察が介入した際，爆弾が投げ込まれて多数の死傷者が出た．労働騎士団の関与が疑われたのもあって，政治的な労働運動に対する諦念が広がり，組織は急速に解体に向かうことになる．

　　この時期，ヨーロッパからの移民を通じて社会主義も入ってきたが，浸透は限定的であった．すでに労働者の多くが有権者になっており，また社会主義の前提とする階級対立がアメリカには当てはまらないとみられていたこと等が大きな要因と考えられている．それでも 1876 年に，アメリカ初の社会主義政党として合衆国労働者党（Workingmen's Party of the United States）が結成され，

後に社会主義労働党（Socialist Labor Party）に改称された．同党は 1890 年以降，ダニエル・デ・レオンの指導下で，それまでの主たる支持層であったドイツ系以外にも支持を拡大していくことになる．

　一方，労働騎士団を見限った労働組合指導者達が 1886 年末に結成したのがアメリカ労働総同盟（American Federation of Labor: AFL）である．以後一時期を除き 1920 年代まで会長を務めるサミュエル・ゴンパーズは，労働騎士団と対照的に，加入者を相対的に高い交渉力を持つ熟練労働者に限った．そのうえで，政策的な働きかけでなく労使交渉を通じた労働者の待遇改善という「単純明快」な活動を重視した．実際には労働条件改善のための政策を目指す活動も行い，AFL の傘下の組合員数は 20 世紀初頭に 200 万人を数えるようになった．しかし，代表する労働者層の範囲が狭まったのもあって，20 世紀初頭まで労働運動の政治的な存在感は弱まることになる．

（2）全国化する市場への対応

　連邦の州際通商規制の重要化　経済成長と所得格差の拡大は，連邦政府が保護関税と国内の経済的な自由放任という形で後押ししたものであった．財界とのつながりを強めた共和党がその要請に応じたのに加えて，古典的自由主義が党派を超えて影響をもったことが大きい．戦後，世紀末まで関税の引き下げは民主党のクリーヴランド政権期等に限られた．19 世紀末には，鉄鋼生産がイギリスを抜いて世界一になり，アメリカは世界最大の工業国となる．重工業はより多くの資本を必要とするため，投資銀行等の金融業の存在感も増していった．1875 年にアメリカ銀行家協会が，1895 年には全国製造業協会が設立され，政治的影響力を発揮するようになる．

　それまで連邦政府は，国内の経済活動に強制力を伴って干渉する余地が小さかった．しかし，産業構造の変化がそれを変えていく．従来の企業組織は，オーナー経営者が事業全体を見渡せるだけの規模に留まっていた．それが，組織の多層化が進み，経営者に代わって特定部門の運営に責任を負う管理職が新たな職種として登場した．事業も地理的に拡大し，電信や 1876 年に発明された電話の普及によって州境を越えて展開することが容易になり，州際通商の規制権限を持つ連邦政府の管轄に経済の側が飛び込んできたのである．それにより，

連邦政府による規制を求める声が高まり，競争の激化により財界からも介入の要請が強まっていく．

　そのことが初めて本格的に意識されたのが，鉄道規制である．鉄道の敷設が進んで路線間の競争が激化すると，運賃のダンピングや，逆に独占地域でのつり上げが目立つようになり，農民を中心に不満が高まった．グレンジャー立法にみられたように，州レベルでは 1870 年代から行政委員会を設置するなどして規制が進んだ．しかし，州境をまたぐ路線が増えるにつれ，連邦による規制の必要性の認識が強まった．合衆国最高裁は 1886 年のウォバッシュ判決で，複数の州にかかる路線は州の規制の管轄外だと判示して，緊急性が高まった．

　こうした背景から 1887 年に制定されたのが，州際通商法である．この法律では，新設の州際通商委員会（Interstate Commerce Commission: ICC）が鉄道運賃の適正性を判断することとなった．そこでは，鉄道経営等に通じた委員達に大きな裁量が与えられ，専門知識を用いて独自の判断で調査や審判を行って処分を下すこととなったのである．5 名の委員達は，大統領より長い 6 年の任期を与えられ，理由なく解任されない．また党派性が出ないよう，一つの政党から任命できるのはぎりぎり過半数の 3 名までとされた．

　ここで，鉄道規制を内務省等の執行機関に任せず，新たな形態の機関を設けたのには理由がある．法律を裁量的に解釈して個別の事案に適用する，つまり審判を行うことは，司法権の行使にあたるとみられ，それを大統領の指示を受ける執行機関が行うのは憲法上の権力分立に反する疑いがあった．またコモン・ローには，審判を行ってよいのは適正手続きの保証された司法府の裁判所だけだとする「法の支配」原理がある．ICC は，先行する州レベルの鉄道規制委員会を意識しながらも，これらの法理を意識して，裁判所のように他の機関から独立し，訴訟に類似した厳格な手続きで政策を作らせるねらいで生み出されたのであった．

　行政国家化への動き　州際通商法は，アメリカにおける行政国家化に決定的な意味を持った．それまで，独自の法解釈を伴うような裁量的な法執行は，原則として裁判所にしかできないと考えられていた．しかし，訴訟は時間もカネもかかり非効率的なうえ，立法を行う議会の議員達や裁判官は，個々の政策については素人である．南北戦争後，主にドイツに倣う形で高等教育機関や，自

然科学と社会科学の各分野の学会が組織されていき，政策形成にあたっても関連分野の専門知識を活用すべきだという声が強まりつつあった．

　しかし，合衆国憲法では，連邦議会，大統領，そして合衆国最高裁を頂点とする司法府という憲法典に規定された三権以外の諸機関の役割や位置づけに関して明確な規定がない．財務省や国務省といった執行機関が行うような，大統領の執行権の行使の補佐でなく，独自の法解釈を伴う規則の制定や審判を伴う法執行は，19 世紀末以降「行政（administration）」と呼ばれて区別されるようになる．ICC のような合議制の規制機関は独立規制委員会（independent regulatory commission）と総称され，その司法性はそれに続く行政機関のモデルと考えられるようになる．これによって，専門知識を持つ行政官による，より効率的な政策執行への道が開かれたことになる．

　当初，ICC の決定には強制力が与えられず，司法審査の対象となった．それもあって，鉄道業者はしばしば ICC による審判で情報の開示を拒むなどして妨害した．また裁判所も，ICC の権限を限定的に解釈することが多く，その専門性が受け入れられるのは 19 世紀末のことである．

　企業間の競争の阻害が問題になったのは，鉄道だけではなかった．様々な業界で，競争の激化に伴って，他社を出し抜くために企業合同を行って市場シェアを拡大したり，同業者と価格協定を結んで意図的に価格をつり上げたりといった動きが目立った．1882 年に組織されたロックフェラー家のスタンダード石油トラストは，石油精製で 9 割以上のシェアを誇るようになる．自由放任を求めていた財界も，政府による市場の秩序維持の必要性を認めるようになり，1890 年にシャーマン反トラスト法の制定につながった．

　同法では，「交易や商取引を抑制する」ような取り決めや企業合併が違法とされ，市場の独占につながるような行為に刑事罰を科した．シャーマン法は世界初の独占禁止法といわれ，その考え方は諸外国でも採用されていく．ただし，その抽象的な条文の解釈はなかなか安定しなかった．また同法の執行は，司法省が違反者を訴追する形で行われることになったが，政権によって反トラスト政策への取り組みはまちまちであった．以後 20 世紀初頭にかけて，鉄鋼や皮革など様々な分野で企業合併による寡占や独占が生み出されることになる．

　こうして 1880 年代には，連邦政府が社会の変化に対応する道筋がつけられ

た．しかし，全ての問題が収拾されたわけではない．なかでも当時深刻だったのが，人種や民族による分断と，経済の不安定性であった．

(3) 社会的分断と経済的不安定性

　人種・民族間の分断　この時期の人種や民族間の分断を端的に示したのが，「苦力」と呼ばれた中国系の人々の経験である．19世紀半ばから，中国でしばしば騙されて労務契約を結ばされた彼らは，多くが西海岸に到着後，過酷な大陸横断鉄道の建設作業等に従事した．しかし，言語や文化が異なるだけでなく，低賃金で働いたため白人労働者から激しい差別を受けた．それでも1868年には，使用者側の思惑もあり，中国との間で移民受け入れを活性化すべくバーリンゲーム条約が結ばれた．ところが，西海岸を中心に中国系を排除しようとする動きが強まると，方針が転換される．1875年にはペイジ法で，日本を含むアジアからの売春婦等非道徳的な労務契約下にある者の入国取り締まりが強化された．

　さらに1880年に中国からの移民を停止するエンジェル条約が結ばれ，その2年後には中国人労働者の入国禁止を10年延長する中国人排除法が成立した．これは，特定の民族集団全体について入国まで禁じる初めての連邦法で，1902年に入国禁止は恒久化される．その過程では，中国系を労働者の敵と位置づけた労働騎士団も大きな役割を果たした．1790年の連邦の帰化法で，帰化対象者は白人に限定されていたが，中国系等のアジア系は州レベルでも帰化を禁じられて「帰化不能外国人」として扱われるようになる．1882年には連邦レベルで一般的な移民法も初めて制定され，精神異常者や犯罪者等，厄介者になりそうな人々の入国が禁じられた．

　東海岸では，それまでのドイツやアイルランド等と異なり，イタリア，ギリシャ，ポーランド，ロシアといった地域から多くがラテン系やスラヴ系の移民が増えていき，19世紀末からは北欧や西欧からの移民を上回るようになる．彼らは「新移民」と呼ばれるが，宗教的にはカトリックやギリシャ正教，ユダヤ教というように非プロテスタントが多く，英語を解する割合も小さい点で，アメリカの主流文化から隔絶する度合いが旧移民に比べて大きかった．それもあって，彼らは多かれ少なかれ差別的な扱いを受けた．新移民にはユダヤ系も

多く，ロシアでの集団的迫害を逃れて移民してきた者も多かったが，アメリカでも就職や大学への進学機会が制限されるなど差別された．

　他方，南北戦争後も先住民との戦争が散発的に生じ，政策的抑圧も続いた．1887年に成立したドーズ法は，それまで部族単位で保有していた保留地を個々人に割り当てて所有させ，先住民を自営農民に変えようとするものであった．個人の所有地は25年間売買等が禁じられたものの，それ以外の土地が白人に売却されるなどして，白人への経済的依存や共同体の解体にもつながったのである．この時期には民間でも，先住民の子女を親から引き離して寄宿学校に入れ，キリスト教を含む白人文化を身につけさせようとするなど，先住民を「文明化」する名目でその文化を破壊する動きがみられた．先住民が合衆国市民とされるのは1924年のことで，その自治を重視する政策がとられるのはさらに先，1934年からの「インディアン・ニューディール」においてとなる．

　経済的不安定性と格差の拡大　南北戦争後の約30年間は，長期の経済成長期であったものの，1873年を初めにほぼ10年おきに不況や恐慌に見舞われた．それだけでなく，北東部への資本の偏在や，毎年収穫期に農産物の取引のために通貨が不足するといった問題が生じた．第二合衆国銀行の廃止後，中央銀行制度の不在により通貨量の調整にあたる機関がなく，連邦政府の資金が市場から切り離された独立国庫に退蔵されていたことも，慢性的な資金不足につながった．深刻なデフレが生じると，財務長官が独自の判断で政府資金を用いて市場から債券を購入して通貨の流通量を増やすこともあったが，これは越権行為の疑いがあった．

　農業の機械化に伴って負債を増やした農民は，インフレを待望した．1870年代に盛り上がった，グリーンバックの増刷によるインフレ案が廃れた後，議論の焦点は銀貨の再鋳造に移っていく．アメリカは元々金銀複本位制をとっていたが，銀価が高かったため銀貨の鋳造は進まなかった．ところが戦後，銀鉱の相次ぐ発見によって銀価が低下すると，銀貨が大量に鋳造されて事実上の金本位制が崩壊する恐れが出てきた．そのため，国際標準であった金本位制を重視する財界の意向を受けて，1873年の立法で銀貨の鋳造自体が停止され，実質的に金本位制に移行したのである．

　この立法は当時注目されなかったが，銀貨の有用性に気づいた農民らはこれ

を「1873 年の大罪」と呼んで糾弾し，銀貨の再鋳造によって正貨を増やして
インフレにつなげることを期待するようになった．これは広く支持され，1878
年には政府が一定量の銀を購入し，銀貨の鋳造を再開するブランド＝アリソン
法がヘイズ大統領の拒否権を乗り越えて成立した．1890 年には，銀の購入量
を増やすシャーマン銀購入法が成立している．これは，金本位制を望む財界と，
インフレのためにフリー・シルバー，すなわち銀貨の自由（無制限）鋳造を望
む農民などとの妥協の帰結であった．結局，通貨量の調整の問題は 19 世紀中
に解決をみなかった．

　南北戦争後の半世紀は，人口に占める外国生まれの割合が 14％ 前後と，こ
れまでのアメリカ史上最も高い時期であった．また 19 世紀末には，上位 1％
の資産保有者が全国の半分の富を持つようになる．このような階層分化や人
種・民族的分断を伴う急激な社会変化に対して，人々の反応は様々であった．

　優位に立った側は，様々な形で新しい現状を正当化した．人間の理性と市場
の見えざる手の働きに信頼を置く古典的自由主義は，そうした役割も担った．
また 1870 年代以降は，チャールズ・ダーウィンの進化論を援用する形で「適
者生存」を正当化する社会ダーウィニズムが唱えられ，とくにイギリスのハー
バート・スペンサーの著作が広く読まれた．他方で，格差の拡大や大量の移民
の流入等による変化の恩恵を受けられず，また好ましく思わない人々は，不満
を募らせていった．両者の対立は，1890 年代に政党政治の変容という形をと
って表れることとなる．

3.　大国への道

（1）政党制の変容

　人民党の挑戦　19 世紀末には，政党政治でも大きな変化が生じた．奴隷制と
南北戦争に関する対立を基礎とした第三次政党制には，二大政党の内外から
度々挑戦がなされたものの，基本的な構造は維持されてきた．それがここへき
て，戦後の社会経済変動に対する反動が生じ，それへ対応する形で政党制全体
が変容したのである．きっかけは，農民達の動きであった．農民は農業の機械
化による債務の増大と収量増大による農作物価格の下落，そして収穫物の鉄道

輸送費用の負担と，財界に経済的に追い詰められていると感じていた．こうした財界の横暴に，党利党略に走る政治家が十分に対応せず，とくに銀貨を増やそうとしないことは裏切りと考えられた．

　1890 年代に入り，これに対抗する動きを強めたのが農民の互助組織の農民同盟（Farmers' Alliance）である．1870 年代半ば以降，南北の各地で組織されていった農民同盟は，農民達の経済的苦難を互いの協力と政府への介入の要請を通じて解消しようとした．グリーンバック党の解体後，主に二大政党制の枠内で活動していた農民達は，農民同盟を核に 1880 年代の終わりから新たな第三党を立ち上げていった．1890 年に連邦議会下院と州レベルの選挙で成果を上げると，大統領選挙を見据えて本格的な政党化を進めた．こうして生み出されたのが人民党（People's/Populist Party）で，「ポピュリズム」の語源の一つである．

　人民党に集った，政財界のエリートから庶民の手に権力を取り戻そうとする人々はポピュリストと呼ばれた．人民党の中核は経済的な苦境の克服を目指す農民だったものの，党としては労働者や禁酒運動等，他の社会改革運動とも連携して政治経済体制を変革しようとしたのである．1892 年にネブラスカ州のオマハで開催された全国党大会で採択された綱領では，勤労者である農民と労働者の連帯が強調され，銀貨の自由鋳造や各種の産業規制に加え，労働者を意識して 8 時間労働が掲げられた．またエリート支配の是正のため，秘密投票や連邦上院議員の直接選挙，累進所得税の導入も盛りこまれた．

　人民党はこの年の大統領選挙で，かつてグリーンバック党からも候補に選ばれたジェイムズ・ウィーヴァーを大統領候補に，一般投票で 8% 強得票し，西部の 6 州で選挙人を獲得するという，第三党としては大きな成果を上げた．連邦議会下院議員選挙でも，前回農民同盟の候補が獲得した 8 議席を上回る 11 議席を得たのである．この選挙では，民主党のクリーヴランドが大統領に返り咲き，連邦議会でも両院で民主党が多数派を確保した．

　共和党優位の政党制へ　ところが，翌 1893 年から深刻な恐慌が発生すると，景気対策について民主党に批判が集中し，1894 年の選挙で議会両院の多数派を共和党に奪われた．この年には，人民党に参加したジェイコブ・コクシーらが，失業解消のために連邦議会に公共事業や紙幣の増刷を要求すべく全国各地

から行進し，首都ワシントンで逮捕されて話題となった．またクリーヴランドは，プルマン鉄道会社を相手取った鉄道労組による全国規模のストライキを軍を用いて鎮圧しており，それも批判された．

　次の 1896 年大統領選挙では，恐慌下で二大政党が経済についての基本的な考え方を示すことを迫られた．共和党は，6 月の党大会でウィリアム・マッキンリーを大統領候補に，従来からの保護関税と金本位制の堅持を前面に打ち出して，政府が積極的に市場に関与してアメリカの国際競争力を強めていく姿勢を明確にした．そうすることが，財界だけでなく労働者や農民の利益にもなると訴えたのである．他方，民主党は一部の規制政策を除いて，連邦政府が経済について無策だと批判した．また保護関税と事実上の金本位制が財界ばかりを潤しているとして，歳入関税と銀貨の自由鋳造の必要性を明確に打ち出した．

　民主党による銀貨の自由鋳造の支持は，明らかに人民党の主張の真似であった．大統領候補には，7 月の全国党大会で国民を金本位制という「金の十字架」に磔にしてはならない，と演説した，ネブラスカ出身で農民の味方として知られるウィリアム・ジェニングス・ブライアンが選出されたのである．その直後に全国党大会を開いた人民党は対応に苦慮したが，大統領候補としてはブライアンに相乗りし，副大統領候補に自党のトム・ワトソンを立てて党の存在感を打ち出すという妥協策がとられた．また西部では，共和党内のフリー・シルバー派が離反して第三党を立てた．

　この選挙は，二大政党が拮抗していた当時としては久々に，マッキンリーが一般投票でブライアンに 4% 強の差をつける圧勝を果たした．また地図 5 に示されるように，共和党がそれまで強かった西部の内陸部を失い，東西両海岸で圧勝したことで，共和党が東西両海岸と中西部の都市部，民主党が南部および西部の内陸部の農業地帯を分け合うという新しい政党間の勢力図が生まれた．その結果，共和党は財界および労働者を含む都市住民を，民主党が文化的に保守的な農民を，それぞれ主たる支持層とする新しい政党制が生み出された．この第四次政党制では，共和党が全国規模で安定的な多数派を構成し，1929 年からの大恐慌まで持続することとなる．

　1896 年選挙の後，人民党は解体に向かった．それまでの第三党と同様に，その中核的な主張を主要政党に奪われたのに加え，期待した労働運動の協力を

ウィリアム・マッキンリー（共和党）

ウィリアム・ジェニングス・ブライアン（民主党・人民党）

地図 5　1896 年の大統領選挙の結果

ブライアンは，カリフォルニア州およびケンタッキー州でも大統領選挙人票を各 1 票獲得している（丸印）．

［出典］岡山裕『アメリカの政党政治：建国から 250 年の軌跡』（中公新書，2020 年）を基に作成

得られなかったことが痛手となった．しかし，農民同盟の組織化を通じて全国的に農民の支持を獲得し，それが政党再編の引き金を引いたという点で，大きな歴史的意義を持つ．また次章で見るように，人民党が掲げた，政治家の媒介を廃して市民がより直接的に政府を統制できるようにする改革は，その多くが 20 世紀初頭に実現することになる．

（2）連邦政府の制度変容

　連邦議会の構造変化　ここまでみてきたように，南北戦争後のアメリカでは戦前に引き続き人口や経済規模が拡大したのに加えて，連邦政府だけが管轄する，異なる州にまたがる経済活動も大幅に増えた．それにより，連邦政府は最早人々の「視野の外」にとどまるわけにはいかなかった．しばしば腐敗を伴う利益誘導中心の政治を乗り越えて，増大する政策的な要請に対応する必要が生じたのである．メリット・システムの導入や独立規制委員会の設置にみられる行政国家化は，その重要な表れであった．しかし，この時期の連邦政府の変化は三権のあり方にも及んだ．

　南北戦争後も，引き続き連邦政府で中心的役割を果たしたのは連邦議会であった．州の増加に伴って，連邦議会の議席も世紀末までに下院が 357，上院が90 と，発足時の数倍となった．議席数だけでなく議会として対応すべき事項が大幅に増えたことで，審議の効率化が急務となった．連邦議会の各院は，院内組織の制度化によってそれに対応した．

　最も顕著な変化は，委員会制度の充実である．委員会は議会の発足時から活用されていたものの，初期は事案毎に立ち上げられ，効率性のみならず継続性の点でも難があった．その後，議員数の多い下院では 1830 年代前後から，南北戦争後には上院でも，政策分野別の常設委員会制度が発達したのである．それにより，法案審議について院内の分業が徹底していった．例えば，戦前の下院ではそれまで予算と税制など歳入の両方を歳入歳出委員会（Committee on Ways and Means）が管轄していたが，1865 年に歳出委員会（Committee on Appropriations）が別に設置されて予算法案を審議するようになった．

　また南北戦争後は，議会に長く在籍する議員が増え，委員会での活動を通じて政策分野の専門知識を獲得したことから，審議がより専門的になっていった．その結果，一部古参の議員，とくに上院議員が議会内で突出して大きな影響力を発揮するようになった．長く政界にとどまりたい政治家には，再選の制限がない上院議員は，二期までという不文律があり退任後は政界の第一線を離れるのが普通の大統領よりも魅力ある公職といえた．

　しかし，法案が効率的に審議されても，その後成立しなければ意味がない．戦後，分配政策に関わる立法を中心に，議会内で二大政党が対立する度合いは高まった．両院ともに少数派が法案の審議を妨害できる仕組みがあったため，議事が滞りがちになった．上院では今日まで，本会議での発言時間に制限がなく，演説を続けて時間切れ廃案に追い込むフィリバスターという議事妨害が可能である．下院では，議案への反対派が出席していても定足数の確認に応えずに定足数割れを引き起こす，「消える定足数」という戦術がとられた．

　こうした妨害に対して，下院では 1890 年に共和党のトマス・リード議長の下で，議場にいる議員全てを定足数に含めるという規則変更が行われて定着し，より多数決主義的な運営がなされるようになった．一方，上院のフィリバスターについては，頻繁に用いられたわけではないものの，一度使われると止めよ

うがないことが問題視され，後の 1917 年に上院議員の 3 分の 2 が審議打ち切り動議に賛成することで乗り越えが可能になる．さらに，1975 年には基準が 5 分の 3 に下げられるというように，長期的に多数決主義的に変化していく．

　　新たな連邦政治の構造へ　立法に関わる南北戦争後のもう一つの重要な変化として，本格的なロビイングの始まりがある．かつては文書による請願が中心だったのが，依頼者のために政治家に直接働きかけを行う職業的なロビイストが登場した．また 1880 年代以降，社会運動や各種の業界団体の関係者が委員会の公聴会で証人として発言する機会が増えるといった変化も生じた．政治家に直接政策的な働きかけを行う利益団体政治は，従来は堂々と選挙を戦わずに政府に裏から手を回す卑怯な行為と捉えられた．しかし，第三党戦術が失敗に終わった社会改革運動などが活発化させ，それが効果的とみられて財界等にも広まっていったのである．

　　他方，南北戦争と再建について軍最高司令官の立場から主導権を握ろうとしたリンカンとジョンソンより後の大統領は，独自の政策を打ち出すことには概して消極的であった．それは，憲法上の権限が限られていただけでなく，選挙戦で所属政党に依存する必要があったためで，それは戦後も変わらなかった．それに対して，徐々に専門性と効率性を高めた連邦議会は，引き続き連邦政府の中核を占めた．後に大統領となる政治学者，ウッドロウ・ウィルソンが 1885 年の著書『議会政府』で描いたのは，このように圧倒的な存在感を持つ連邦議会であった．

　　そして，この連邦議会による立法を訴訟を通じて執行していったのが司法府である．戦後，共和党の大統領が続いたことで，連邦の裁判官はほとんどが共和党寄りとなった．それにより，総じて財界に有利な判決が目立ったものの，司法府が他の二権に追従したわけではない．それは，この時期連邦議会の立法への違憲判決が増えていったことにも表れている．

　　また南北戦争後，市場の全国化が進むと，州による法的ルールの違いが経済活動の効率性を下げることが問題視されるようになった．そこで，1867 年に新しい破産法が制定されるなど，立法によって統一が図られた．1875 年には管轄権・移管法が成立して，従来州レベルの裁判所が扱っていた事件の多くを連邦レベルの裁判所の管轄に移したのである．それもあって，連邦裁判所の扱

う民事訴訟は，1877年の約4万5000件から，1900年には約7万5000件まで増加した．これは大きな変革であったが，それによって連邦裁判所の負担が増え，訴訟の長期化が問題となった．

　とくに地方裁判所と最高裁の間の巡回区裁判所には，従来専任の裁判官がおらず，各地区の地方裁裁判官と担当の最高裁裁判官が文字通り「巡回」して訴訟を行ったため負担となっていた．そのため，1869年の司法府法で最高裁裁判官が9名に増員されるとともに巡回区裁判所に専任の裁判官が置かれた．さらに，1891年のエヴァーツ法で九つの控訴審裁判所が設けられて，徐々に巡回区裁判所から第二審の役割を引き継いでいった．また一部の訴訟を除き，最高裁は取り上げる訴訟を自由に選べるようになった．それにより，最高裁の負担は大きく減ったものの，連邦司法府全体では非効率性が引き続き問題とされた．

（3）対外的関与の拡大

　大陸帝国から海洋帝国へ　19世紀後半の著しい経済発展は，アメリカの対外関係にも大きな影響を与えた．南北戦争後も，モンロー・ドクトリンは基調として維持され，ヨーロッパ諸国と互いに干渉しない姿勢がとられた．経済的には保護関税で国内産業を守り，他方で移民についてはあまり制限を設けず受け入れていったのである．ただし，アメリカはこの間国内に閉じこもっていたわけではない．太平洋への進出は，西部のフロンティアの延長と位置づけられ，水産資源の確保やアジア諸国との交易のために進められた．南北戦争中，シュウォード国務長官の下でロシアからアラスカの購入交渉が進められ，1867年に領有が実現している．

　世紀末には，二つの要因で太平洋への進出が加速した．第一は，大陸内の開発が一段落したことである．1890年の国勢調査の結果，西部のどこにも国土の南端から北端までが未開拓地の「フロンティア・ライン」を引けなくなったことが明らかになった．それによって，国外に市場を確保する必要性がより強く意識されるようになった．関連して第二に，ヨーロッパの列強がアジアやアフリカに植民地化等の形で帝国主義的な進出を強めており，対抗する必要が意識されるようになった．

　歴史家のフレデリック・ジャクソン・ターナーは，1893年公刊の論文「ア
メリカ史におけるフロンティアの意義」で，フロンティアの消滅がアメリカ史
の重要な画期になるとして，変化の一つに対外進出の気運の高まりを挙げた.
また同時期に戦略家のアルフレッド・T.マハンが，交易路の安全確保のため
に海軍力の充実を唱えたことが注目され，マッキンリー政権の海軍次官で後に
大統領となるセオドア・ローズヴェルトのように，有力な政治家からも支持を
集めたのである. それに対して，植民地を手に入れたのでは，アメリカが共和
制から帝国に変わってしまうとして批判が出て議論となった.

　この帝国主義論争は，南北戦争後サント・ドミンゴ（今日のドミニカ共和国）
の併合案が出た際にも噴出していたが，1895年からのスペイン領キューバの
独立運動をめぐって本格化した. モンロー・ドクトリンの発想からも，アメリ
カでは独立運動に同情が集まった. しかし，キューバ人の多くが黒人で，自治
能力を欠くとされたことから，独立した場合はアメリカが植民地あるいは保護
国にしなければならなくなるとして，積極的な支援は躊躇われたのである. と
ころが，1898年にキューバのハバナ港に停泊していたアメリカの戦艦メイン
号が謎の爆沈を遂げると，スペインの攻撃だという見方が強まり，一気に戦争
に発展した.

　アメリカは，スペインとの「ちょっとした見事な戦争」に数か月で圧勝した.
そして，この米西戦争の講和を通じてフィリピン，グアム，そしてプエルトリ
コを獲得した. こうして，アメリカはなし崩しに植民地を手に入れた. フィリ
ピンでは，1901年まで独立運動との間で戦争が続く. また同時期のハワイで
は，アメリカからの移住者らが，1893年に共和制の樹立を宣言して併合を求
めた. 1895年には，国王派の反攻が失敗に終わり，国王のリリウオカラニが
正式に退位している. アメリカではこの経緯が問題視されたが，1897年から
のマッキンリー政権が対外進出を重視しており，フィリピンへの中継地として
の重要性を評価する形で，1898年に併合が実現した.

　大国化したアメリカ　植民地を獲得し他国を併合した後も，帝国主義に対す
る国内の拒否反応は続いた. 米西戦争後，アメリカがアジアへの関与を強めよ
うとする頃，列強の間で中国での権益獲得競争が激化していた. ジョン・ヘイ
国務長官は，1899年に英仏独日露伊の6か国に対して，どの国も中国で貿易

上の特権を確保しない「機会均等」を訴えた. この「門戸開放通牒」は, 新参のアメリカが, 露骨に帝国主義的な権益確保を伴わずに中国市場に進出するための策であった. 翌年義和団事件が起きると, 中国にいる外国人を保護すべく列強と共に軍を派遣し, ヘイは新たな門戸開放通牒を発して中国の領土と主権の維持を訴えた. 門戸開放は, 以後 20 世紀半ばまでアメリカの東アジア政策の基調となる.

　他方, モンロー・ドクトリンでも勢力圏として位置づけられていたラテンアメリカについて, アメリカの取りうる選択肢はより広かった. 1889 年には, 交易を中心にラテンアメリカ諸国との関係を深めるべくパン・アメリカ会議を開催し, 20 世紀に入っても断続的に開かれることとなる. しかし, アメリカの関与はより一方的なものになっていった. 米西戦争後独立したキューバが 1902 年に憲法典を制定するにあたっては, アメリカ連邦議会が立法によってキューバに干渉する権限や, 海軍基地の設置等の条項を入れるよう要求した. このプラット修正条項が盛り込まれた結果, キューバの主権は著しく制約されたのである.

　1903 年には, 運河建設を進めるため, コロンビアの自治領であったパナマを焚き付けて独立させ, 運河の建設権と運河地域の永久租借権を認めさせている. こうした動きは, マッキンリーの次のセオドア・ローズヴェルト政権で進んだが, 軍事力を背景に要求を呑ませるやり方は「棍棒外交」と呼ばれた. 他にも, 1902 年に英独伊が経済紛争に端を発してベネズエラに海上封鎖を仕掛けたのに対して軍事干渉するなどしている. ローズヴェルトは 1904 年の議会教書で, ラテンアメリカの政情不安や対外紛争にはアメリカが国際的なポリス・パワーを行使して秩序を維持すると宣言し, これをモンロー・ドクトリンの系論と位置づけた.

　彼に続く大統領も, 力点こそ異なるもののラテンアメリカへの介入が当然認められるという立場をとった. このように, 大国として 20 世紀を迎えたアメリカは, 経済発展と国内市場の飽和を背景に, 国益の実現のためにそれまでよりも積極的に対外的な関与を進めるようになっていく.

　南北戦争後から 19 世紀末までの時期は, アメリカにとって世界一の工業国に躍進するまでの急激な経済発展と, それに伴って生じた経済活動の全国化,

都市化，民族構成のさらなる多様化といった社会の現代化によって，従来の秩序にほころびが生じていく時期であった．人々は二大政党だけでなく，各種の社会運動や第三党を通じた改革の要求という形で政治に対応を求めていった．それまでと質量共に異なるこうした要請に応えるには，連邦と州の両レベルで政府がより積極的に統治する必要があったが，この間に連邦レベルで州際通商規制の活発化や行政国家化の萌芽こそみられたものの，政府の構造的な変容までは生じなかった．

　世紀末の人民党による挑戦の失敗で，民主・共和の二大政党の支配が続くこととなった．しかし，それは政党が利権を元手に有権者を徹底的に動員して政治全体を支配する「政党の時代」が続くことを意味しなかった．19世紀後半に社会が現代化したのに対して，20世紀前半には政治の側が現代化を迫られることになる．

第5章

革新主義とその遺産

1. 革新主義の登場と展開

（1）革新主義運動の登場

革新主義とは何か　農民達が二大政党に挑戦した 19 世紀末には，革新派（progressives）という改革勢力も登場し，こちらは 20 世紀初頭に絶大な影響力を発揮するようになる．革新派には，組織的にも目標の面でも一体性があったわけではない．様々な分野で活動した人々が，自分達の考え方を共通に「革新主義（progressivism）」と呼んだことからきている．革新主義の代表的な論客として，雑誌『ニュー・リパブリック』の編集者ハーバート・クロウリーや，ジャーナリストのウォルター・リップマンらがよく挙げられる．革新派の考えは体系的なイデオロギーとはいえなかったが，いくつかの共通項があった．

第一は，人間の理性や知性を信頼し，政府による社会変革に積極的な姿勢である．人間の能力を肯定的に評価する点は，それまで支配的だった古典的自由主義と共通しているが，革新派は人々が知恵を絞れば世の中を望ましい方向に変えられるはずだと考えた点に特徴がある．そのために政府が変革に重要な役割を果たすことを期待し，科学の政策的活用にも積極的であった．

第二の要素は，秩序の重視である．革新派は，19 世紀後半の社会経済的変化を通じて秩序が失われ，社会が混乱に陥っていると感じていた．そのため，変革を通じて新たな秩序を生み出すことを目指したのである．目指すべき変革と秩序については多様な考え方がありえるから，革新派の活動も様々であった．また革新派という名の通り進歩的な人々もいた反面，変化によって旧来の秩序を取り戻そうという保守性も見られた点が注意を要する．

それが明瞭に表れたのが，人種的・民族的偏見である．革新派は，望ましい社会を作るための知性が全ての人に備わるとは考えなかった．例えば南部の白

人革新派は，人種隔離を当然と考えた．また革新派は移民や貧困層への教育を重視したが，それはアメリカ社会の一人前の構成員になるためには，英語や民主政治等について最低限の理解が必要だという見方の裏返しでもあった．

このように変化と秩序を共に重視する発想は，革新派とそれに共鳴した人々の多くが中間層に属していたことによるところが大きいとされる．彼らは，南北戦争の戦後期に発達した高等教育や科学の制度化の恩恵を受けていた．また伝統的に，自分達をアメリカ社会のまとまりを維持する立場にあるととらえ，そのための社会変革志向も強かったことが，革新派の行動の原動力になっていた．革新派の中には，科学も活用して社会の変革に取り組むべきだとするキリスト教の社会的福音の考え方に触発された者も多かったが，これも変革を通じた秩序の回復という発想と親和的であった．

多様な革新派とその活動　革新主義的な社会改革運動の代表的なものに，セツルメント運動があった．元々イギリスで始まったものだが，大都市にセツルメント・ハウスを構え，活動家がそこに住み込んで地域の抱える問題を住民と共に解決していくものである．その活動として，移民への英語・職業教育や，公衆衛生，治安の改善等が挙げられる．最も知られたセツルメントの一つに，この運動をアメリカに持ち込んだジェイン・アダムズが 1889 年にシカゴに設立したハル・ハウスがある．セツルメントは必ずしも独立した組織でなく，教会等もその運営にあたり，1920 年代には全米で 500 前後が活動していたとみられている．

革新派の存在を世間に印象づけたものに，調査報道がある．党派的な報道が支配的だった当時，社会や経済の矛盾や不正を徹底的な取材を通じてあぶり出すジャーナリストは「マックレーカー」（汚物をかき集める人）と呼ばれた．雑誌『マクルアーズ』には，彼らの成果が多く発表された．ロックフェラー家による石油業の独占支配を告発した，アイダ・ターベルの『スタンダード石油会社の歴史』（1904 年）は，そこでの連載を元にしている．小説の形で書かれているが，アプトン・シンクレアの『ジャングル』（1906 年）は，都市に食肉を供給する畜産加工業の不衛生な実態を描きだした．これらの作品は，後に連邦の政策に影響を及ぼしたとされる．

また革新主義時代には，効率を重視する雰囲気が強まったが，これは革新主

義の科学重視の姿勢と対応していた．工場における生産管理を題材に，1911年に公刊されたフレデリック・テイラーの『科学的管理の原理』はベストセラーとなった．一時期，組織運営から人間関係にいたるまで，ありとあらゆる事柄が効率を尺度に評価されるようになったことは，革新主義的な発想がいかに人気を博したかを示している．

革新主義は，政党政治にも大きく影響した．二大政党の両方に革新派が登場して有力となり，党を越えて協力するとともに，彼らの唱える諸改革に反対する各党の守旧派と激しく対立するようになった．革新派が政府内で主張した改革案は，大きく二つに分けられる．政策の形成や執行に，各分野の専門家をより積極的に活用することと，選挙を中心に，有権者が政治的意思決定に関わる機会を増やすことである．一方でエリート支配と行政国家化を，他方では一般市民の参加を強めようとするのは，矛盾に見えるかもしれない．しかし，この二つは政策を顧みない政党政治家の影響力を弱めるという点で共通していた．

革新派の主張はポピュリストのそれとかなり重なっていたが，それは両者がいずれも既存の政党政治の限界を克服しようとしたからであった．革新主義の政治は，都市レベルから始まり，州，連邦へと波及していった．そこでは，単に各地域で革新派の影響力が拡大しただけでなく，ある地域で採用された政策が他地域に伝播し，また州レベルの改革が連邦で採用されるというように，波及効果を伴っていたのが特徴的である．革新派による政策革新は，長期的にアメリカ政治のあり方を大きく規定することになる．

（2）都市・州レベルでの革新主義の展開

都市レベルの革新主義　革新派の政治的影響が地方レベルから強まったのは，セツルメント運動にみられたように彼らが強い現場志向を持っていたのに加え，当時の都市に解決を要する問題が山積していたからでもあった．1860年には総人口の約2割だった都市人口は，1900年には約4割まで増加していた．ここで都市の基準は人口2500人以上であったが，人口第1位のニューヨーク市は約340万人，第2位のシカゴは約170万人であり，全国で12の都市が50万人を超えるというように，都市の大規模化も進んでいた．

都市に多数の人々が密集して居住するようになったことで，電気やガス等の

公共事業，公共交通機関，教育といったインフラやサービスを大量に供給する
必要が生じた．またゴミや下水の処理等の公衆衛生，治安，失業対策といった，
都市に特有の問題が意識されるようになっていたのである．19世紀末には，
交通機関の発達によって郊外に住む人々も増えていったが，都市中心部で貧困
層の集住するスラムの状況は依然深刻であった．都市問題については，個々の
問題に対処するだけでなく，総合的な都市計画の重要性も意識されるようにな
った．都市工学に基づいて区画整理が行われ，景観の向上と住民の憩いのため
に公園が作られるなどした．

　革新派は，二大政党のマシーン政治家や彼らと結びついた既得権益が，都市
問題の解決を阻んでいると批判して権力の座についた．各政策課題への対処に
加え，市政府の改革がなされていった．とくに重要なのが，市 支 配 人 制度の
導入である．これは市長の代わりに，市議会が都市運営の専門家を市支配人に
任命して政策執行を任せるものである．他に，選挙で選ばれる少数の
市 執 行 委 員 が，市議会議員と担当分野の政策執行役を兼ねる市執行委員会制
度も広まったが，市議会と市長からなる伝統的な構成の市政府以外では，市支
配人制度が今日でも最も多くを占める．

　様々な問題の解決に対する都市住民の期待は，この時期革新派以外の勢力へ
の支持にもつながった．社会主義運動は，19世紀後半から労働運動と連携を
試みつつ，政治路線の違いによる離合集散を繰り返しながら活動していた．政
党活動の盛んだったウィスコンシン州のミルウォーキーでは，1901年に諸派
が合同して結成したアメリカ社会党が市議会で多数派を占めた．1910年の選
挙では，社会主義政党で初の連邦下院議員の一人となるヴィクター・バーガー
が当選している．ただしそれは，人々が社会主義に共鳴したというよりも，後
に「下水道社会主義」と呼ばれたように，社会党が革新派とも連携しつつイン
フラ整備等の実績を上げたためであった．

　革新派は多くの都市で成果を上げたものの，マシーンを根絶することはでき
なかった．そもそも革新派が権力を握れたのは，マシーンの影響力が元々それ
ほど強くなかった地域であった．それに，マシーンの側も革新派の人気を利用
すべく，選挙であえて革新派の候補を擁立したり，都市問題の解決に革新主義
的な政策を採用したりした．ニューヨークやシカゴ等，マシーンが絶大な影響

力を誇った大都市では，20世紀半ばまでマシーンが存続することになる．

　ただし，マシーンが力を維持した都市でも，革新派は都市問題の解決に向けた調査研究といった形で改革を目指した．例えば，ニューヨーク市の運営改善に向けた分析と提言を目的に，1906年に設立されたニューヨーク市政調査会は，チャールズ・ビアードやルーサー・ギューリックといった一流の政治学者や実務家を擁し，地方自治研究のモデルを提供した．同研究所は，その後ニューヨーク市だけでなく他地域の地方自治や，州，連邦レベルの行政にも分析対象を拡大し，1921年には全国行政研究所に衣替えしている．

　州レベルの革新主義　革新派は，州政府でも力を持つようになっていった．それによって，様々な規制が強化されたが，そこには「青空法」と呼ばれる証券取引法（詐欺的な証券取引には内実がないことを虚空にたとえてこの通称がついた）のような新たな産業の規制や，児童や女性の労働規制等が含まれていた．それと関連して，母子家庭に現金給付を行う母親年金のような福祉政策も導入されていったが，そこには父親が稼ぎ，母親は家庭を守るべきだという家父長的な考え方も影響していた．ただし，革新派は家庭人の見方も政治に反映されるべきだとして，西部を中心に導入が進んでいた女性参政権には全体に好意的であった．他に司法改革や刑務所改革，看護師や教師といった専門職の資格制の導入なども進められている．

　州レベルで実現した革新派の政策も，他州に伝播していった．例えば，住民投票によって議会による立法の採否，住民提案による立法の採否，そして公職者の罷免の是非をそれぞれ決めるレファレンダム，イニシアティブ，そしてリコールといった，いわゆる直接民主主義的な諸制度はこの時期に広まり，今日ほとんどの州に存在する．ただし，有権者の影響力を強めるための諸制度は，その発動に必要となる署名を集める業者が登場するなど，必ずしもその趣旨に沿った使われ方をしてきたわけではなく，今日でも積極的に用いられている州は限られる．

　革新派の存在感と他地域への影響のいずれでも最も重要とされるのが，ウィスコンシン州である．共和党の革新派であったロバート・ラフォレット知事の下で，数々の政策が実施された．休業中の労働者の所得補償や累進所得税，また次に見る連邦上院議員の直接選挙や，政党の正式な候補者を有権者が選挙で

決定する直接予備選挙制度といった選挙制度改革が，その例に挙げられる．同州が発祥の一連の政策案は，「ウィスコンシン・アイディア」と呼ばれた．それらの中には，自身も革新派として知られた経済学者のリチャード・イーリーら，州立のウィスコンシン大学の研究者から提供されたものも多かった．

革新派の州知事としては他に，カリフォルニア州のハイラム・ジョンソンや，後に大統領となるニュージャージー州のウッドロウ・ウィルソンが挙げられる．また，ウィスコンシン州の影響は州レベルにとどまらなかった．ラフォレットは，1906年から州選出の連邦上院議員に転じ，革新派の有力者として連邦レベルでも改革を進めることになる．

（3）選挙制度改革とその意義

様々な選挙制度改革　革新派の主導した地方・州レベルの改革は多岐にわたったが，政治的にとりわけ大きな影響を持ったのが，一連の政治制度改革である．この改革は全国に広がっただけでなく，地方から連邦まで全レベルの選挙に適用され，今日まで存続している．それによって，長期的にアメリカの政党政治のあり方は大きく変容することになった．すでにみたように，革新派による政治改革は，政党政治家が牛耳る政治過程を市民の手に取り戻すねらいに基づいており，投票と選挙の方式に関するものであった．

投票の方式に関する改革は，大きく分けて二つある．第一は，秘密投票の導入である．有権者は従来，政党が印刷した色つきの投票用紙を用いて，衆人監視の下で投票しており，支持政党に異議申し立てをしようと思ったとしても，棄権するか投票用紙に記載された候補者名を書き換えるしかなかった．それが，政府が投票用紙を管理し，投票先がわからない形で投票できるよう変革された．発祥国の名からオーストラリア方式と呼ばれるこの投票方式は，1888年にマサチューセッツで採用されてから一気に広がり，20世紀初頭にはほとんどの州で導入されていた．これにより，有権者は政党関係者の監視の眼を気にせずに投票できるようになった．

第二の改革は，有権者登録制度の導入で，州あるいは地方政府への事前登録を投票の要件とするものである．これは，有権者名簿の正確を期すだけでなく，投票の手間を増やすことによって，その意思と能力のある者だけが政治参加す

ることをねらったものであった．新参の移民が英語も投票の意味もわからず政
党指導者の指示で投票しているといったことへの懸念が，皮肉にも政治参加を
阻害するような制度につながったのである．この点からも，革新派が人間を信
頼した一方で，主流社会に属さない人々を排除する保守性も持っていたことが
わかる．有権者登録制度は，今日もほとんどの州で存続している．

　次に，選挙方式の改革も二つに分かれる．第一は，連邦上院議員の直接選挙
への移行である．それまでの州議会による選出では，上院議員が実質的な選出
母体である州の所属政党の意向ばかりを重んじて，州民の利害を顧みないと考
えられた．上院議員の民選化は人民党の全国党綱領にも盛り込まれていたが，
1908 年にオレゴン州が直接選挙に移行すると支持が広がり，1910 年までに 30
以上の州議会が直接選挙を規定した合衆国憲法修正を求める決議を行った．そ
の結果，連邦議会が 1912 年に憲法第 17 修正条項を発議し，翌年批准成立した．

　第二は，直接予備選挙制度であり，従来党大会で決定していた各党の候補者
を，有権者が直接選挙で決定するものである．19 世紀後半から，ペンシルヴ
ェニア州等で，党内で支持者による予備選挙が実施されたことはあった．しか
し，この改革を通じて，政府の実施する予備選挙が一般化した．直接予備選挙
制度は，1904 年にウィスコンシン州で導入されて全国に広がった．なお，有
権者登録時にどの党の予備選挙で投票するのかを併せて登録しておくなど，予
備選挙での投票資格は州によって様々である．

　公選される職はほぼ全て予備選挙の対象となったが，大統領選挙の予備選挙
は，1920 年代以降下火になり，その後 1970 年代を境に復活する．南部では民
主党支配の下，実質的に民主党の予備選挙で当選者が決まるようになったもの
の，1944 年に合衆国最高裁で違憲とされるまで黒人の排除が常態となった．

　有権者の政党離れ・政治離れ　しかし，革新主義の影響が強かったにしても，
州議会の政党政治家達はなぜ選挙の候補者選出という，政党にとって最も重要
といえる権力を手放したのだろうか．それは，政党政治家にも利点があったか
らだと考えられている．政党には派閥対立がつきものだが，党大会制度の下で
は，少数派の派閥が大会の参加者に裏から手を回して候補者選出を左右してし
まうことがあり，多数派は不満を抱えていた．そこで，政府の管理する一般有
権者による選挙であれば，少数派による番狂わせを防げると考えて，革新派以

外の政治家にも支持が拡がったとみられるのである.

　19世紀末までの「政党の時代」には, 有権者が政党一体感に基づいて支持政党に投票するのが基本であった. ところが, 秘密投票によりその他の候補者に投票しやすくなり, また同じ党の候補者同士で争われる予備選挙の導入は, 候補者個人を意識して投票することを促す効果を持った. それは政治家の側も同様で, 予備選挙では党組織の支援を受けられない. 自力でカネを集めて選挙対策組織を作り, 党でなく自分自身を売り込む必要に迫られるようになる. それもあって, 選挙戦は徐々に有権者の愛党意識に訴えかけるものから, 候補者の資質や政策方針の望ましさをアピールする「教育と宣伝」重視のものに変化していった. 20世紀に入ると, 従来党派的だった新聞も広告収入の割合が強まったため, より幅広い購読者層を求めて, 独自の意見表明を社説に限る客観報道に報道姿勢を転換していった.

　メリット・システムの浸透により, 政党組織と有権者の結びつきも弱まった. その結果, 人々は自分で政策や候補者を吟味して投票することになった. しかし, それは有権者にとって政治参加の認知的な負担を増やし, 有権者の政党離れ, さらに政治離れにつながったとみられる. 1900年には約73%だった大統領選挙の投票率は, 1920年には約49%まで落ち込んだ. 有権者登録やこの時期の共和党の優位が投票意欲を削いだのに加え, 1920年に全国で女性参政権が実現し投票に不慣れな有権者が増えたこと, そしてここでみた政党政治の構造変容の複合的な影響によると考えられる.

　また一連の選挙制度改革は, 主要政党が政治家や有権者を規律する力を弱めた一方で, 民主・共和の二大政党制を強化するという効果も持った. 秘密投票の導入後, 政府が投票用紙を作成する関係で, 記載する候補者を絞る必要が生じ, 前回の選挙で一定の票を得ていない政党は, 事前に一定数の署名を集める等の条件を課された. それによって, 第三党の参入が難しくなったのである. 他方, 主要政党の予備選挙には実質的に誰でも立候補できるため, 選挙に勝ちたければ第三党を組織するよりも支持層の重なる主要政党の予備選挙に参加する方が手っ取り早いという状況が生まれた.

　州議会で制度改革を行ったのは二大政党の政治家だったから, 第三党が排除されたのは不思議でない. この改革を通じて, 民主党と共和党という政党制の

組み合わせがほぼ固定化された一方，政治家や有権者がそれぞれの政党を出入りすることがそれまでよりも容易になった．それによって，主要政党の政策的立場や支持連合のあり方が中長期的に大きく変化しやすくもなったといえる．

2. 連邦レベルの革新主義と第一次世界大戦

(1) 連邦レベルの革新主義の登場

セオドア・ローズヴェルト政権の革新主義　連邦レベルでの革新主義の政治は，唐突に幕を開けた．1900年大統領選挙に向けて，共和党は再選を目指すマッキンリーの副大統領候補として，革新派の支持の厚いニューヨーク州知事のセオドア・ローズヴェルトを指名した．彼はオランダ系の旧家の出身で，州議会議員等を歴任した後，米西戦争時には自ら騎兵隊を組織して戦い，全国的な人気を博していた．マッキンリーは再選されたものの，二期目に入って半年後の1901年9月に無政府主義者に銃撃されて死亡した．こうして守旧派の思惑がはずれる形で，ローズヴェルトが史上最年少の42歳で大統領に昇格したのである．

ローズヴェルトは，大統領が憲法典に書かれた限定的な役割を果たすだけでなく，憲法で禁じられていない範囲で国益のために積極的に行動すべきと考えた．これは，大統領の受託責任論（stewardship theory）と呼ばれる．彼はまた，大統領職は国民に効果的に訴えかけられる「説教壇」であり，人々にその時々にとるべき政策方針を指し示す必要があると考えた．政策的な主導権を握ろうとする大統領像は，「政党の時代」におけるそれと対照的で，以後1920年代まで，主体的に政策形成を試みる大統領がしばしば登場することになる．

こうしたローズヴェルトの姿勢がよく表れたのが，1902年にペンシルヴェニア州で発生した炭鉱ストライキへの対応である．ストにより石炭不足の恐れが生じると，ローズヴェルトは労使の代表を招いて仲裁を行ったが，それに法的根拠はなかった．またそれまでの大統領が，労働争議は秩序を乱すとして使用者側に回ることがほとんどだったのに対して，彼は全ての主体が公正に扱われる「スクエア・ディール」をモットーに掲げた．とくに消費者（consumer）保護，企業（corporation）統制，天然資源保護（conservation）（それぞれの頭文

字をとって「三つの C」と呼ばれた）を政策目標に掲げて活動したのである.

　ローズヴェルトが企業に甘くないことが示されたのが, 1902 年に組織された鉄道トラストのノーザン・セキュリティーズ社への対応であった. 政権は, これがライバル企業との競争に勝つためだけに作られた会社だとみてシャーマン法に基づいて提訴し, 同社は合衆国最高裁の判決によって解体に追い込まれた. これにより, ローズヴェルトは「トラスト潰し」の異名を得て人気を高めた. ただし, 彼は競争を通じて自然に生じる企業合同は問題ないと考え, 個々のトラストの性格を踏まえて統制すべきとみていた.

　その他にも, ローズヴェルト政権期には重要な規制政策が実現した. 大統領の後押しで成立した 1903 年のエルキンズ法と 1906 年のヘバン法は, ICC に最高運賃を設定したり違反行為に罰金を科したりする権限を与え, ICC の行政審判に法的強制力を持たせるというように, 鉄道規制を大幅に強化するものであった. 1906 年の純正食品薬品法と食肉検査法では, 農務省に食品や薬品の品質規制の権限が与えられた. またローズヴェルト肝煎りの政策として, しばしば最も重要とされるのが環境保護である. 自然を愛した彼は, ジョン・ミュアら環境保護運動家とも協議して農務省に森林局を設置し, 1906 年に古文化財保護法を成立させて, 後に多数の国立公園にもなる広大な土地を, 主に天然資源の確保の観点から自然のままに残した.

　他方, ローズヴェルトが支持を表明しながら実現しなかった重要政策に国民健康保険がある. ヨーロッパ諸国では, 社会主義に労働者の支持が流れないようにするねらいからも 19 世紀末から公的医療保険の導入が進んだのに対し, アメリカでは社会主義や労働運動の政治的影響力が弱かったことが重要な違いとされる. 以後アメリカでは, 公的保険の不在の下で民間の医療保険が普及し, それが公的保険の割って入る余地を減らしていくことになる.

　タフト政権の革新主義　この時期には, 革新派が司法でも影響力を発揮している. 1908 年に, 合衆国最高裁は女性の労働時間を 10 時間に制限するオレゴン州法を合憲としたミュラー対オレゴン事件判決を出した. 後に見るように, この時期最高裁は産業規制に厳しい態度をとるようになっていたが, オレゴン州側代理人のルイス・ブランダイスが, 長時間労働が女性の身体や育児等に与える悪影響を仔細に分析した意見書を提出したことが裁判所を動かしたとされ

る．これ以降，訴訟で社会科学の知見を活用することが増えていき，当代一流の革新派法曹として知られたブランダイスは，後に最高裁裁判官に任命される．

　ローズヴェルト政権期には，革新派の主張が多く実現していった．実は，ローズヴェルト自身が元から革新派だったとはいえなかった．しかし，1904 年選挙にも勝利して，7 年半に及ぶ在職中に革新主義への傾倒を強めていったのである．1908 年の大統領選挙を控えて，彼は自らの政策を引き継ぐことを期待してウィリアム・H. タフトを指名して当選させ，アフリカへ狩猟の旅に出た．タフトは，連邦控訴審裁判所の裁判官，フィリピン総督，陸軍長官などを経験した政策執行のベテランで，大統領の後は 1921 年から最高裁の首席裁判官も務めることになる．

　革新派も，タフトがローズヴェルトの後継として革新主義的な政策を継続することを期待した．しかし，彼の政権では守旧派との妥協的な態度が目立つようになる．タフトは革新主義を信奉したものの，前任者ほど自らの方針を押し出そうとはせず，また行政国家の役割への理解が異なっていた．ローズヴェルトが，専門知識を踏まえた効率的な政策執行には行政機関の活用が不可欠と考えたのに対して，憲法上の権力分立を厳格に捉えるタフトは，行政機関を疎ましく思っていた．

　それが表れたのが，1910 年のマン＝エルキンズ法である．これは ICC の鉄道規制権限をさらに強化するとともに，電信・電話等の通信業をその管轄下に置く立法であった．しかし，タフトの主張で，ICC 関連の訴訟を専門に扱う通商裁判所（Commerce Court）の設置が盛り込まれた．これは，行政機関よりも司法府の裁判所による審判の方が法的にも政策的にも適切だという彼の見方を反映していたが，設置後その判決は多くが最高裁によって却下され，党派を問わず不評だったのもあって，1913 年に廃止されることになる．

　タフト政権の下で連邦レベルの革新主義は減速したが，重要な成果もあった．訴訟による「トラスト潰し」についてはタフトの方が熱心で，前政権の約 40 件に対して約 70 件の訴訟を提起した．またタフトは 1910 年に，連邦政府の運営のあり方を検討する「経済性と効率に関する委員会」を設置した．その提言に従って，1913 年にはそれまで政策分野毎に提出されていた予算法案を一括して提出し，以後これが定着する．立法面でも，1912 年には商務労働省に合

衆国児童局が設置された．セツルメント運動や全国消費者連合といった革新派の女性運動組織の尽力で，州レベルでも児童労働規制が進んでいたが，児童とその母親の厚生を専門に扱う部局は，連邦政府で初めてであった．

(2) ウィルソン政権の諸政策

　ウィルソン政権の登場　1912年の大統領選挙は，大きな波瀾となった．1910年に帰国していたローズヴェルトが，タフト政権への不満から出馬を宣言したのである．彼は変わらぬ大衆的人気を背景に，導入されたばかりの直接予備選挙で健闘したものの，共和党全国党大会ではタフトが再指名された．するとローズヴェルトは直ちに革新党（Progressive Party）を組織し，連邦と州の選挙に候補者を立てるとともに，自らその大統領候補となった．民主党はこれを好機とみて，1896年以降3回にわたり候補指名していたウィリアム・ジェニングス・ブライアンのようなポピュリスト的人物でなく，革新派知事として注目されていたウッドロウ・ウィルソンを指名した．

　こうしてこの年の選挙は三つ巴の戦いとなったが，タフトの不人気は明らかで，ローズヴェルトが「ニュー・ナショナリズム」，ウィルソンが「ニュー・フリーダム」をスローガンに革新主義的な政策案を掲げて一騎打ちとなった．共に金融制度改革やトラスト規制を掲げるなど，二人の主張は類似していたが，行政機関の積極的な活用を訴えるローズヴェルトに対して，ウィルソンは専門家支配により懐疑的であった．選挙の結果，ウィルソンが一般投票の得票率では約41％ながら，共和党側の分裂に乗じて勝利し，連邦議会でも民主党が両院で多数派を確保した．

　なお，革新党は大統領選挙には敗れたものの，連邦議会上院で1議席，下院で10議席を得て，州レベルでも多くの公職を確保する成果を上げた．またこの選挙では，1900年から四連続の出馬となったアメリカ社会党のユージン・デブスが6％得票したのも注目された．デブスは，AFLの保守性に反発して社会主義者等の急進派が1905年に組織し，ストライキやボイコット等戦闘的な活動を行う世界産業労働組合（IWW）にも参加していた．

　久々に統一政府を実現した民主党がまず取り組んだのは，関税引き下げであった．その主たる支持層である農民にとって，共和党による保護関税は財界か

ら国民に負担を転嫁する不当なものであった．ウィルソンは就任翌月の1913年4月に連邦議会に出向き，関税引き下げの重要性を訴える演説を行ったが，大統領による議会演説は，実に1800年にジョン・アダムズが行って以来のことであった．1913年10月に成立したアンダーウッド関税法では，19世紀半ばの水準まで関税が引き下げられ，同年春に批准成立したばかりの合衆国憲法第16修正条項に基づいて，税収を補うべく1870年代以来となる累進所得税が導入された．

　ウィルソンは，プリンストン大学の学長も務めた政治学者で，アメリカにおける行政学および行政法学の始祖の一人に位置づけられる．その著書『議会政府』で，ウィルソンは連邦議会が委員会の委員長など少数の指導者間の取引で動いているとして，立法における徹底した討論とリーダーシップの重要性を主張していた．彼は，以後も度々議会に出向いて演説を行うなど，政策的主導権を発揮していくこととなる．

　金融制度改革とトラスト規制　ウィルソン政権の最初の挑戦は，金融制度改革であった．前章でみたように，通貨量が適切に統制されないことによる景気への悪影響は長く認識されていたが，対策がとられないまま1907年にも深刻な金融恐慌が生じていた．連邦議会上院はその翌年，共和党のネルソン・オルドリッチ議員を委員長に，改革案を検討する特別委員会を組織し，1912年にその報告書が提出されていた．そこでは金融の舵取り役として，全国の銀行の出資による実質的な中央銀行の設立が提案された．ところがその後，有力銀行が金融恐慌時にとった身勝手な行動が続々と明らかになり，上のオルドリッチ案は銀行の金融支配を強化するだけだとして頓挫していたのである．

　これを受けて，ウィルソンらは大統領就任前から検討を進めた．中央銀行制度の必要性は広く認識されていたが，銀行家に金融政策を任せきるような制度が支持されないのは明らかであった．そこで，いわば地域別の中央銀行として連邦準備銀行を複数設置し，それらの統括役として，政治任用の委員からなる連邦準備委員会（Federal Reserve Board: FRB）を置くという複合的な制度が採用された．政権は，FRBを連邦準備銀行を規制する独立規制委員会と位置づけて銀行家支配への懸念を取り除き，1913年末に連邦準備法の成立にこぎ着けた．こうして第二合衆国銀行の廃止から約80年を経て，新たな中央銀行制

度として連邦準備制度が誕生したのである.

　革新派にとってもう一つの重要課題は, トラスト規制であった. シャーマン法の下, 不正競争行為の取り締まりは司法省と司法府によって行われていた. しかし, 司法省の行動は政権によって異なり, 判例も方向性が定まらなかった. ローズヴェルト政権は, 1903年に新設された商務労働省に企業活動を分析する企業局を設置したものの, 新たな規制の導入にはいたらなかった. ところがその後, 合衆国最高裁が1911年のスタンダード石油事件判決で, 企業の行為の合法性は個別に審査しなければ判断できない, と判示して, 財界はいよいよ混乱に陥ったのである.

　これを乗り越えるには, 企業経営に通じた行政機関が一貫した方針で規制する他ないとみられた. 1912年には, 共和党と革新党が全国党綱領にそのための機関の設置を盛り込んだ. 対して民主党は, 規制の必要性に触れただけで, ウィルソンも専門家機関に大きな裁量を与えることには消極的であった. しかし, 最後には不正競争行為に排除命令を出す権限も持つ, 連邦取引委員会の設置に踏み切ったのである. 1914年に, 連邦取引委員会法および, 不正競争行為をより具体的に定めるクレイトン法が成立した. ただし, シャーマン法と, それに基づく司法省と司法府による規制も継続することとなる.

　このように, 革新主義時代には, ICCの権限の大幅な強化や新たな独立規制委員会の設置といった形で行政国家化が進み, 党派を越えてその必要性が認められた. ウィルソン政権下では他にも, 1916年に海運や造船を扱う合衆国海運委員会が, 1920年には水力発電等を管轄する連邦動力委員会が設置されている. こうして, 連邦レベルの革新主義の政治は最高潮に達した.

　ウィルソン政権についてもう一つ注目すべきは, ウィルソンがヴァージニア州の牧師の家に生まれた, 南北戦争後初の南部出身の大統領だったことである. ウィルソンは南部人としての自意識が薄く, 平均的な南部白人よりは黒人への差別意識が弱かったとされる. しかし, 人種統合が進んでいた連邦政府の官庁で人種隔離を復活させ, 黒人の政治任用者を罷免して白人に置き換えるなどした. この点からも, 革新派の人間とその理性への信頼が, 普遍性を欠いていたことがわかる.

(3) 第一次世界大戦への参戦

　　厳正中立の困難　ウィルソンは政治学者としても政治家としても，外交への関心が強いとはいえず，大統領としての実績も多くが内政に関わるものであった．しかし実際には，成否はともかくアメリカの大国としての国際的地位を活用して，積極的な対外的関与を行うことになった．

　　前任のタフトは，ラテンアメリカやアジアに対して，投資とそれによる相互依存関係の強化を通じて関係の安定を図った．この「ドル外交」に対して，ウィルソンは政治体制を重視し，1912 年の選挙戦で，民主的な体制でなければ支援に値しないとして「道義的な外交」を提唱した．それがまず表れたのが，ラテンアメリカであった．ウィルソン政権は，政情不安が続いており，アメリカ人の安全を守る必要があるとして，ハイチ，ドミニカ，キューバ等を占領し，1910 年から続くメキシコ革命にも干渉した．またニカラグアに軍を駐留させ，現地の政治を統制したのである．

　　ラテンアメリカへの積極的な介入と対照的に，1914 年 7 月にヨーロッパで第一次世界大戦が勃発した際，ウィルソンの対応は厳正な中立であった．モンロー・ドクトリンの枠組みからは，君主制の多い旧世界の内輪揉めと捉えられたうえ，英仏露等の連合側と独墺伊等の同盟側のどちらについても出自を持つ自国民が多数おり，いずれかの肩を持つことは内政にも影響しかねなかった．しかし，中立の維持は容易でなかった．イギリスが海上を制している状況下で，連合側との投資や交易が多くなり，その勝利がアメリカの利害ともなっていく．またウィルソンは，英仏を実質的な民主主義国とみて親近感を感じていた．

　　1915 年に入り，ドイツがイギリスによる海上封鎖に対抗すべく，敵国に関係する疑いのある船舶を無差別，無警告で攻撃する無制限潜水艦作戦を開始すると，アメリカも影響を受けた．同年 5 月に，イギリスの客船ルシタニア号がドイツの潜水艦に撃沈された際の犠牲者には，アメリカ人 128 名が含まれていたのである．ウィルソンはドイツに抗議して作戦の中止を約束させたが，国務長官のウィリアム・ジェニングス・ブライアンはこれを連合側への肩入れだとして辞任した．

　　それでも国内世論は戦争への関与には傾かず，ウィルソンは 1916 年大統領選挙で「彼は我々を戦争に巻き込まなかった」をスローガンに掲げて僅差なが

ら再選を勝ち取った．しかし彼は，この「大戦争」が単なる内輪揉めでなく，既存の国際秩序の構造的欠陥によるものとみて，その変革の必要性を意識するようになった．1917 年 1 月に連邦議会上院で行った演説で，この戦争は「勝利なき平和」をもたらすものでなくてはならないとして，国際平和機構の設置や軍縮，公海の自由等の実現の必要を訴えたのである．

しかし，そこから事態は急展開していく．ドイツが翌 2 月に無制限潜水艦作戦の再開を宣言し，また 3 月にメキシコと対米軍事同盟を結ぼうとしていた証拠の「ツィンメルマン電報」が公表されると，アメリカ世論は反独一色となった．同じく 3 月に起きた革命で帝政が崩壊したロシアが戦列を離れ，主な連合国が民主主義国になったことも後押しとなって，ウィルソンは 4 月に連邦議会で「世界を民主主義のために安全にする」と演説して宣戦を提案し，宣戦布告の決議が大多数の議員の支持を得て成立したのである．

　戦争と講和への参加　参戦決定直後の 5 月には選抜徴兵法が成立し，翌年末の終戦までに約 280 万人が徴兵され，志願兵と合わせてアメリカ軍の約半数を構成することになる．国内でも，国債を「自由債」と呼んで，戦争への貢献のために購入が呼びかけられた．戦地に送られた白人男性の穴を埋める形で，女性や黒人等の非白人がより重要な仕事を任されるようになり，1918 年 4 月に設置された全国戦時労働委員会による規制もあって，労働条件も一時的に向上した．南部では，黒人が白人よりも先に徴兵されるなどの差別があり，軍の内部で黒人の果たせる役割は限られたものの，民間の組織に比べれば差別の程度は弱かったとみられている．

　第一次世界大戦は，アメリカにとって南北戦争以来の総力戦となり，徹底した動員がなされた．ウィルソンは，閣僚からなる国防会議と財界指導者やAFL のゴンパーズらを構成員とする諮問委員会を 1916 年以降組織していき，そのネットワークも活用して動員を進めた．また 1917 年 7 月に設置された戦時産業局が中心となって，軍事物資の効率的な調達のために生産調整等を行った．鉄道や電信・電話等の基幹産業は国有化された．

　動員を後押しすべく，宣戦直後に設置された戦時広報委員会が徹底したプロパガンダを行った．「100% アメリカニズム」がスローガンとされ，ドイツ系等への風当たりが強まった．反体制派への締め付けも強まり，1917 年 6 月に

軍の戦争遂行への妨害を罰する防諜法が成立した．翌年それが修正された治安法では，より広く政府や軍に対して批判的な発言が禁じられた．とくにドイツ系移民や社会主義者が標的となり，ヴィクター・バーガーやユージン・デブスも処罰されている．

　こうした動員を背景に，アメリカは 200 万以上の兵を戦地に送った．すでに3 年以上にわたる戦闘で両陣営は疲弊しており，そこにアメリカ軍が大量に投入されたことで戦況は一変した．大戦は，1918 年 11 月に連合国側の勝利で終結した．アメリカ軍の戦死者は約 11 万人に上ったが，犠牲は他の主要な参戦国に比べて極めて小さかった．戦争の帰趨を左右したアメリカは，戦後講和に圧倒的な影響力を発揮しうる立場となる．ウィルソンは 1918 年 1 月の議会演説で，戦後処理に加えて秘密外交の廃止，民族自決，軍縮，自由貿易といった新たな国際秩序への提言を含めた十四か条を提案しており，1919 年 1 月からのヴェルサイユ講和会議を，半年間にわたりアメリカを離れて自ら主導した．

　賠償や領土について敗戦国に懲罰的な扱いをしないという要求は，他の戦勝国に受け入れられなかったものの，それを犠牲にしてもウィルソンがこだわったのが，ヴェルサイユ講和条約の第 1 編に盛り込まれた，国際平和推進のための国際連盟の結成であった．アメリカ世論はこれを支持したものの，条約を批准する連邦議会上院では 1918 年の選挙で共和党が多数派になっていた．共和党では，国際機構への参加を一切認めない一部の議員に加え，ヘンリー・キャボット・ロッジ外交委員会委員長を始め，連盟規約第 10 条以降に規定された有事における集団安全保障の発動について，無条件の発動は主権を脅かすとして，連邦議会による承認を条件にする修正を求める議員が多数に上った．

　この修正は，必ずしも深刻なものと考えられていなかった．ところがウィルソンは，集団安全保障の基盤を掘り崩すとして修正なしの批准にこだわり，世論を通じて上院を説得しようと全国遊説に出発した．しかし，1919 年 10 月に脳梗塞で倒れ，任期の残りを通じて身動きのとれない状態となった．その間の1919 年 11 月および 1920 年 3 月には，修正つきの条約案が上院で否決され，アメリカが自ら提案した国際機構に参加しないという事態となった．ウィルソン政権は，内政で多大な成果を上げ，第一次世界大戦で連合国を勝利に導きながら，外交上の大きな失敗で幕を閉じることになる．

3.「新時代」の光と陰

(1) 戦後の繁栄とその陰の不寛容

　戦後の国内・国際秩序　第一次世界大戦後には, 革新主義に影響された二つ
の合衆国憲法修正条項が相次いで実現した. 1917 年に発議され, 1919 年に批
准成立した第 18 修正条項は, 酒類の製造と販売を禁じるものであった. 革新
派は総じて, 飲酒が貧困や家庭崩壊につながるとして禁酒法を後押ししていた.
この憲法修正は, 1893 年に結成された反酒場連盟が, 従来の禁酒運動と異な
り, 連邦議会議員に直接働きかける利益団体活動を展開し, 飲酒が労働者の勤
務態度に与える影響を問題視した財界の後押しもあって成立をみた. この条項
は, 1919 年制定のヴォルステッド法に基づいて執行された.

　翌 1920 年の 8 月には, 前年に発議された, 性別による選挙権の差別を禁じ
る第 19 修正条項が成立した. 南北戦争後, 移住者に女性が少なかった西部地
域では, 女性参政権が徐々に認められていった. また革新派の運動家には女性
も多く, 革新派は全体に女性参政権に好意的であった. そこへ, 大戦中に女性
が重要な社会的役割を担ったことで変革が実現したのである. その後, 女性解
放運動は路線対立を抱えつつも, 1923 年には連邦議会で初めて男女の平等な
法的取り扱いを定めた合衆国憲法の男女平等修正 (Equal Rights Amendment:
ERA) を提案するなど, 新たな目標を追求するようになる.

　しかし, 革新主義は戦後存在感を弱めていった.「新時代 (New Era)」と呼
ばれた 1920 年代には, 世界戦争を乗り越えたことへの安堵と経済成長からく
る楽観が広がった一方, 様々な社会的な変化を拒絶する勢力による, 不寛容と
排除の姿勢もまた顕著に表れるようになる.

　戦後には, 二度と悲惨な戦争を起こしてはならないという反省が世界的に共
有された. 1920 年代には共和党政権が続いたが, 他の参戦国に対して主導権
を握り, 国際協調を重視した対外政策を展開した. 1921 年からは, 戦勝国間
の軍拡競争を防ぐべく協議が行われ, 翌年には戦艦や潜水艦等の保有数を定め
た, 史上初の軍縮条約となるワシントン海軍軍縮条約等が結ばれた. 1930 年
には, その後継となるロンドン海軍軍縮条約が締結される. 1924 年には, ド

イツの賠償支払いを円滑化すべく「ドーズ案」を提示し，大量のアメリカ資本が投資されてヨーロッパの安定に貢献した．1928年には，アメリカを中心に展開した戦争違法化運動の尽力もあって，パリで不戦条約が結ばれている．

　その一方で，1917年に生じた十月革命でボリシェヴィキ政権が登場したロシアと共産主義への警戒が強まった．戦後1921年までは景気が落ち込み，続発するストライキの取り締まりが強められた．ウェルソン政権のミッチェル・パーマー司法長官の下，社会主義者や無政府主義者等，反体制派を「赤の恐怖」と総称しての違法な捜査や検挙が頻発した．1920年にボストン郊外で起きた強盗殺人について，無政府主義者のイタリア系移民2名が逮捕され，冤罪の恐れが指摘されながら偏見のために死刑判決が出されたとみられるサッコ゠ヴァンゼッティ事件には，大きな注目が集まった．

　排外主義と人種差別　この例にもみられるように，この時期には排外主義的な雰囲気も強まっていた．アジア系や新移民への偏見は20世紀に入っても続き，主にハワイ経由で西海岸に移住するようになった日系移民への風当たりも強まった．中国系のように移民が制限されることを恐れた日本政府は，アメリカと協議して1908年に移民を自粛する紳士協約を結んだ．しかし，その後も在米日系男性が写真だけの見合いで妻となる女性を呼び寄せる「写真花嫁」に批判が集まるなど反発が出て，カリフォルニア州では1913年に，日本人を念頭に帰化不能外国人の土地所有を禁じる法律が作られた．

　連邦レベルでも，1924年の移民法によって，西半球以外からの移民数を制限する形で新移民への対応がなされた．3年前の立法を修正し，新移民がまだ少なかった1890年の国勢調査時におけるアメリカ国内の出身国別人口の割合に応じて移民受け入れ数が決定されることとなり，東・南欧やロシアといった地域からの移民が極度に制限された．審議の過程で，帰化不能外国人の移民を一律に禁ずる条項が加えられ，日本からの移民も不可能になった．このため，日本ではこの法律を「排日移民法」と呼ぶことがある．以後，外国生まれ人口の割合は減少していき，出身国別割り当て制度は1965年に廃止されるまで続く．

　大戦中に一定の人種統合が進んだ黒人についても，差別的な動きが強まった．アメリカの参戦前から，多くの黒人が南北の大都市に移住する「大移動」が始

まっていた．これは半世紀にわたり続き，1940年までだけでも150万人以上が移動して，黒人の居住分布を大きく変えることになる．北部では，ニューヨークやシカゴといった大都市を中心に黒人のコミュニティが発達し，商店主や弁護士，医師といった中産階級も登場した．黒人音楽から発展したジャズ等の文化も花開き，ニューヨーク市のハーレムでは1920年代を通じてハーレム・ルネサンスと呼ばれる文学や芸術の盛り上がりが見られた．

　黒人コミュニティの発展に表れているように，都市化が一層進み，1920年の国勢調査では都市人口が初めて全人口の半数を超えた．都市部では自由な雰囲気が広がり，価値観の多様化が進んだ．禁酒法の下でも飲酒自体は違法でなかったため，密造，密輸された酒を出す酒場が社交場として栄えた．それまでの性的規範に反して，飲酒や喫煙を好み，肌の露出の多い服を着て性交渉にも積極的なフラッパーと呼ばれる若い女性も目立った．またニューヨーク市等では，同性愛者等性的少数者のコミュニティも生まれたのである．

　差別の動きは，こうした変化に応じるものであった．1915年に，南北戦争と再建期を南部白人の視点から描いたD. W. グリフィス監督の映画「国民の創生」が公開されると，そこで礼賛されたKKKを復活させる動きが全国各地で生じた．この第二次KKKは，1920年代を通じてリンチを含む示威行動など盛んに活動したが，黒人差別だけでなく，ユダヤ系，アジア系やカトリックの排斥も加わっていた．それに対して，1909年に黒人の市民的権利の保障を目指して結成された全国有色人種地位向上協会（NAACP）や，世界規模で黒人の連帯を目指すマーカス・ガーヴィーらの運動等が挑戦した．

　1920年代は「唸りを上げる20年代」とも呼ばれるが，それはこうした急激な社会変化だけでなく，それに対する反動の動きとのせめぎ合いの産物であった．そして，この時期に急激に生じた変化は，ここまで見た価値観をめぐるものだけでなく，政治の構造にも及んでいた．

（2）国家と社会の新たな関係

　さらなる行政国家化　1920年の大統領選挙では，「正常への復帰」をスローガンに，民主党政権下での戦後不況と講和の失敗を批判した共和党のウォーレン・ハーディングが圧勝した．1922年からは景気も好転し，ハーディングと，

彼が 1923 年に急死した後に大統領となり，1924 年の選挙でも勝利したカルヴィン・クーリッジは，政府が社会や経済に余計な手出しをすべきでないという立場をとった．連邦議会でも共和党が多数派を占め，1921 年と 26 年には富裕層への減税が立法で実現している．しかしその一方で，1921 年と 1922 年には高関税が導入され，また行政国家化がさらに進んだ．

　この時期の行政国家化は，執行機関に大きな役割が与えられた点に特徴がある．1921 年 8 月には，寡占状態にある畜産加工業への反トラスト規制を強化する立法が成立したが，当初独立規制委員会の新設が検討されたものの，最終的には農務省の管轄となった．この時期には他にも，商務省に民間航空の規制権限が与えられるなどしている．規制政策以外に，1921 年 11 月には情報提供や助産師の免許制度等を通じて出産や新生児の育児を支援するシェパード = タウナー法が成立した．労働省児童局の主導で執行されたこの政策は，連邦政府が初めて本格的に福祉に参入したものといえる．

　また 1920 年代には，政府による一方的な規制でなく，各分野の業界団体を始めとする民間の当事者と協力して政策的な課題を解決していくことが重視された．ハーディング，クーリッジ両政権の商務長官で，後に大統領となるハーバート・フーヴァーは，これを「連帯主義（associationalism）」と呼んで実践した．例えば，当時普及しつつあった無線（ラジオ）について周波数の混信が問題になった際，商務省は規制権限を持たないにもかかわらず，1922 年に全国の無線局の代表者を集めた会議を開いて周波数を割り当てていき，高く評価されている．

　しかし，執行機関の役割が増したといっても，独立規制委員会が廃れたわけではなかった．全国無線会議は 1925 年まで毎年開催されたが，1927 年には新たに連邦無線委員会が設置されて規制権限を与えられた．同委員会は，1934 年に放送および通信全般を管轄する連邦通信委員会（FCC）へと改組される．1920 年代までに，連邦政府による現代的な市場の統制の手段が一通り出そろったといえよう．

　その一方，司法府は行政機関による規制こそ認めたものの，諸産業への規制自体を厳しく制限する立場をとるようになった．ニューヨーク州の 10 時間労働法の合憲性が争われたロクナー対ニューヨーク事件訴訟で，合衆国最高裁は

1905 年に，適正手続きに個々の労働者が自由に労働契約を結ぶ権利が含まれるとして違憲判決を出した．これが，適正手続き条項に基づいて実体的な権利についても判断を下す，実体的デュープロセスの重要な先例となる．また労働組合に入らないという条件で雇用する「黄犬契約」等の妨害もあって，大戦中に 2 割前後まで増加した労働者の組合組織率は 1920 年代に 1 割前後まで低下した．

　　利益団体政治の本格化　そうはいっても，1920 年代には連邦政府の社会への浸透がさらに進んだといえる．それは，連邦政府が干渉を強めたというよりも，「連帯主義」にも表れたように，むしろ社会の様々な主体が連邦政府の政策形成への関与により積極的になったからであった．この変化は革新主義時代から生じていたもので，1920 年代には連邦レベルの政策過程がいくつかの新しい，今日に通じる特徴を帯びるようになっていた．

　この間の最も重要な政策過程の変化は，利益団体の存在感の増大である．既に見たように，政策について政府に直接働きかける利益団体政治は，19 世紀末には登場していた．利益団体の多くは，各種の業界団体や労働組合といった経済的利害に基づいたものだったが，社会改革運動が利益団体に衣替えして活動するなど，利益団体は数の点でも代表する利益の多様性の点でも拡大した．

　ピーター・オデガードが 1928 年に著した，利益団体政治の先駆的研究である『圧力政治』は，反酒場連盟と禁酒法の成立を分析したものである．他に革新派による利益団体として，ジェイン・アダムズらが 1899 年に結成した全国消費者連合が知られる．労働者や農民といった垣根を越えて，工業化社会における消費者という新たなアイデンティティで市民の利害を包摂的に代表しようとした点が新しく，セツルメント運動等様々な運動に関わってきたフロレンス・ケリーの指導下で，労働条件の改善や製品の質の向上等が目指された．

　利益団体による働きかけの主な手段は，連邦議会の議員に対するロビイングや献金等であったが，その他の手法も登場した．黒人の権利向上を目指すNAACP にとっては，「分離すれども平等」を宣言したプレッシー対ファーガソン事件判決の克服が主要目標の一つとなった．それもあって，ロビイングだけでなく，法曹をスタッフに抱え，戦略的な訴訟を通じて望む内容の判決を勝ち取ろうとしていったのである．同様に，憲法が保障する諸権利を守るため，

ロビイングと訴訟を併用するアメリカ市民的自由連合（American Civil Liberties Union: ACLU）も，第一次世界大戦時の反戦運動組織を再編する形で 1920 年に設立されている．

　ACLU が存在感を示したのが，1925 年のスコープス裁判である．これはテネシー州の高校教師ジョン・スコープスが，公立学校での進化論教育を禁じた州法に違反したとして起訴され，有罪とされたものである．この事件は，聖書の教えと科学がどう両立するかをめぐる全国的な論争につながり，検察側でブライアン元国務長官，被告側に著名な弁護士のクラレンス・ダロウが弁論に立って話題となった．この「モンキー裁判」は，学問の自由の保障を目標に，ACLU がスコープスに働きかけたことで始まった．以後 20 世紀を通じて，多くの重要な人権関連の判決が，ACLU のような公共利益法律事務所の関与する訴訟を通じて生み出されていくことになる．

　この時期には他にも，後にシンクタンクと呼ばれる政策研究機関が相次いで登場し，政策的影響力を発揮するようになった．これらの組織は，政府等からの依頼に応じて調査，分析を行って政策案を供給することで，特定の利害に左右されない形で政策過程に関与するようになる．今日有力なシンクタンクでは，例えば 1907 年にはラッセル・セイジ財団，1916 年にはブルッキングス研究所の前身である政府活動研究所が設立されており，1920 年代には先にふれた全国行政研究所や外交問題評議会等が登場している．

　こうした政策研究機関が成立するには，専門知識を用いて政策案を作れる専門家と，彼らを雇う組織を維持できる資力が必要である．それを可能にしたのは，19 世紀後半からの経済成長と富の集積，そして高等教育・研究機関の発展であった．歴史家のオリヴィエ・ザンズは，自然科学も含めた官民学の協力を「研究促進体制」と呼び，20 世紀のアメリカの国力発展に決定的な役割を果たしたという．

（3）大恐慌の始まり

　恐慌の発生と悪化　1921 年までの戦後不況の後，1920 年代は全体に好景気であった．失業率は，この間 5% 前後と低い水準にとどまり，農家の収入も上昇基調であった．その一方で，所得格差が 19 世紀末以来の拡大をみせ，1920

年には所得の上位 1% が全体の約 15% を得ていたのが，1928 年には約 24%
まで増えていた．その結果，投資の拡大と技術革新により大量生産が進んだの
に対して，消費者の購買力が追いつかなくなる．とくに深刻だったのが，農業
部門であった．戦時中の需要拡大を受けて，機械化を進めるなど投資を行った
農家は負債を増やした．ところが，戦後ヨーロッパの農業が急速に復興し，農
産物価格の大幅な下落に苦しむようになったのである．

　それでも，証券市場は値を上げつづけた．FRB は，1927 年以降景気の過熱
を防ぐべく金利を上げたが，効果は薄かった．そこへ 1929 年 10 月 24 日，株
式市場で売りが殺到して株価の大暴落が始まった．この「暗黒の木曜日」を境
に実体経済も悪化していき，翌年には銀行への取り付け騒ぎが始まった．これ
が，アメリカ史上最悪とされる大恐慌の始まりである．最も状態が深刻となっ
た 1933 年までに，約 9 万の企業と 9000 の銀行が倒産し，モノやサービスの生
産は 3 割以上落ち込み，3% 台だった失業率は約 25% まで跳ね上がった．さ
らに，アメリカに引きずられる形で恐慌が世界に広がっていったのである．

　1928 年の選挙で，ニューヨーク州知事のアル・スミスを破って大統領とな
っていたフーヴァーは，こうした事態に対応するのにうってつけの人物とみら
れた．彼は大学で地質学を修め，鉱山技師として世界各地を回る間に財をなし
た．第一次世界大戦時には，ウィルソン政権下で連合国の食料調達を担う食料
局局長を務め，戦後はアメリカ救済局局長として東・中欧への支援に尽力し，
国際的な名声を得た．その後二つの共和党政権で商務長官を務めたこの国際派
の革新派は，大統領就任の時点で十二分に行政経験を積んでいた．

　しかし，フーヴァーは恐慌の発生当初，同時代人の多くがそうであったよう
に，その深刻化も長期化も予想していなかった．また景気対策は基本的に州の
管轄に属するとして，連邦政府の手出しは望ましくないと考えたのである．そ
のため，株価の暴落後直ちに財界の指導者をホワイトハウスに集めて，労働者
の失業や減給を防ぐことの重要性を説き，また鉄道等のインフラを担う諸企業
に投資をやめないよう訴えかけて市場の活性化を促すにとどまった．

　他方で，連邦議会の共和党多数派は，かねてより過剰生産を抑えるために保
護関税の導入を検討していた．恐慌の発生後，景気回復には低迷するヨーロッ
パ経済との切り離しが必要だという考えから立法を進め，1930 年 6 月にスム

ート＝ホーリー法案を通過させた．これは，1828年の関税法に次ぐ高率の関税を課すものであった．フーヴァーは，世界経済を後退させヨーロッパを見放すことになるとしてこの法案に反対したが，共和党や財界からの圧力により署名を余儀なくされた．各国は報復関税を導入していき，世界貿易は1933年までに恐慌前の約4割まで落ち込むこととなる．

　恐慌対策の本格化とその限界　政権初期の具体的な恐慌対策としては，1929年の恐慌の開始前にフーヴァーの提案で農業不況対策として成立していた，農業市場法によるものがあった．これは，連邦農業委員会を設置して余剰農産物を買い取らせ，農家に協同組合の結成を促して，農産物価格を下支えする方策をとらせるとともに，組合を通じて資金を貸し付けるものであった．とはいえ，恐慌の規模に対して十分な効果を上げたとは言いがたい．

　1931年に入っても恐慌が悪化の一途をたどると，フーヴァーと連邦議会は相次いで本格的な対策を打ち出していった．この年6月には，恐慌に苦しむヨーロッパ諸国に対して戦債の取り立てを停止するモラトリアムを発した．これは，ヨーロッパ経済の状態がアメリカの景気回復に影響するという見方にも基づいていた．

　翌1932年には，多くの金融立法が超党派の支持を得て矢継ぎ早に成立した．1月の復興金融公社法は，FRBによる支援が認められていない州法銀行等に迅速に資金を供給する復興金融公社（RFC）を立ち上げるものであった．翌月の銀行法は，FRBの貸し出し能力を様々に高めた．さらに7月には緊急救援建設法がRFCに様々な公共事業への融資も可能にし，その翌日に成立した連邦住宅貸付銀行法では，住宅の購入や維持に関わる様々な企業や金融機関に融資を行う連邦住宅貸付銀行と，それを統括する連邦住宅貸付銀行委員会が設けられたのである．

　フーヴァー政権については従来，次章でみるニューディールとの対比で，恐慌への無策ぶりが強調されてきた．しかし，対策が後手に回ったのは間違いないものの，政権後期の一連の政策は，連邦政府による市場の統制力を一気に増大させるもので，その後も恐慌対策に重要な役割を果たした．フーヴァーは，連邦による失業者救済の資金提供には反対を続けるなど，連邦政府の憲法上の役割や経済の仕組みについて当時支配的だった思考枠組みにとらわれていた．

とはいえ，最終的にはかなり革新的な政策を打ち出したといえる．

　それでも恐慌の深刻化は止められず，人々はそれをフーヴァーの責任と考えた．住まいを失った人々の造った掘っ立て小屋の集落が，「フーヴァー村」と揶揄されるなどした．大統領への当選時には最も尊敬されるアメリカ人だったフーヴァーは，今や国内で最も嫌われる存在になっていた．1932 年の大統領選挙に向けて，共和党はフーヴァーを再指名したものの，再選の見込みがあると考える者は本人も含めて誰もいなかった．

　一方，この間民主党が受け身だったわけではない．農村部を主な支持基盤としていた同党は，1928 年に全国最大の都市であるニューヨーク市で生まれ育ったスミスを大統領候補に据えていた．それは，1920 年代の格差の拡大に乗じて，経済的に取り残された都市労働者を支持層に加えつつあったためである．大恐慌はこの変化を加速させ，アメリカの経済だけでなく政治にも構造的な変容をもたらそうとしていた．

第6章

ニューディールと第二次世界大戦

1. ニューディールの実験

(1) F. D. ローズヴェルト政権の発足

ローズヴェルトの登場　1929年10月に始まった株式相場の暴落は，繁栄を謳歌していたアメリカ経済の様相を一変させた．株価の下落は1931年から経済制度の心臓部でもある金融機関の連鎖倒産にまで行きついた．大恐慌の衝撃は，いわゆるセーフティネット不在の時代であっただけに，すなわち失業保険も年金も，そして生活保護制度も基本的には存在しなかったために，今日の想像を絶するものがある．

このような状況の中で登場したのがフランクリン・D. ローズヴェルトであった．彼はセオドア・ローズヴェルト元大統領同様，アメリカ東部における貴族的な階層に属していた．ハーヴァード大学からコロンビア大学ロースクールに進み，政治の世界に入った．ニューヨーク州議会上院議員を務めているときに，1912年のウィルソンの大統領選挙戦をニューヨーク州において手伝い，ウィルソンの同州での勝利に貢献した．彼はウィルソン政権の下でセオドア・ローズヴェルト同様海軍次官に抜擢され，第一次世界大戦を連邦政府の中で経験することになった．州知事から大統領に当選する政治家は少なくないものの，2人のローズヴェルトのように連邦政府の要職を経験している者は例外的である．

ローズヴェルトは1920年38歳にして民主党副大統領候補に指名された．将来を嘱望されていたことは疑いがない．ところが翌1921年，彼はポリオ（小児麻痺）にかかって半身不随となってしまい，療養生活に入った．その分身として，全国を駆け回ったのは妻エレノアであった．

ローズヴェルトは1932年の選挙戦の段階で，詳細な大恐慌克服策を練り上

げていたわけではなかった．1929 年冒頭から 32 年末までニューヨーク州知事を務め，大恐慌勃発後は公共事業を通じた失業者救済を実施していた．大枠として革新主義の思想に共鳴し，とくに連邦政府が大胆な役割を果たすことに前向きであった．それでも，ニュー・ナショナリズムかニュー・フリーダムかといった根本問題をはじめとして，具体的な青写真を持っていたわけではなかった．

　ただし，大恐慌に対応するための知的な準備は進めていた．ローズヴェルトはブレーン・トラストと呼ばれた助言チームを作り，そこからさまざまな提言を得ていた．ここまで組織的に知識人を頼った大統領はそれまで存在せず（当時，こんにちのような大規模のシンクタンクは存在していなかった），ローズヴェルトの実験的気質の表れであった．

　ローズヴェルトの慣例に囚われない実験的発想は，他でも見られた．のちに触れるラジオを通じた国民への直接の語りかけもその例であろう．また，革新派の急先鋒ロバート・ラフォレット・ジュニアですら，連邦政府は直接失業者雇用に着手すべきでなく，州政府に資金援助をすればそれで十分であると述べていた中で，ローズヴェルト政権は後述するように，アメリカで初めて連邦政府による失業者の直接雇用に着手したのである．

　政党政治の再編とローズヴェルト　1930 年代は巨大な政党再編の時代であった．結果的に民主党がニューディールを経て長期的な多数党になることに成功したが，それは必ずしも必然ではなかった．20 世紀初頭から，共和党内ではセオドア・ローズヴェルトやロバート・ラフォレット（シニア）に代表される改革派の政治家が登場していた．1920 年代に保守派が主導権を奪還したとはいえ，党内には中西部・西部出身議員を中心に，依然無視しがたい強力な革新派勢力が存在していた．もし大恐慌勃発時に大胆な発想をする共和党員がホワイトハウスの主であり，ニューディールに匹敵する対応策を打ち出していれば，共和党がさらに革新的な，すなわち大きな政府を支持する政党に変貌していた可能性も否定できない．

　逆に民主党は南部ではジム・クロウ制を擁護する人種差別の政党であり，北部においても 19 世紀後半にグローヴァー・クリーヴランド政権を支えた保守派経済界の力はそれほど衰えていなかった．1930 年代に民主党がなるべくし

て大きな政府を支持する政党になったと決めつけるのは妥当でない.

　換言すると, この時期政党政治の形は非常に流動的であり, さまざまな可能性が存在していた. 実際のところ, ジョージ・ノリス上院議員 (ネブラスカ州) ら共和党革新派は 1932 年大統領選挙において, フーヴァー大統領を見限り, 「全国革新派連盟 (National Progressive League)」を立ち上げて, ローズヴェルトを支援した.

　ローズヴェルトも, 共和党内革新派の存在を重視していた. ハロルド・イッキーズ, ヘンリー・A. ウォーレス, ウィリアム・ウッディンという 3 人の共和党革新派を閣内に迎えたのはその証左である (それぞれ内務長官・農務長官・財務長官に任命). ローズヴェルトは最大限, 共和党革新派を民主党側に取り込もうとしていたのである.

　1932 年選挙でのローズヴェルトの勝利　共和党は現職のフーヴァーを再指名した. 民主党では, ローズヴェルトが首位を走り, テキサス州出身のジョン・ナンス・ガーナー下院議長とアル・スミス前ニューヨーク州知事が後を追っていた. ローズヴェルトはガーナーと取引を成立させ, 4 回目の投票で 3 分の 2 の代議員の支持を確保することに成功した. ちなみに 3 分の 2 ルールは 1936 年の民主党全国党大会において撤廃された. 条約批准における上院の 3 分の 2 ルール同様, 実質的には南部に拒否権を与えるための制度であった.

　ローズヴェルトは指名獲得決定後, 飛行機でシカゴの党大会会場に飛び, 指名受諾演説を行った. 指名された候補者が会場に出向いて受諾演説を行ったのは, これが初めてであった. 1932 年 7 月 2 日, ここで彼は, 「私は皆さんに, そして私自身に, アメリカ国民のためのニューディールを約束します」と述べ, はじめて「ニューディール」という言葉を使った. 新規まき直しといった意味であった.

　現職フーヴァー大統領の不人気のゆえ, 民主党の勝利は確実に見えた. 副大統領候補となったガーナーはローズヴェルトに対して, 「ともかく投票日まで生きていればよい」とすら言った. なお, 一見しただけでは, フーヴァーとローズヴェルトの政策上の大きな相違は禁酒の是非についてのみであり, 健全財政の必要性についてすら一致していた. ローズヴェルトはフーヴァーを, 財政赤字を生み出したことで批判したほどである.

　選挙結果は，事前の予想通りローズヴェルトの圧勝であった．大統領選挙人票で，彼は531票のうち472票を獲得し，59票しか獲得できなかったフーヴァーを圧倒した．得票率は57.4% に達した．1932年選挙は新しい政党制の誕生を予感させるものであった．ただし，ここでの民主党の勝利は，まだ共和党批判としての性格を強く持っていた．

(2) 危機への対応

　金融恐慌への対応　1933年3月にローズヴェルト政権は発足したが，その時はまさに危機の真っただ中であった．約25% という失業率も想像を絶するものであるが，前年からは銀行の倒産が加速し，金融危機の様相も呈し始めていた．ローズヴェルトが「行動を．今こそ行動を」と就任演説で叫んだのも，このような文脈においてであった．

　ローズヴェルトは第一次世界大戦時に可決された対敵通商法（Trading with the Enemy Act of 1917）に依拠して，1933年3月6日から9日まで「全国銀行休日」を宣言し，その間議会に新立法の制定を要請した．新制度においては，財務長官がどの銀行が安全に業務に復帰できるかを決定できることになっていた．ローズヴェルトは3月12日，彼の最初の炉辺談話（ラジオ演説）において，「現金をマットレスの下に置いておくより，再開を許可された銀行に預けた方が安全です」と語り，国民を安心させた．再開初日，預金額は引き出し額を上回った．大統領の断固たる行動と賭けは成功し，1か月以内に全銀行の70% が営業を再開した．

　ちなみに，一般国民にとって，大統領の声を生放送でラジオを通じて直接聞くことは新鮮であった．これはローズヴェルトが活用した手法であり，彼がしばしば大衆政治家と呼ばれた理由の一つでもある．ローズヴェルトは12年余りの任期中に27回の炉辺談話を行った．

　失業者対策　銀行対策に次いで緊急性を有したのは，何といっても大量の失業者の救済であった．しかし，この問題は連邦政府にとって未知の領域であり，試行錯誤の連続であった．担当組織も連邦緊急救済局（Federal Emergency Relief Administration: FERA），雇用局（Civil Works Administration: CWA），そして雇用促進局（Works Progress Administration: WPA）と目まぐるしく変わった．

　ローズヴェルトは 1933 年に FERA を設置し，そのもとでアメリカ史上初めて失業者救済のために連邦政府が州政府に直接現金を提供した．しかし，すぐにこれでは十分でないことが判明したため，まず CWA を，その後 WPA を設立して，失業者に仕事を提供し，現金を手渡した．最終的には，1930 年代において 4600 万人以上のアメリカ国民が，すなわち人口の約 35% の人々が，公的な支援ないし社会保険を受け取った．大量の失業者の存在を目の当たりにして，当たり前のことをしただけだという批判もある．しかし，その「当たり前のこと」をそれまでの「常識」に囚われていた前政権はしなかった．

　ローズヴェルトは FERA の運営をハリー・ホプキンズに任せた．セツルメント・ハウスでの勤務経験をもち，ニューヨーク州の社会事業での仕事も経験したホプキンズは，移民社会と大都市で生まれつつあった新しいリベラリズムを代表する人物であった．ローズヴェルト政権内で，ホプキンズは失業者救済事業で顕著な実績を挙げ，ニューディール政策の柱の一つを支える存在，さらにはニューディールの思想を象徴する政治家となった．

　1933 年 3 月の予想に反し，同年 10 月になっても失業者数は一向に減らなかった．失業者に冬を越させるにはより大きな施策が必要であった．別の問題として，FERA の支援を受けるためには屈辱的な資力調査を受けねばならず，ホプキンズも受給者もそれを嫌っていた．そこで，ホプキンズは大統領の同意を得て 4 億ドルを確保し，100% 連邦政府支出の事業として CWA を立ち上げ，そこで大規模に勤労救済（work relief）（単に現金を与えるのでなく，勤労を義務づけ，その対価を支払う）を実施した．その結果，クリスマスまでに 350 万人が，そして 1934 年 1 月半ばまでに 420 万人が雇用された．しかし，ローズヴェルトはその経費を嫌い，1934 年の春に CWA の段階的解消を命じた．

　ホプキンズが勤労救済方式にこだわった理由は，被救済者が自分の技能を維持し，自尊心を失わず，通常の民間部門での雇用に限りなく近い形で働き続けることが何より肝要であると考えていたからであった．「彼に施しをすれば，肉体を救済するが，精神を破壊する．仕事を与え，賃金を支払えば，肉体とともに精神も救済するのだ」とホプキンズは語った．

　ホプキンズに説得され，ローズヴェルトは 1935 年，議会に 48 億ドルの雇用計画支出を求めることになった．それは，WPA という新設の官庁のもとで実

施された.

　WPA の貢献は否定しがたい. 1938 年 12 月までに 500 万人以上を, 1943 年に廃止されるまでに 800 万人以上を雇用したが, それはアメリカの労働人口の約 5 分の 1 であった. その対象の主体は建設業務であり, ブルーカラーの人々であったが, ホワイトカラー労働者, 女性, 若者, そして黒人も対象としていた. エレノア・ローズヴェルトの要請を受けて, WPA はおよそ 30–40 万人の女性も雇用したが, それは WPA による雇用者の 12–19% を占めていた.

　黒人に対する強い関心は, ホプキンズ自身のものであったが, ハロルド・イッキーズが担当した公共事業局（Public Works Administration: PWA）（全国産業復興法（後述）により設置）も, 黒人差別を避ける方針を掲げた. イッキーズは NAACP の会員であり, 人種平等を信ずる点でいわば確信犯であった.

（3）ケインズなき経済復興策

　物価引き上げによる経済復興の模索　経済復興策として具体的に何をするかについて, 農業対策に関しては一定の合意が存在したが, 工業部門の立て直しでは合意は存在しなかった. 多数の処方箋の分立状態は, ケインズ的解決策や金融緩和といった今日ではほぼ合意となっている対処法の欠如の裏返しでもあった. ここから, 政府による財政出動という政策選択肢を知らない政策当局者が, どのように景気立て直しを構想するかというきわめて興味深い状況が出現することになる.

　このような状況から生まれたのが, 1933 年 6 月に制定された全国産業復興法（National Industrial Recovery Act: NIRA）であった. これは, 以下のような内容となっていた. 特定産業における不公正競争をなくすことを目的に公正競争規約を策定する. それと引き換えに, 連邦政府は標準的賃金と労働時間を規定し, 連邦政府と企業は労働者に団体交渉権を保障する. この規約のもとにおかれる産業は反トラスト法の適用から除外される. そして, 公共事業のために 33 億ドルが 2 年間にわたって支出される（これは前述のイッキーズが担当）.

　法案起草で影響力を持ったのは, ブレーンのレイモンド・モーリーとヒュー・ジョンソンであった. 彼らは, 大恐慌の原因は独占企業ではなく, 破壊的な競争にあると考えていた. 反トラスト法の適用から除外することで, 業種内

で製品の価格を上げ，企業の利潤を確保させ，賃金を上昇させる．その連鎖で
景気の回復を図るという発想である．ここでは，経済界による自主規制という
思想が影響力を持っていた．これは，ウィルソン大統領やブランダイス裁判官
に代表される反トラストの伝統と真っ向から対立する発想であった．この頃，
反トラスト派は政府内でほぼ完全に影響力を失っていたのである．

　連邦政府が一時的に公共事業のため支出を増やすことについては，緩やかな
コンセンサスが存在した．それは国民の購買力を強化するためであった．その
任務は，PWA 局長に起用されたイッキーズに委ねられた．ただ，賛同者たち
は意図的に財政赤字を引き起こすことの是非にまで深く思索を及ぼしていなか
った．そこがいわゆるケインズ主義者との相違である．しかもローズヴェルト
大統領は，政府支出を削減する決意を固めていて，推進派は 33 億ドルを得た
に過ぎなかった．

　実は，当時もっとも人気があった恐慌対策は，現代で言うワークシェアリン
グであった．すなわち，1 人あたりの週労働時間をたとえば 30 時間に制限し
て，多数の人が雇用されるようにするという提案である．この提案の難点は，
購買力を生み出さないことにある．

　NIRA のもとで全国復興局（National Recovery Administration: NRA）が設置
され，その局長にはジョンソンが任命された．NRA は産業界に対して一大国
民運動を展開して，規約作成を促した．その結果，1933 年 8 月頃から鉄鋼な
どの主要産業が参加し始め，最終的には 557 にのぼる産業・商業が加わった．
すなわち，これらの業界は規約を作成し，政府の承認を受けた．物価は上昇し
始め，1934 年初めから経済は回復基調に入ったものの，賃金は上がらず，し
たがって国民の購買力も強化されなかった．

　規約作成過程において，経営者は基本的に欲しいものを獲得した．彼らは組
織されており，経営について必要な情報と専門能力を独占していた．しかし，
驚くべき点は，経済界自身が NRA を厳しく批判したことである．もっとも強
烈な批判は，企業経営の安定を望んだ経営者自身から寄せられた．ゼネラル・
エレクトリック社長ジェラード・スウォープは著名な経済界の自主規制論者で
あったが，途中から政府の介入は過剰であると批判し始めた．商業会議所，鉄
鋼，自動車，ゴム，そして化学産業なども同様であった．経営者が支配してい

る NRA をなぜ経営者自身が攻撃したのか不思議に見えるが，NRA を経済界の影響力を拡大するものとみなした経営者はほとんど皆無であり，むしろ圧倒的多数の経営者は，NRA が企業の経営自主権を脅かすものになると恐れたのである．しかも，経営者たちは，NRA はわずかな利益を回復してくれただけで，経済の復興には貢献していないと感じた．

　NRA は元来 2 年間の時限立法で設置されていたが，1935 年 5 月の合衆国最高裁の NIRA 違憲判決がとどめを刺した．最高裁は，NIRA が州際通商ではない取引を規制しようとしており，また規約作成権は立法府から執行府に対する不当で受け入れがたい権限の移譲であると断じた．このようにして，景気回復のための壮大な実験は幕を閉じた．

　農業を救う戦い　農業は，前章でみたように，1920 年代から農産物価格の低迷に悩んでいた．大規模戦争直後の農業不況というのは，アメリカ史で何回も繰り返される問題ともいえた．このようななか，1920 年代の農業運動指導者は，議会で農業救済のための多数派を結集することに成功した．その成果がマクナリー＝ハウゲン法案であった．これは連邦政府が何種類かの主要農産物を高値で買い取り，それを海外に市場価格（すなわち安値）で売りさばくという案であった．この法案は二度可決されたが，クーリッジ大統領によっていずれも拒否権を発動され，不成立となった．農民に冷淡な政権の体質の現れと批判されることが多いが，生産過剰という根本的問題を解決できないというクーリッジの指摘は正鵠を射ていた．

　大恐慌勃発後，生産過剰の問題はますます深刻となった．1929 年から 33 年にかけて工業は生産を 42% 削減したが，農業は 6% のみであった．このような中，農業界では徐々にモンタナ州立大学の M. L. ウィルソンの名前が知られるようになった．彼は関係農民による生産削減の自主的努力と政府による誘因の提供の組み合わせからなる政策を考案したのである．ウィルソン案によると，政府は生産削減に協力する農民に補助金を支払うが，農民が協力するかしないかは自由である．そして農民自身が近隣の農民が削減計画を遵守しているかどうかについて監視し合う．

　ウィルソン案はコロンビア大学教授レックスフォード・タグウェルと農業問題専門家のヘンリー・A. ウォーレスに支持されるようになり，タグウェルと

ウォーレスはローズヴェルトにウィルソン案を売り込むことに成功した．まさに「アイディアの政治」(政策案の開発・伝播によって政策革新が起こる政治過程)の典型例である．ウォーレスの父はハーディング政権で農務長官を務めていたが，彼自身ローズヴェルトから農務長官に指名される．

ウォーレスは夢想家，神秘主義者などと呼ばれることもあったが，農業政策についての理解は堅実であった．ウォーレスの下，農務省にはタグウェル，ウィルソン，優秀な行政官であるポール・アップルビーほか経済学者も集い，狭い意味の農業政策を越えた影響力を持つことになった．ウォーレスはやがて南部のシェアクロッパーの貧困問題や黒人に対する差別問題を知りリベラル色を強めただけでなく，ケインズ学説もいち早く吸収して政権内で強力なケインズ主義政策の提唱者ともなった．ウォーレスは，通常の農務長官を越えた関心と影響力を持ったのである．

ローズヴェルトが大統領に当選した瞬間から，農業の救済に関しては，自主的国内作付割り当て計画と呼ばれたウィルソン案が軸となっていた．この案にはすでに影響力のある専門家とそのネットワークの支持が存在していた．最大最強といわれた農業団体であるアメリカ農務局連盟(AFBF)もその一つであった．

ローズヴェルトは1933年3月10日招集された農業関係者の会合において，合意するまでの退室禁止を言い渡し，即時の合意を迫った．そして，農民の代表者の総意として議会に提出された農業救済法案は，1933年5月農業調整法(Agricultural Adjustment Act: AAA)として成立し，これに基づいて農務省内にその執行機関として農業調整局(Agricultural Adjustment Administration)が新設された．

農業調整局は作付制限への参加の勧誘や現場での執行組織に関して，新規に立ち上げる時間的余裕を与えられなかったため，とくに1933年には既存の組織である農務省農業普及部を頼ることになった．革新主義時代より，土地交付大学(1862年より連邦政府がその所有地を州政府に交付して設置した農業大学)の新しい農業技術や情報を農民に提供すべく，多くのカウンティにカウンティ農業普及員が置かれた．彼らの給与は，地元の農民，州政府，そして連邦農務省農業普及局から支払われていた．カウンティ農業普及員の給与の一部を支払うべ

く農民の間で組織されたのがカウンティ農務局であり，その連合体が各州の農務局，そのまた連合体が AFBF であった．カウンティ農業普及員は，AAA の地方での執行に貢献したが，同時に AFBF 入会勧誘にも従事していた．果たして AFBF の会員数はこの時期激増した．

　自主的作付制限事業への農民の参加率は概して高かった．たとえば，綿花の場合約 75％ が AAA の対象となった．1935 年の農民の投票では，小麦農家で賛成と反対の比率は 6 対 1 となるなど，圧倒的多数の農民から支持されていた（北部では徐々に農業調整局独自の農民委員会が下部組織として機能するようになった）．

　そこに降って湧いたのが，1936 年 1 月の合衆国最高裁による違憲判決であった．最高裁は，農業生産は連邦ではなく州の規制に服すべき地方的問題であり，また財源として徴収されている加工税は，一つの集団から他の集団に資金を不法に移転する行為であると断じた．ただし，NRA の場合と大きく異なったのは，NRA は違憲判決の時にほとんどすべての支持者を失っていたのに対し，AAA は農民からこのように圧倒的な支持を得ていたことである．実際，ローズヴェルトの一期目が終わった時点で，農家所得の総額は 50％ 上昇し，農産物価格も上がり，農家負債も大幅に減っていた．

　違憲判決後ただちに，農務省は既存の土壌保全事業に依拠して，農民が土壌を疲弊させる農産物の作付面積を削減することについて補償金を支払う法案を用意し，土壌保全国内作付法として成立させた（1936 年）．1938 年には，これを修正した恒久的な第二次農業調整法が成立した．

　農業界には，階級的・人種的対立も存在した．それは，小作農民の問題であり，多数が黒人である南部のシェアクロッパーの問題であった．

　そもそも，土壌の疲弊という問題が存在するために，そこで耕作する農民は利益を得ることがきわめて困難であった．ここから，このような土地を休耕にして，約 45 万人の農民をよりよい農地で耕作させる計画が提案され，1935 年 5 月にタグウェルを局長として再定住局（Resettlement Administration: RA）が設立された．

　異なる問題も存在した．綿花の作付面積を受け入れた農民には政府から補償金が支払われたが，それは地主にのみ支払われ，小作農民には届かなかった．より深刻であったのは，作付削減にともない，地主が不要となった小作農民を

解雇したことである．地主は小作人の解雇を禁止されていなかったが，1935年に農業調整局内でこの問題をめぐって対立が発生し，ウォーレス農務長官はこの時南部地主派を支持し，作付制限事業はそのまま推進された．RA は，このような形で解雇された小作農民に耕作の場を提供するという意味も持たされていた．それに対して，一部の小作農は南部小作農民同盟（STFU）を結成して抗議運動を展開した．

2. ニューディールの変容

(1) 改革の本格的始動

　草の根の急進主義　ニューディールに対して，経営者のようにその急進性を批判する勢力も存在したが，逆にその不十分さを指摘する人々もいた．例えば，ルイジアナ州選出上院議員ヒューイ・ロング（民主党）は，白人・黒人両者からなる貧しい人々を支持基盤として，「我々の財産分配（Share Our Wealth）」運動を起こした．これは個人の財産を一定限度に制限する一方で，各家庭に5000 ドル相当の土地家屋と 2500 ドルの年収，そして高額の老齢年金を保障する，という計画であった．ロングが組織した「我々の財産分配クラブ」は，南部を中心にまたたく間に約 2 万 7000 の支部をもつようになり，一時は 470 万人の会員を擁するといわれた．ローズヴェルト自身，ロングの人気に脅威を感じ，ロングが大統領選挙に出馬した場合の支持率等を調査していた．

　ロングは南部の政治家として異彩を放っていた．ルイジアナ州内では権力をほぼ独占し，独裁者に近い存在であった．ただ，当時の南部の白人政治家のほとんどが黒人に対する差別制度を支持していたのに対し，ロングは票の買収も行いつつ，選挙登録税を撤廃するなどして黒人に投票を促し，彼らの票を獲得しようとしていた．彼が南部の同僚白人政治家から「危険な政治家」とみなされたのは，まさにこのためである．黒人差別主義者でないがゆえに，ロングは北部でも支持を伸ばす可能性をもっていた．

　ルイジアナ州は多数のカトリック系住民を抱えている点で，他の南部諸州と異なっている．ロングの選挙戦は，カトリックにも黒人にもアピールしつつ，貧困層の味方として大企業を攻撃するというスタイルであった．当初ニューデ

ィールを支持したが，途中からその不徹底さを批判するようになった．かくして，ロングはルイジアナ州では圧倒的な権力者，南部では異端の反逆者，そして全国レベルでは潜在的な大統領候補であった．ところがロングは1935年に暗殺され，その野心は達成されなかった．

　この時期，より急進的な改革を進める気運が強かったことを示すもう一つの運動は，フランシス・タウンゼンド医師による運動である．彼は60歳以上で無職の高齢者に月額200ドルを与える老齢年金計画を打ち上げて運動を開始し，2年のうちに約150万人の会員を持つに至った．大恐慌のさ中，株で老後の資金を用意していた高齢者は，それがほとんど無価値になってしまう場合すらあり，年金制度の創設は彼らにとって切実な願いであった．さらに，デトロイトの神父チャールズ・コグリンはラジオでの説教を通じて，金持ちへの重税，基幹産業の国有化など，急進的かつポピュリスト的な政策を訴えて，毎週1000万人の人々に語りかけた．

　このように，草の根の急進主義が凄まじい勢いを示していたことは，当時の国民がニューディールの不十分さに不満を感じていたことの証左である．国民は全体として相当左寄りの政策を求めていた．同時に，注目されるべきことは，この時期いわゆる既成イデオロギー的左翼である共産党と社会党が不振であったことであろう．資本主義の失敗という絶好のチャンスにもかかわらず，これら二党は，むしろ党勢を弱めた．それは，内部対立故でもあったが，民主党がある程度不満の吸収に成功したからでもあった．

　改革の始動　しばしばニューディールの課題は，Relief（救済），Recovery（経済復興），Reform（改革）という三つのRによって表現されるが，これはある意味で理に適っている．まずは失業者の救済が最優先である．ついで（かつ同時に）景気そのものの立て直しに着手する必要がある．しかし，より長期的には，二度とこのような大恐慌を起こさせないように制度を構造的に改革する必要もあろう．ニューディールはこれら三つすべてに取り組んだが，とくに三つ目について強い反対に逢着することになった．

　すでにローズヴェルト政権発足1年目から，救済・経済復興と同時に改革色の強い政策が実施されていた．一つは金融改革であった．1933年と35年にグラス＝スティーガル法などの銀行法が制定され，証券業務と銀行業務の分離が

定められた一方で，不健全な金融慣行が禁止され，また連邦準備制度に対する連邦政府の監督が強化された．証券・投資会社に対する批判も強まっていたため，1933年証券法および1934年証券取引委員会法が制定された．前者は，証券の発行者に対して正確な情報を開示するように義務づけることで投資家を保護しようとしていた．後者は証券取引委員会を設置して，インサイダーによる株式市場の攪乱などを防止させることにした．

　テネシー川流域開発公社（TVA）の設立（1933年）も，多目的ではあったが改革色の強い政策の一つであった．目的の一つは，連邦政府自らが安価な電力を供給することで，電力会社に政府からの圧力をかけ，値下げを促すことであった．発電のほかに，治水，河川航行，周辺農村地域の改良事業，肥料の生産と提供，植林，レクリエーション用の湖水の整備などを行い，地元農民からも強く支持されていた．

　第二次ニューディールへの進化・変容　　1934年11月に行われた中間選挙において民主党は圧勝した．これは実は驚くべきことであった．1902年の中間選挙は総定数が増えたため一般化しにくいが（それでも実質的には与党敗北と解釈できる），それを含めて20世紀に入ってからそれまでの中間選挙においては，与党は必ず下院において議席を減らしてきた（中間選挙における与党敗北の法則）．ニューディールは開始早々，一般国民から強い支持を受けていたと想像して間違いない．

　しばしば1935年からのニューディール政策は，「第二次ニューディール」と呼ばれる．後述するように，たしかに第一次ニューディールとは性格を異にするものも多い．しかし，第二次ニューディールの主要政策の内容と起源はさまざまであり，単純な一般化には馴染みにくい．

　たとえば，WPAについては，すでに触れたFERA，CWAの流れが重要である．社会保障政策に関しては，別の流れが存在した．ローズヴェルト大統領が，ニューヨーク州時代からの腹心フランシス・パーキンスに労働長官就任を依頼した際，パーキンスは経済保障（economic security）の制度を作るのであれば，すなわち年金や失業保険など数年後に社会保障（social security）と呼ばれる制度を創設するのであれば受けるとの条件を付け，ローズヴェルトがそれを受け入れたことで，すでに方向性が提示されていた（ちなみにパーキンスは

初の女性閣僚であった）. 1934年6月, ローズヴェルトはパーキンス労働長官を委員長とする経済保障委員会を設置した. タウンゼンド医師の組織によって支持された法案は, 連邦議会において圧倒的多数で否決されていたが, 社会保険制度の専門家や活動家のみならず, 多くの国民が老後や失業との関係で経済的安定を求めていたことは確かであった.

　かくして, 1935年1月大統領は議会に, 350万人の失業者に仕事を与える緊急救済支出法を提案するとともに（可決されWPAが設置される）, 社会保障の立法化を要請した. 社会保障法案は4月に下院で賛成372, 反対33, 出席2, 棄権25, 上院は6月に賛成77, 反対6, 棄権12と圧倒的多数で可決された. 未曽有の大恐慌のさなか, かつては非アメリカ的ともみなされた社会保障制度に対し超党派の支持が生まれていた.

　本立法は, 保険と援助の二つの柱からなる. 保険については, 失業保険と年金の二つである. 失業保険手当は, 連邦政府が税制によって誘因を提供し, 直接的には州政府によって提供される. それに対して老齢年金の方は, 純粋に連邦の事業とされ, 雇用者と被用者双方が連邦の基金に拠出することになる. 身体障害者や母子家庭等に対する支援は州政府の責任とされ, 連邦政府は州政府による拠出に応じて財政支援を提供した. かくして, 失業保険等では州ごとの支給額の差が生じたほか, 小企業, 農業労働者, 家政婦らが失業保険の, 家政婦と農業労働者が年金の対象からはずされ, また多数の女性と黒人がはずされる結果ともなった（当時のアメリカ国民の平均寿命はおよそ60歳であったが, 年金の支給は65歳からであった）.

　援助の部分としては, 州政府による困窮高齢者, 盲人および要扶養児童（母子家庭などの児童）への生活保護制度に対して, 連邦政府が財政的援助を提供することを認めた. 批判者が指摘するように, 社会保障法には多数の不備が存在したものの, パーキンスらは徐々に拡大することを考えていた. 実際, 同法は徐々に充実していく.

（2）ニューディール連合の形成

　労働組合との政治的同盟　ローズヴェルトは全国労働関係法（ワグナー法）を当初から支持していたわけではなかった. これに関しては, 何と言ってもロバ

ート・ワグナー上院議員（ニューヨーク州，民主党）の存在が大きかった．ニューディール開始まで，連邦政府は基本的に労働運動と労働組合に敵対的であったが，労働組合指導者自身きわめて慎重かつ保守的であった．画期的にも，NIRA の第7条a項は労働者に団体交渉権を保障し，また全国労働委員会（National Labor Board, 1934 年に全国労働関係委員会（National Labor Relations Board）として権限が強化された）に労使間の調整を委ねたが，1933 年にストライキが頻発する中で委員会が機能するのは，とりわけ強硬な経営者を従わせるのは困難であった．そのような中，最高裁による NIRA 違憲判決が下された．

ワグナーは8歳のときにドイツからアメリカに渡り，その後ニューヨーク市立大学に入って弁護士となった．彼はニューディール期，低所得層に経済的安定を提供しようとする都市リベラリズムを象徴する政治家となった．ワグナーの努力の結果，上下両院での法案可決はほぼ確実な状況となり，しかも最高裁による NIRA 違憲判決が出されて他の手段が封じられた後になってようやく，ローズヴェルトはこの法案を明確に支持した（1935 年7月成立）．

ワグナー法はまず，労働者に対して団結権と団体交渉権を認め，雇用者と労働者の力の均衡を回復することが不可欠であると前文で宣言した．団体交渉権については，関係する労働者が多数決原理によって自らを代表する組合を選ぶことが可能になり，その組合が独占的に交渉権をもつことになった．さらに，同法は会社が支配する組合を禁止し，使用者による不当労働行為を禁止した．

労働者はこの後，重要な勝利を獲得していく．ジョン・ルイスらが AFL の内部で 1935 年に新たに組織した産業別労働者組織委員会（Committee for Industrial Organizations, 1938 年から産業別組合会議 Congress of Industrial Organizations: CIO）の団結力は，ストライキとその威嚇によって，ワグナー法を認めていなかった経営者から大きな譲歩を勝ち取ることに成功した．1933 年，労働組合員の総数は 280 万人程度であったが，1941 年には 1020 万人となり，非農業労働者人口における組織率は 1933 年の 11% から 1941 年の 28% に跳ね上がった．ニューディールが労使間の権力関係を大きく変容させたことは確かであった．そして CIO 系労働者はローズヴェルトの強固な支持者となり，逆に経営者たちはローズヴェルトを憎むことになったのである．

1935 年の半ばは重要法案が目白押しであった．4月に WPA を設置する緊急

救済支出法，7 月にワグナー法，8 月に社会保障法，銀行法，公益事業持株会
社法，そして税制改革法という具合であった．銀行法は連邦準備委員会を強化
して連邦準備制度理事会（Board of Governors of the Federal Reserve System, 略
称 Federal Reserve Board: FRB）とし，公益事業持株会社法は，電力事業体の中
で独占の弊害が大きいとみなされた持株会社の解体などをめざした．また，税
制改革法は所得税の最高税率を 75% に引き上げたが，これは「金持ちから搾
り取る（soak the rich）」政策と揶揄された．

　1936 年選挙とニューディール連合の形成　1936 年の選挙結果は，ローズヴェ
ルト大統領の歴史的大勝利であった．大統領は共和党アルフレッド・ランドン
の 1667 万票に対し 2775 万票を獲得し，得票率が 60.8% を記録した．ロング
支持者の残党やタウンゼンド医師が合流したユニオン党のウィリアム・レムケ
は 88 万票，社会党のノーマン・トマスは 18 万票であった．共和党が勝利した
州はヴァーモントとメインの二つだけであった．

　1936 年の勝利は，1932 年選挙より明確に，ニューディールに対する積極的
支持の表明であった．民主党は年来の支持基盤である南部と北部大都市非
WASP 系移民層（とくにアイルランド系，東欧・ロシア系など）で圧倒的強さを発
揮したが，それまで共和党が強かった北部農村州の多くでも勝利した．とくに
WASP 系の労働者とミドルクラスを支持層に加え，民主党は一部の WASP 高
学歴・高所得層にも食い込んだ．さらに北部では，黒人を新たな支持基盤に付
け加えた．

　ニューディールが失業者救済事業を大規模に展開したことが評価されたこと
は明らかであった．同時に，（まだ実際に支給されていなかったが）年金，失業保
険といった新しい安定要素をアメリカ人の生活に導入したことが有権者から歓
迎された．さらに，長らく経営者との関係で圧倒的に劣位に立たされてきた非
熟練労働者にとって，ワグナー法は救いの手であった．ニューディールの農業
政策は南部黒人にとっては加害者でもあったが，北部の黒人は失業者救済事業
の受益者となっていた．1932 年の大統領選挙では北部黒人の 4 人に 3 人はま
だ共和党に投票していた．しかし，その 4 年後，彼らは逆に 4 人に 3 人の割合
で民主党に投票した．

　ここでローズヴェルトの政策を支持した諸勢力・諸集団をまとめてニューデ

ィール連合あるいはローズヴェルト連合という．その中核は南部白人，非WASP 移民層，中低所得者，北部黒人などである．これは 1960 年代の半ばまでアメリカ政治において多数派を維持した．

　1936 年の選挙結果が共和党へ与えた衝撃も想像を絶するものであった．共和党は下院において民主党の 334 議席に対して 88 議席しか獲得できず（その他が 13 議席），上院でも民主党 74 議席に対して共和党 17 議席（その他 2 議席）という有様であった．ランドンはニューディールを正面から批判する立場で戦ったが，1940 年から 60 年に至るまで，共和党大統領候補はニューディールを原則的に受け入れて選挙戦に臨むようになった．

（3）ローズヴェルト政権第二期とニューディールの後退

　ローズヴェルト政権二期目の路線修正　ローズヴェルトの第二期は，「国民の 3 分の 1 は不十分な衣食住しか享受していない」（1937 年 1 月 20 日）と述べた就任演説から始まった．1933 年のローズヴェルトの路線は以下の点で修正された．

　第一に，経済界との協力関係の模索はかなりの程度放棄され，逆に労働者とりわけ労働組合と政治的同盟関係を結んだ．第二に，第一期ローズヴェルト政権は経営者・労働者・農民という三大セクター間の協力態勢を構築して景気回復を探ることを模索したが，それに対して第二期では，上に引用した就任演説に見られるように，国民の下層「3 分の 1」への同情と共感が強調されていて，階級的視点が強く打ち出されている．第三に，政策の選択において実験的・即興的であった一期目と異なり，二期目にはより体系的かつイデオロギー的に，再分配的・階級的関心に依拠した政策を追求することになった．第四に，それと関連して，二期 8 年の成果をいかに確実に残すかという関心が前面に出てきた．

　政権を取り囲む状況も，一期目と大きく異なっていた．一つは経済界，共和党，そして南部の離反であった．第二に，経済の悪化，すなわち景気の二番底の問題であった．そして第三に，国際環境の悪化であった．

　ローズヴェルト自身は，1935 年に定まった方針に依拠して，二期目にも成果を追求した．その一つは，1933 年の NIRA の第 7 条 a 項に起源をもつ規定

であり，労働者の最低賃金と最高労働時間を設定しようとしたものである．1937年に提案され，1938年に公正労働基準法として成立した（たとえば最高労働時間は週44時間とされた）．第二は，地方政府に対して，低所得者向け公営住宅建設のための連邦政府支援を拡大するワグナー＝スティーガル住宅法であった（1937年成立）．三つ目に，低所得農民の支援と小作農民の自作農民化を支援しようとするバンクヘッド＝ジョーンズ小作農民法が成立した（1937年）．いずれも，国民の下層3分の1を支援しようとする政策であった．医療保険制度の創設を目指す法案も提案されていたが，こちらは廃案となった．

　第二期で目立つのは，政治の枠組みそれ自体を変えようとする政策・方針である．その最たるものが，司法府改組法案である．それは1937年2月に突然提案された．最高裁はNIRA・AAAのみならず州政府によるものも含めて多数の恐慌対策に違憲判決を下していたからである．

　ローズヴェルトは，定員9人で終身制の合衆国最高裁裁判官について，70歳を越えた裁判官が在籍する場合には，大統領はそれと同数の裁判官を最大6名まで追加任命できるという改革案を提案した．しかし，野党だけでなく保守的な南部議員を中心に与党からも反対意見が表明され不成立となった．反対者はこの提案を「最高裁の詰め替え（packing the court）」案とも呼んだ．最高裁には「憲法の番人」との位置づけもあり，聖域扱いする見方も存在していた．

　ただし，ローズヴェルトは完敗したわけではなかった．最高裁は，1937年春から判決傾向を変え，かつて違憲と断じていた事件で合憲と判断し始めた．同時に，高齢の裁判官の何人かは辞職し始めた．結果的に，ローズヴェルトはその後ニューディール派の裁判官を任命でき，立法権を執行府に大幅に委譲し，執行府が大きな権限を行使する新たな三権分立のあり方を容認する最高裁を手中にすること成功した．実はこれなしでは，ニューディールは存在しえなかった．この意味で，ニューディールは司法における革命でもあった．正式な憲法修正ではなかったが，憲法学者のブルース・アッカーマンが指摘したように，実質的には憲法修正であったと理解することも可能であろう．

　ローズヴェルト大統領には妥協的で無原則という評価も存在する．しかし，この例に見られるように，彼はときに大胆で前例のないことに挑戦していた．単に優柔不断な指導者と形容することは不適当である．

　ローズヴェルトはニューディールの将来についても危惧し，それが自分の退任後（三選出馬決意前それは 1941 年以降を意味した）も生き延びる道を探った．執行府改革もその一つであり，1933 年以降無計画に生まれた連邦政府組織や政策を整理して，ニューディール型福祉国家そのものを制度化しようとした．しかし，1937 年に提出された執行府再編法案の審議は難航し，可決されたのは 1939 年になってからであった．当初案では，福祉と公共事業を担当する新しい省の設置，連邦政府による公共事業や経済政策の計画化を任務とした全国資源委員会の恒久機関化が盛り込まれていた．とくに全国資源委員会には，連邦政府の政策全般に対する計画立案能力の強化拡充が期待されていた．しかし，「独裁」「一人支配」批判の大合唱の中でこれらは削除され，最終的には大統領直属の組織である大統領府の新設（6 名の大統領補佐官ポストの新設を含む）と，予算局が財務省から大統領府に移管されることなどが認められたに過ぎなかった．

　元来，アメリカの連邦執行府は政策立案能力，計画能力，そして政策遂行権限といった点できわめて分権的であり，議会に対して弱体であった．この法案はそのような欠点を一挙に克服し，強力な国家を建設しようとする企てであったが，まさにそれゆえに議会が認めるところとならなかった．全国青年局（National Youth Administration: NYA），WPA，農業保障局（Farm Security Administration: FSA）は 1942 年から 43 年にかけて廃止ないし縮小されたが，もし恒久的な省に含まれていれば異なった運命をたどった可能性はある．全国資源委員会は全国資源計画局として大統領府に組み入れられていたが，恒久化されていなかったため，やはり解体された．

　共和党のみならず南部民主党議員の反対によって司法府改革と執行府改革が頓挫したことに危機感を抱いた大統領は，1938 年再び例を見ない手段に打って出た．それが，民主党予備選挙への介入，すなわち民主党そのものの改革であった．

　19 世紀より連邦議会では委員会とりわけ委員長が強大な権限を持っていたが，20 世初頭より，委員長の選出は，委員会に所属して当選回数の多い多数党議員が順に自動的に着任する規則となった（seniority rule: 先任者着任制）．民主党が多数党となった場合，委員会で当選回数が多いのは，民主党一党支配地

域となっている南部選出議員であった．

　ローズヴェルト政権二期目に入った頃から，南部議員は徐々に離反し始めた．本質的な問題は州権という名のもとに，南部が黒人に対する差別制度あるいは彼らに対する支配権を維持できるかどうかであった．反リンチ（私的刑罰）法案に対して，南部議員は強く反対した（不成立）．FSA によるシェアクロッパーに対する融資・自作農化事業にも，南部議員と地主は強く反対し始めた（ただし，党内のニューディール反対派は，北部にも存在した）．

　ローズヴェルトは，1938 年中間選挙を前にして，民主党公認候補を決定する党予備選挙において，反ニューディール派の現職民主党議員（上院議員 10 人と下院議員 1 人）の選挙区にニューディール支持の新人候補を擁立し，現職議員の落選を企図した．大統領自ら選挙区に入り遊説も行った．しかし，結果は 1 人の下院議員を除いてローズヴェルトの全敗であった．地元の党員に支持された現職議員を前にすると，歴史的な圧勝を 2 回記録した大統領をもってしても太刀打ちできなかったのである．

　ちなみに，1940 年にローズヴェルトが前例のない三選に挑戦したことも，この文脈でよりよく理解できる．動機はしばしば指摘される第二次世界大戦の勃発よりかは，いかにニューディールの遺産を守り，民主党をリベラルな政党に保つことであったと推測される．副大統領候補に，リベラル色を強めていたウォーレス農務長官を強く推し，消極的な党内有力者に対して強引にこれを受け入れさせた所以である．

　ニューディールの後退　1937 年後半からの景気後退は，ローズヴェルトにとって痛手であった．同年 9 月から 1938 年 6 月までの 9 か月間に，工業生産は 30% 以上，雇用も 23% 減となり，失業者は再び 1000 万人を越えた．この二番底発生の理由の一つは，均衡財政に強くこだわるローズヴェルトが 1936 年までの景気回復に自信をもち，財政支出を縮小したからであったと解釈された．歓喜した共和党議員たちはこの景気の落ち込みを「ローズヴェルト恐慌」と呼んだ．

　1938 年の中間選挙の結果も，ローズヴェルトにとって打撃であった．民主党は多数党の座を維持したものの，共和党は大きく躍進した．この頃から，保守連合と呼ばれる民主党南部議員と共和党議員の安定した連合が形成され，確

実にリベラルな法案に反対し始めた.

　1939 年の第二次世界大戦勃発も，ニューディールにとって向かい風となった.ローズヴェルトは当初からイギリス寄りであり，可能な限り，参戦も含めてイギリスを支援しようとした.しかし議会では，それに断固反対するいわゆる孤立主義者が強い影響力を持っていた.1935 年に可決された中立法はその象徴であった.孤立主義者には実はニューディール支持の中西部の共和党革新主義者が多数含まれていたのに対して，南部民主党は国際主義的であり，親英的であった.イギリス支援の重要性が増すにつれ，ローズヴェルトは南部民主党の支持に依存せざるを得なくなり，それは必然的にニューディール的改革の棚上げを意味していた.

　ニューディール・リベラリズムの誕生　かつてニューレフト史家バートン・バーンスタインは「ニューディールはアイディアが尽きたがゆえに停滞した」と述べたが，この指摘は必ずしも妥当でない.1933 年段階では試行錯誤的に多数の路線が提示されていたが，1930 年代後半までにある程度の収斂が見られたとみてよい.

　一つは，すでに指摘したように，ニューディールがその支持基盤を明確に中下層国民に求めたことであろう.それは大規模な失業救済，社会保障，労働立法などに支えられていた.それは政府の役割についての新たな定義を意味しており，まさに国民の衣食住に責任をもつ政府であった.

　1937 年の景気落ち込み後，ケインズ政策の必要性を支持する集団がこれまで以上に明確かつ強力に政権内で活動するようになった.「過少消費（under-consumption）」が問題であるとの意識は，ニューディール当初から存在した.しかし，既述したように，意図的な赤字財政という選択肢は意識されていなかった.1934 年末に FRB 総裁に就任したマリナー・エクルズは新たな動きの中心人物であり，閣僚クラスではウォーレスが強く大統領にケインズ政策の採用を迫った.彼らは 1937 年の景気後退後，ローズヴェルト大統領に追加の財政支出の必要性を説き，その結果 1938 年 4 月，大統領は議会に救済と公共事業のための追加支出を要請することになった.

　ケインズ主義が浸透したことの政治的含意は大きかった.言うまでもなく，政府は景気刺激ないし安定のための新たな選択肢を獲得した.それは，財政均

衡主義へのこだわりから解放されれば政治的にはそれほど困難な政策ではなく，その意味で魅力的であった．そしてケインズ政策には，失業者救済のための大規模支出を可能にするため，所得再配分政策という側面も備わっており，ローズヴェルトが定式化するようになった新しいリベラリズムと整合的であった．

　ただし，政治史家のアラン・ブリンクリーが指摘するように，ケインズ主義経済政策の浸透には保守的な政治的含意も備わっていた．それは，初期ニューディールで試みられた NIRA のような政策は採用される必要がなくなることを示唆していたからである．

　しかも，社会学者のシーダ・スコチポルらが指摘したように，ケインズ主義政策には相当の政治的な幅が存在する．低所得者に対する人道主義的関心に基づき，また完全雇用を目標に徹底的な再分配政策を継続するのと，法人減税と景気後退時のみの限定的刺激策を実施することの政治的違いは大きい．イギリスや北欧では前者が実践されたのに対し，アメリカでは，ニューディール期こそ前者の傾向が強かったものの，第二次世界大戦終了直後にはもっぱら後者が採用された．しばしば前者は社会的ケインズ主義，後者は商業的ケインズ主義とよばれる．

　なお，ニューディール期には，社会的ケインズ主義の浸透以外にも注目すべき思想動向は存在した．その一つが北欧への強い関心である．1930 年代，アメリカ国民はアメリカの制度と資本主義に自信を喪失していた．その一方で，ドイツのナチズム，イタリアのファシズム，そしてソ連のスターリニズムはたしかに大恐慌対策としては効果を上げていた．こうした中，「モスクワまで行く必要はない，北欧まで行けばちょうどよい」との見解も出されていた．たとえば，最高裁裁判官ブランダイスはこのような考えを示している．ウォーレスは，民間企業と協同組合，そして国営企業の三者が混合した経済体制となっている北欧諸国が最善の体制であると主張した．1936 年に刊行されたマークィス・チャイルズ著『スウェーデン』は当時ベストセラー入りしていた．協同組合に対する関心も広く共有されており，同年 6 月ローズヴェルト大統領はヨーロッパに視察団を派遣していた．同書に惹かれ，協同組合に関心を持ったと述べたのは，実は大統領自身であった．こんにち，アメリが北欧の政治経済体制に惹かれたという事実はほとんど忘れ去られているが，これは 1930 年代半ば

のアメリカの政治的雰囲気の一断面であった.

さらに, 反独占政策が課題として表舞台に再浮上したことは, 第二次ニューディール以降の大きな特徴であった. 競争の復活を提唱する人々は, 基本的には反トラスト派であった. 彼らは独占企業が価格を人為的に引き上げ, あるいは雇用を制限しているがゆえに, 大衆の購買力が強化されず, 結局は 1937–38 年のような景気後退も起きてしまったと感じていた. しかし, 第二次世界大戦開戦と同時に再び政府と経済界の協力の時代となり, 彼らの出番は失われた.

アメリカでもヨーロッパ同様, 長らくリベラルという言葉は限定的な政府を意味する言葉であった. しかし, ローズヴェルトらニューディーラーは, 1930 年代半ばから, 自分たちをリベラル, そして民主党をリベラルな政党と定義し始めた. それはまさにニューディールが作り上げた大きな政府を支持する政治思想であり, 低所得者に対する再分配政策を支持する価値観であった. 共和党は, 不幸にも自らを表す言葉まで民主党に奪われてしまった. この時期から, リベラル／リベラリズムは米欧で異なった政治的立場を表すことになった. これもニューディールの遺産の一つである.

ニューディールの遺産　ニューディールについては, 1970 年代から 80 年代にかけてニューレフト史家を中心にその保守性を批判する論調が隆盛となった. たしかに, ニューディールは資本主義を廃棄したわけでも, 根本的に変革したわけでもない (それは指導者も国民も望むものではなかった).

しかし, それがアメリカの資本主義のあり方を, 部分的にではあれ, 重要な側面で修正した. 政治の現場ではそれすら, 達成は容易でない. 1920 年代半ばのアメリカで, 10 年後に連邦政府が年金制度を創設すると予想したものはほとんどいなかったであろう. 失業者救済, 年金・失業保険・生活保護の制度, 労働者と使用者の権利関係の変化, 金融業界や公益事業者に対する規制など, 政府の国民生活に対する責任を拡大する一方で, 経済界や経営者に対する規制を強化した. これらは決して過小評価されるべきではない. 富の配分の長期的な動向を見ると, 1930 年代から 70 年代にかけては, 再分配がかなり効果を及ぼしていた時代であったこともわかる (図1).

確かに, ニューディールが経済的にどの程度成功したかは疑わしい. 1941 年になっても失業率は 10% 以上に留まっており, アメリカの国民総生産

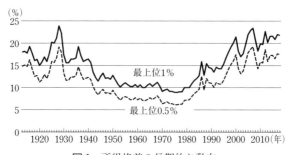

図1　所得格差の長期的な動向

［出典］Center on Budget and Policy Priorities, "A Guide to Statistics on Historical Trends in Income Inequality," Figure 3（https://www.cbpp.org/sites/default/files/atoms/files/11-28-11pov_0.pdf）.

（GNP）は1929年の水準に戻っていなかった．景気の回復はパールハーバーの後であり，戦時経済の賜物であった．ただし，もしニューディール政策がなければ，経済がもっと悪化していた可能性もある．

　政治的にはより明確に成功といえよう．ローズヴェルトは1936年に圧倒的な勝利で再選され，さらに1940年，1944年も大差で再選された．国民から彼の政策が強い支持を得ていたことは疑いない．

　FSAやワグナー法など，一部の政策は保守派の巻き返しのために戦時ないし戦後に撤廃ないし弱体化されたものの，ニューディールが制定した年金，失業保険，生活保護，労働組合保護，金融規制，TVAなどは，今日まで生き延びている．その意味で，ニューディールの遺産は永続的であった．

　しかも，1933年に発足した民主党政権は，結局ハリー・トルーマン政権も含めて1953年まで継続した．一つの政党が20年の長きにわたって政権を維持することはアメリカ史では稀である．民主党は1933年に多数党となり，その地位を基本的には1960年代後半まで維持した．これも，まさにニューディールないしそれを支える政治理念，すなわちニューディール・リベラリズムが博した人気のゆえであった．

3. 戦争と改革の間で

(1) 優先順位の転換

　戦争と改革と　アメリカの政治情勢は，1941 年 12 月 7 日，日本によるパールハーバーの奇襲を受け，大きく変容した．国際主義者と孤立主義者の対立は突然消滅し，戦争の遂行が一致した最優先課題となった．

　アメリカ国民は，全般的に戦争に協力的であった．その最大の原因は，彼らがこれは正しい戦争であると信じていたためである．彼らの理解では，戦争は日本による卑劣な不意打ちから始まった．また，敵国である日本・ドイツ・イタリアいずれもが，自由と民主主義に否定的な政治体制と価値を体現していた．アメリカ国民は容易に，この戦争を自由と民主主義のための戦いと形容できた．

　政府も，軍需物資の調達にあたって，強制措置の発動を極力控え，利潤動機に訴えながら，すなわち企業に十分な利益を保証する形で経済界に協力を要請した．経済界の反応も，民需を軍需に転換するにあたって前向きであった．多数の経営者が連邦政府入りした結果，不可避的に，連邦政府における経営者の影響力も増すことになり，それは保守化をもたらした．

　連邦政府の課題も，1930 年代から劇的に変化した．開戦前は，生産を制限して価格を引きあげ（インフレの実現），雇用を創出することが課題であったが，開戦後は生産を刺激して十分な軍事物資と十分な労働者を確保し，同時に賃金と物価を抑制してインフレを防ぐことが目標となった．1939 年から 3 年間で工業生産は 2 倍に跳ね上がり，一挙に完全雇用が実現したものの，激しいインフレが起こりはじめ，政権は 1942 年 4 月から物価管理局（Office of Price Administration）を置いて，賃金と物価の統制に着手した（1943 年 4 月からさらに厳しい物価・賃金凍結令を施行）．タイヤ，ガソリン，砂糖，缶詰，靴などは配給制となったが，タイヤやガソリンなどを除くと，絶対的な不足が原因でなく，物価の上昇を抑えるためであった．

　1940 年の春，アメリカには軍需産業がほとんど存在しなかったが故に，戦時経済への転換は容易でなかった．しかし，1942 年秋になると，クライスラー他アメリカの自動車会社は，ドイツが戦車を年 4000 両製造していたところ，

月 4000 両を生産するまでの態勢を整えていた.

　戦争か改革か　完全雇用と豊かさ. これらはニューディーラーにとっての理想であった. そしてニューディールによって達成できなかったこれら二つは, 開戦によって瞬く間に実現した. さらに 1944 年には「GI 権利章典（GI Bill of Rights)」が制定され, 連邦政府が復員軍人に対して, 復員手当, 教育費, 住宅ローンの保証などを提供した. 復員軍人には黒人をはじめとして低所得者が含まれていたために, 所得再分配としての機能が大きく, 彼らがミドルクラスに上昇していくうえで大きく貢献した. また, 戦時支出と景気の好転によって, ケインズ的政策はますます受容されることになった.

　しかし, より広い視野で見ると, むしろニューディールはこの時期に縮小されていった. ローズヴェルトが 1943 年末に語った言葉,「内科医『ニューディール医師』はもう役に立たず, 外科医『戦争に勝つ』医師の出番だ」が, 優先順位の転換を雄弁に物語っている. 議会では保守連合の力が 1942 年中間選挙後にますます強まった. 貧困が消えたわけではないにもかかわらず（繁栄のさ中でも約 2000 万人のアメリカ人は貧しい状態に置かれていた）, NYA・FSA などは廃止ないし縮小された.

(2) 戦時下の社会集団と 1944 年選挙

　戦争と少数集団　1940 年代に入ると, 黒人問題に関して重要な動きが見られた. 1941 年 1 月, 黒人運動指導者の A. フィリップ・ランドルフは黒人差別に抗議するために, ワシントン大行進を実行すると表明した. ローズヴェルトは妥協に動き, 同年 6 月に行政命令を発して黒人差別の一部を撤廃した. すなわち, 連邦政府内, および軍と取引契約を結んだ民間企業における黒人差別の禁止を命じたのである（軍隊そのものにおける差別の禁止はトルーマン大統領期になってから実行された）. ランドルフも妥協し, ワシントン大行進は中止された. 黒人にとって大きな勝利であった.

　1944 年には, 合衆国最高裁が南部諸州において定着していた民主党による白人のみの予備選挙を違憲とする判決を下した. 政党は純粋に私的な結社とはいえず, 実質的にほとんどの上院議員・下院議員らがそこから選出される民主党の予備選挙は政府の一機関（agents of the state）であり, したがってそこで

の人種差別は許されないとする判決であった．依然として南部の黒人が投票するためには，本選挙において読み書き能力テストや有権者登録税などさまざまな障壁が残っていたが，本判決は堅固な差別体制に風穴を開けた．

　第二次世界大戦期に差別と抑圧を受けた少数集団に日系人がいた．1942 年の春，11 万人以上の日系人は大統領の行政命令のもとで，北アメリカ大陸奥地の強制収容所に移住させられた．そのうちの約 3 分の 2 はアメリカ生まれのアメリカ市民であった．日系人は依然として日本に忠誠心をもち，日本軍と歩調を合わせて反政府的活動に従事すると恐れられた．カリフォルニア州では，20 世紀初頭から農業関係者も加わって日系移民を排除する運動が活発であったが，それに戦時の敵対的感情が重なった．これらの日系人にはアメリカ市民も含まれていたものの，まだ 20 歳以下の者がほとんどで，選挙権もなく，政治的影響力は弱かった．1942 年および 1943 年に下された合衆国最高裁の判決も，こうした措置を容認するものであった（ただし，長年の日系人の運動の結果，1988 年に連邦議会は正式に被害者に対して謝罪と補償金の支払いを行った）．

　戦時と選挙　CIO 他多くの労働組合は 1944 年の大統領選挙ではローズヴェルトを強く支援した．この選挙において，CIO からの政治献金は民主党選挙費用の 30% を占めたとの指摘も存在する．労働組合が一つの政党にこれほど肩入れするのは，はじめてのことであった．1944 年 1 月の年頭教書で大統領は，「経済的権利章典」を発表し，十分な衣食とレクリエーションを提供する仕事を得る権利，相応の住居に住む権利，十分な医療を受ける権利などに触れて，労働者への訴えを強化した．対立候補はニューヨーク州知事のトマス・デューイであったが，1940 年の共和党候補ウェンデル・ウィルキー同様，ニューディールを基本的に支持する態度を表明した．ニューディールがこの時期，政治的にいかに超党派で支持され定着したかを物語っている．

　ローズヴェルトにとって 4 回目の当選は，これまででもっとも苦しい勝利であった．得票率は 53.4% に過ぎず（1940 年は 54.7%），勝利は大都市での労働者票に依存していた．かくして四選を達成したローズヴェルトであったが，翌1945 年 4 月 12 日ジョージア州ウォームスプリングズで静養中に脳溢血で急死した．ただちに副大統領トルーマンが大統領に昇格した．アメリカは戦時であったが，違ったタイプの政治家に率いられることになったのである．

（3）危機と改革に際してのローズヴェルトの政治指導

　恐慌脱出をめぐる試行錯誤　ローズヴェルトについては，信念や原則をもたない優柔不断な政治家との評価がつきまとう．異なった提案を持ってきた数人の部下のどちらにもよい顔をして，賛成しているような印象を与えたことは何度となくあった．この手法には部下を競わせるという利点も伴ったが，多くの部下を失望させることにもなった.

　たしかに，これまで見たようにローズヴェルトが 1933 年 3 月の時点で確固たる恐慌脱出策を用意していたわけではない．多くが試行錯誤であった．政治状況によっては固い信念を持った指導者が必要とされる場合もある．戦時のイギリスを率いたウィンストン・チャーチルなどはその例かもしれない．しかし，正解が見つからない未経験の状況においては，明らかに実験的手法にもメリットは存在した．この点でフーヴァーは，それなりに柔軟性を発揮していたものの，それまでの教義にこだわりすぎていた.

　むろん，多くの試みが失敗に終わることは試行錯誤の宿命である．NIRAの効果は疑わしかった．現在の経済学の常識からすると，当初の財政支出も過小であったし，均衡財政へのこだわりも過剰であった．ただし，「忘れられた人々」に対する共感という点では，かなりの程度一貫していた.

　ニューディールの断固たる擁護　ローズヴェルトは 1935 年以降，当初の想像を越えた政治的空間に突入した．ワグナー法を支持したことにより，労働組合との政治的同盟を結び，経済界主流と正面から対立した．福祉国家の基盤を構築し，「衣食住を欠く下層 3 分の 1」を支援する政策を強化することによって，新しい政治的多数派を生み出した．これはローズヴェルト自身にとっても意外な成果であったかもしれない．ちなみに，ローズヴェルトが政策を相当程度理解しつつ，国民への働きかけ，国民の心をとらえること，そして広範な支持基盤を構築することなどを同時にこなす能力をもっていたことは否定しがたい.

　同時に，彼が第二次ニューディールの成果を断固擁護しようとしたことも重要である．最高裁の改革，1938 年中間選挙における民主党予備選挙への介入，前例のない三選出馬，ウォーレスの副大統領候補抜擢などは，その一例である．彼は民主党を，ニューディールを支持するリベラルな政党に作り変えようとし，

またニューディールの遺産を守ろうとした.

　ローズヴェルトは 1944 年, 1940 年の大統領選挙で争ったウィルキーに対し, 戦争終結後に協力してリベラルな新党を立ち上げる構想を打診していた. ウィルキーも関心を示した. 結局同年のウィルキーの死去によってこの話は流れたが, この新党構想もきわめて大胆な発想であった. ローズヴェルトはニューディールの成果と遺産を守るため, 民主党を共和党リベラル派の協力を得て, 真にリベラルな政党に作り変えようと企図していた. 「経済的権利章典」に示されているように, 戦争終結後のニューディール復活を企図していことも間違いない. 終戦後にニューディールの復活を企図していたが, 個人的な人気でもって保守連合を克服することは, そう簡単なことではなかったであろう.

　最晩年における指導力の陰り　ローズヴェルトは三選出馬の際にはニューディール擁護への執念を見せたが, 四選の決断はそれに比べると惰性であったかもしれない. 悪化する健康状態を踏まえて, 内政・外交で後継者を育てておくという姿勢もあまり強くなかったように感じられる. 信頼していたホプキンズが癌にかかった (1939 年) ことが痛手であったかもしれない.

　とくに戦時外交は個人外交の色彩が強く, 重要な決定・情報が副大統領・国務長官ら主要閣僚と共有されていなかった. また, 本書では立ち入らないが, 外交では第二次世界大戦終結後ソ連のヨシフ・スターリンとの交渉が行き詰まり, ソ連との協調は挫折した. 外交においては, 内政以上に限界と挫折感を感じていたのではないかと想像される.

第 3 部

現代政治の展開

第 7 章

リベラル派の夢と挫折

1. 反共主義の浸透と国家安全保障国家の成立

（1） トルーマン政権初期の政策：ニューディールの継続の是非

雇用法とその含意　1945 年 4 月急遽発足したトルーマン政権にとって，とりあえず前任者フランクリン・D. ローズヴェルトの路線を継続・発展させることが基本方針であった．それは内政ではニューディールの，外交ではソ連との協調路線の継続を意味していた．

エレノア・ローズヴェルトを筆頭に多数のニューディーラーは，戦時中のニューディールの停滞と後退を苦々しい思いで見ていた．1945 年 8 月 15 日の日本降伏は，待ち焦がれたニューディール再開の日の到来を意味していた．

彼らの希望は，まず完全雇用法案に託された．戦時中こそ完全雇用が達成されていたが，彼らは戦時需要が消え失せる戦後について危機感を抱いていた．最悪の場合，1929 年から 41 年までの大量失業状態が復活してしまうのではないか，と彼らは懸念した（彼らはヨーロッパ経済が順調に復興しないと，アメリカはまた 1930 年代に戻ってしまうとも心配した．マーシャル・プランの背後にあった懸念である）．そこで，本法案は，経済諮問委員会を大統領府に新設して，完全雇用を維持する予算案を常時作成するように義務づけようとしたのであった．

ローズヴェルト大統領による 1944 年年頭教書演説は，全国資源委員会の報告書の影響を受けたものと想像できるが，そこで打ち出された「経済的権利章典」は，この法案の基本概念を支持していると解釈された．「個人的自由は，経済的安定と自立なしでは存在しえないのです」と大統領は述べ，リベラル派を鼓舞した．CIO と全国農民同盟（National Farmers Union）という左派農民団体は本法案を支持した．1941 年に結成された民主的行動同盟（Union for Democratic Action, 後に民主的行動を支持するアメリカ市民の会 Americans for Dem-

ocratic Action と改名）と称するリベラル派を結集した政治団体，さらにはアル
ヴィン・ハンセンら新たに登場したアメリカのケインズ主義者たちも本法案を
支持した．しかし，多数の共和党議員のみならず中道系および南部保守派民主
党議員も反対であった．彼らは，本法案は議会から権力を簒奪し，大統領と執
行府により一層権限を集中させる手段になると考えて断固拒否したのである．

　法案支持者にとって，トルーマン大統領の立場も疑いの的であった．ミズー
リ州選出のトルーマンは，まさに保守的な南部と進歩的な北部の「境界州
（border state）」出身の「境界領域の政治家」（サミュエル・ルベル）であり，リ
ベラルな北部民主党員と保守的な南部民主党員双方から支持を獲得できる立場
にあった．それが 1944 年に副大統領候補に抜擢された理由でもあったが，双
方から疑念を持たれる原因でもあった．しかし，トルーマン自身は，この法案
を自分がローズヴェルトの正統な後継者であることを証明するものとして，そ
して同時に自由放任主義と国家主義の「中間の道」として，支持した．

　最終的に，本法案は 1946 年初頭に「完全」という言葉を抜いた「雇用法」
として成立したに過ぎなかった．経済諮問委員会は設置されたものの，実権は
ほとんど与えられなかった．結局，これはニューディールにとって戦後最大に
して最後の戦いとなったのである．

　なお，1946 年にはニューディール後のアメリカ政治を規定する重要な法律
が，一つ成立していた．それは行政手続法と呼ばれるものである．1930 年代
後半以降の合衆国最高裁による判例変更により，立法府が執行府に広範な立法
的裁量を委ねることが認められた．本立法は，その規則制定の仕方について大
枠を定めたものである．すなわち議会は，幅広い裁量権を官庁に与えつつ，そ
の制定方法について，9 省と 18 の独立行政機関を対象にして詳細な手続きを
定めた．それは例えば，国民に手続きを周知すること，関係者に参加する機会
を提供することなどを要求していた．これによって，アメリカ連邦執行府にお
ける規則制定過程には，利害関係者の参加が組み込まれた．

　立法府が執行府に対してこれだけ詳細に執行府内の決定手続きを規定する例
は，他国ではあまりなかろう．君主制に由来する国では民主化が進んでも，す
なわち議院内閣制となっても，法案にせよ政策執行にせよ，その中身を決定す
るのは執行府であり，立法府との力関係では執行府が圧倒的優位に立っていた．

しかしアメリカの連邦政府では建国以来立法府が詳細まで規定することとされており，ニューディールでそれが変化したものの，立法府は詳細を決定する権限を手放しつつも，執行府にその決め方について厳しい枠をはめた．立法府が相当程度優位に立っていないと課すことができなかった制約であった．同時に，この法律は，議会保守派が依然として抱いていた，大幅な行政裁量を認めることへの抵抗感の反映でもあった．

　タフト゠ハートレー法　ニューディーラーは，労働立法の戦線では完全に守勢に回った．トルーマン政権にとって内政での最大の課題はインフレの抑制であった．1946年の物価上昇率は18.2%であり，必然的に労働組合は賃上げを求めて多数のストライキを打った．しかも，労働組合は組織率を高めており（この時期から1950年代は賃金労働者における組合加入率は30%を越えたが，その後低下），1933年の5倍となる1400万人の労働者を組織していた．終戦から1年間にストライキに参加した労働者の数は490万人に達したが，これはアメリカ史上最大の労働攻勢であった．

　世論はスト攻勢に批判的であり，トルーマン大統領も1946年5月，スト中の鉄道を一時的に接収する強硬策をとった（ソ連への強硬な態度とやや似ていた）が，共和党はさらに強硬な対応を要求した．こうしてインフレとストが争点となる中で実施された同年の中間選挙では共和党が圧勝し，同党は1930年選挙で少数党に転落して以来はじめて上下両院で多数党の座に返り咲いた．

　その共和党が最優先にしたのが，ワグナー法の修正すなわちタフト゠ハートレー法の制定であった．この提案は，1947年6月トルーマン大統領の拒否権を覆して議会が可決した経緯からも窺えるように，多数の民主党議員からも支持されていた．この法律によって，クローズドショップ（労働組合員のみを雇用しなければならない制度）の禁止，ストライキ前60日間の冷却期間の設定，労働組合による政治献金の禁止などが定められた．労働運動にとっては大きな痛手であり，アメリカの労働運動は今日に至るまでここで失ったものを取り戻していない．

　共産主義問題の位相　トルーマンはソ連に対する対応をめぐって，当初ローズヴェルト大統領の協調路線を踏襲したものの，徐々にソ連に対する不信感を募らせ，強硬な態度に転じた．これに対して，商務長官のウォーレスは米ソ相

互の勢力圏の尊重を基盤にした共存と平和を訴え，トルーマン大統領の対ソ政策を公然と批判した．ジェイムズ・バーンズ国務長官がこれに抗議した結果，トルーマン大統領は 1946 年 9 月にウォーレスを解任した．この人事によって政権内の冷戦政策批判派は一挙に弱体化したが，国内政策の文脈においても，ウォーレスの更迭はニューディーラーの分裂と弱体化を意味していた．

　1947 年 3 月，議会はトルーマン大統領から新しい外交方針を耳にした．それは，アメリカが共産主義勢力によって国内的安定を脅かされていたギリシャ・トルコに対して 4 億ドルの軍事・財政援助を提供するという内容であった．両国へは長らくイギリスが援助を提供していたが，その肩代わりをアメリカに求めたのであった．それまでアメリカは，第一次・第二次世界大戦に参戦した時期を除いて（そして第二次世界大戦終了後も日本・ドイツに占領軍を駐留させていたものの），ヨーロッパ諸国と同盟も結ばないのみならず，その内部の問題に深く介入しない方針を維持してきた．平時に共産主義の浸透に対抗するためにヨーロッパ諸国に援助を提供することになれば，それはまさにアメリカ外交にとって新機軸であった（トルーマン・ドクトリン）．

　事前の会合で政権の方針を聞いたアーサー・ヴァンデンバーグ上院議員（共和党・ミシガン州）は，アメリカ外交にとってこれは新しい政策であることを的確に指摘したうえで，議会と国民に受け入れてもらうためには「国民を震え上がらせなければならない」と述べた．トルーマンはこの助言を受け止め，議会に赴いて「自由な諸国民」対「少数の意思が多数者に強制される地域」の対立を強調した．果たして議会は 4 億ドルの支援を承認した．これは，冷戦を推進しようとする大統領やディーン・アチソン国務次官らによる，議員・国民に対する説得の試みであった．実際，この説得は成功し，アメリカ外交は大きく転換していく．ただし，この試みはある意味で成功し過ぎたのかもしれない．反共主義は，国内政治においてトルーマンの手に負えない怪物となっていく．

　共和党は，ストライキとともに共産主義問題を政権批判に好んで取り上げた．1933 年以来与党であった民主党に対して，共和党は連邦政府が共産主義者の巣窟となっているとの批判を強めたが，これはソ連との緊張が高まるにつれ効果的になった．この批判を跳ね返すべくトルーマンは 1947 年 3 月に連邦職員忠誠審査制度を導入し，すべての連邦政府職員と求職者に忠誠を疑うに足る合

理的な理由が存在するかどうかを調査することにした．しかしながら，調査の結果はむしろ国民の不安を増すものであったかもしれない．その後数年間にわたって，500万人近くが調査の対象となり，数百人が解雇されたのである．

　なお，1947年7月には国家安全保障法が成立し，陸海と新設された空軍を統合した国防総省，国家安全保障会議，統合参謀本部などを設置した．これによって安全保障政策の決定過程が集権化され統合されることになった．

（2）トルーマン政権の継続と冷戦の激化

　1948年選挙でのトルーマンの勝利　1946年中間選挙で圧勝した共和党は1948年選挙について自信満々であった．1918年あるいは1930年の中間選挙が示すように，与党のそこでの過半数割れは2年後の政権交代を予示していた．しかもトルーマン大統領はあまりに不人気であり，1946年中間選挙では，一部の民主党議員候補者がトルーマンを応援に呼ばず，亡きローズヴェルトの演説の録音を流すほどであった．

　民主党にとってさらに不吉なことに，右と左の勢力が脱党して新党を立ち上げた．右では州権民主党（States' Rights Democratic Party）が結成され，サウスカロライナ州知事のストローム・サーモンドが白人と黒人の平等を認めようとするトルーマンの政策に抗議するために立候補した．左ではウォーレスが左派ニューディーラーを母体に進歩党（Progressive Party）を立ち上げてトルーマンに挑戦した．ソ連との平和および黒人の市民的権利などが同党の重点政策であった．それに対し共和党はデューイを再指名し，1944年の雪辱を期した．

　戦後初の分割政府となった1947-48年は，冷戦外交推進では超党派の側面を持ちつつ，激しい政党間対立の時期となった．トルーマンは攻勢に出た共和党多数議会に対して，「何もしない議会（Do Nothing Congress）」と挑発して正面から対決した．

　トルーマンは1948年7月大統領行政命令を発して，軍における人種平等を指令したが，これはローズヴェルトの改革をさらに一歩進めた画期的な措置であった．しかしながら，それだけに南部白人の反発も強烈であった．トルーマンにとって，左派の脱党より南部の反乱の方が脅威であった．ウォーレスが大統領選挙人を獲得する可能性はほぼ皆無であったのに対して，サーモンドは多

数の南部州で勝利する可能性があったからである．

　結果は，トルーマンの逆転勝利であった．有力紙『シカゴ・トリビューン』が「デューイ勝つ」と一面に見出しを付けて刊行してしまった大失態はあまりに有名な逸話である．一般投票でトルーマンは2410万票，選挙人で303人を獲得し，デューイの2190万票，178人を大きく上回った．サーモンドとウォーレスは得票率ではどちらもほぼ2.4%であったが，得票が南部州に集中しているサーモンドは南部4州で勝利し，39人の選挙人を獲得した．結局，有権者は再度ニューディールの継続を望んだ．

　歴史家のリチャード・ホフスタッターがかつて指摘したように，第三党はそれ自身長続きしないものの，二大政党が吸収していない不満を代弁することによって二大政党を自らの立場に引き寄せることが多いが，民主党は進歩党の参戦によってむしろ相違を強調し，「赤」攻撃をかわすことができた側面もある．ちなみに，左からの冷戦外交批判はこの選挙では少数意見にとどまったものの，1960年代後半により強力な形で復活することになる．

　1948年の選挙結果は，トルーマンの個人的人気というよりはニューディール政策に対する支持とニューディール連合の強靱性を示しており，ある意味でローズヴェルト政権五期目であった．有権者は，依然共和党を「大恐慌の政党」と記憶していた．ただし，南部での黒人差別の問題をめぐって，実はニューディール連合には深刻な亀裂が生じていた．

　フェアディールの展開　当選を果たしたトルーマンは，最低賃金の引き上げ，公営住宅事業への着手，社会保障の拡充などの実現に成功した．トルーマンはこれら一連の政策を「フェアディール」（すべての国民が政府から公正な扱いを受ける権利があるという意味）と称して，ニューディールの強化拡充を目指した．

　しかし，タフト＝ハートレー法の撤廃，農産物価格支持制度の改革，教育への支援，健康保険制度の創設には失敗した．健康保険問題では，全米医師会が国民皆保険制度を「ボルシェヴィキ的官僚制という怪物」と定義して抵抗した．冷戦下，このような決めつけは非常に有効であった．

　黒人差別撤廃を目指す法案も同様に社会主義的，あるいは共産主義者による政府転覆計画と定義され，頑強な抵抗に遭遇した．人種はトルーマンにとって信念の問題であった．同時に，白人票が民主・共和両党にほぼ等分に流れる中，

北部や西部の大都市に多数居住する黒人票の民主党にとっての重要性も，1948年選挙において明白であった．トルーマンは黒人票の約3分の2を獲得したが，大都市においてはその比率はさらに高かった．カリフォルニア，イリノイ，そしてオハイオなどの州で，トルーマンは僅差の勝利を収めたに過ぎなかったが，ロサンジェルス，シカゴ，そしてクリーヴランドなどにおいて黒人票を大量得票したことが勝敗を決していた．

　トルーマンは1949年，連邦の選挙における選挙登録税の撤廃，実権をもった公正雇用実施委員会の設立，そして黒人の投票権の保護を実現するように議会に要請した．その支持者も，冷戦のレトリックも使用した．よく引用されたのは，1946年にディーン・アチソン国務次官が発した次の言葉である．「わが国における少数集団に対する差別の存在は，外交関係に悪影響を及ぼしている」．

　冷戦進行下の国内政治　トルーマンは1947年3月のトルーマン・ドクトリン発表後，1948年のチェコスロヴァキアでの政変（ソ連軍の支援を受けた共産党によるクーデタ的な政権奪取），1948年6月からのソ連によるベルリン封鎖などを受けて，対ソ姿勢をさらに硬化させ，封じ込め政策といわれる方針を固めた．ソ連が軍事力の威嚇ないし使用によって膨張を加速させようとしていることがますます明確になったため，これ以上のソ連の膨張を食い止める政策であった．軍事力強化には，同盟の利用も含まれていた．初代大統領ジョージ・ワシントンの告別の辞に従って，アメリカは伝統的に同盟条約を結ばない方針を貫いてきたが，冷戦状況の登場とともにそれを変化させた．1947年調印の米州相互援助条約（リオ条約）がアメリカとしては初の同盟条約であったが，1949年アメリカは北大西洋条約機構（NATO）を結成した（12か国で構成された集団安全保障体制）．

　それまでのアメリカの外交・安全保障政策の基本は，孤立主義と軽武装であった．19世紀末には世界最大の経済大国となったが，軍事費は少なく軍事力も弱かった．第一次世界大戦時に10万人程度から一挙に480万人の軍隊を構築したが，終戦後すぐに大規模に動員解除した．第二次世界大戦後も傾向は同じであった．約1200万人の巨大な軍隊が急速に動員解除されつつあったその瞬間，トルーマン大統領が待ったをかけた．ドイツ・日本の占領のための米軍

と基地は，占領終了後に存在しなくなるはずであったが，その後ソ連の侵略を抑止するためのものに変わっていく．これはアメリカの歴史で巨大な転換であった．

　アメリカ国民は 1918 年から 30 年代にかけて，ウィルソンの国際主義をいったん拒絶した．しかし，1945 年から 50 年にかけて再び国際的危機に直面した際，トルーマン・ドクトリンなどのトルーマンによる説得を聞き，彼の国際主義を受け入れた．アメリカ国民はソ連の膨張について憤りを感じ，またソ連に通じていると思われた共産主義者やスパイが国内で活動していることについて警戒心を強めた．

　トルーマンは，ソ連封じ込めの長期的な戦略を練るために国家安全保障会議文書 68（NSC-68）を作成させて，冷戦を戦い抜く青写真を描いた．そこで提言されていたのは，例えば 1950 年の国防費が約 130 億ドルであったのに対し，それを 500 億ドルまで増額することであった．さすがのトルーマンもそれに躊躇した．このような中で起きたのが朝鮮戦争であった．

　それはトルーマンにとってまさに寝耳に水であった．1950 年 6 月 25 日，北朝鮮軍は突然韓国に侵入し，28 日ソウルを陥落させた．トルーマンが 27 日に参戦を決意した結果，アメリカは第二次世界大戦終了後 5 年足らずして再び戦時に突入した．国際連合安全保障理事会はソ連欠席の中，北朝鮮軍を撤退させるため国連加盟国が韓国を全面的に支援することを決議し，米軍が中心となって北朝鮮と戦闘に入った．途中から中国も北朝鮮側について参戦して戦線は膠着し，結局 1953 年まで続く戦争となった．

　結果的に NSC-68 が提言した国防支出は実現し，アメリカは軍事的超大国にとどまることになった．ここに国家安全保障国家としてのアメリカが成立したのである．

　この間，トルーマンの支持率は開戦当初こそ上昇が見られたが，膠着状態になると下降し，最低で 22% という数字すら記録した．アメリカ国民は愛国主義的であり，国家的危機では大統領をほぼ無条件で支持する傾向すらある．しかし，この戦争は，議会による開戦決議なしで始まった．しかも中国の介入後にトルーマンが求めたのは，北朝鮮や中国に無条件降伏を求める総攻撃ではなく，北緯 38 度線で分割される現状の維持のための限定的な戦争であった．ト

ルーマンの立場からすると，冷戦の主戦場はあくまでヨーロッパであり，朝鮮半島で核兵器の使用を含む長期におよぶ全面戦争に突入することは誤りであった．しかし，その方針は必ずしも国民に伝わらず，よく理解できない戦争に国民は不満を強めていった．とくに兵士は，我々は引き分けのために死ななければならないのか（die-for-tie）と憤慨した．

　アメリカはこのように朝鮮半島で冷戦ならぬ「熱戦（hot war）」を戦いつつ，国内では反共主義の高まりへの対応に苦慮していた．

（3）国内冷戦とマッカーシイズム

　国際冷戦と国内冷戦　ヨーロッパの多くの国と比較するとアメリカ国内での社会主義勢力は弱体であった．実際，アメリカは早い時期から社会主義に強い拒絶反応を示してきた．ソ連の成立に対しても強く反発し，ソ連承認はイギリスや日本に大きく遅れて1933年であった．1938年，連邦議会下院は非米活動委員会を設置して共産主義者の活動に対する警戒を強めた（ただし，この時はむしろナチス・ドイツと繋がりのある極右に対する警戒の方が強かった）．

　共和党は1947年1月から始まった議会で，政府内の共産主義者問題を争点とした．これが，トルーマンが3月に連邦職員忠誠審査令を発した背景である．忠誠審査はJ. エドガー・フーヴァー率いる連邦捜査局（FBI）によって遂行された．下院非米活動委員会は10月，ハリウッドのシナリオライター10人に対して共産党との関係を追及した（彼らは証言を拒否したため議会侮辱罪で告発された）．同委員会はさらに1948年8月，国務省の元高官アルジャー・ヒスをソ連のスパイとして告発し，結局1950年1月に5年の懲役が言い渡された（ヒスがスパイであったことは冷戦終結後公開された文書でも明らかになった）．

　1949年10月の中華人民共和国樹立は，アメリカの内政問題ともなった．その理由は，共和党が，共産党の勝利を許したのはトルーマン政権の対応の失敗によるものであると批判したからである．共和党の一部はさらに，民主党政権内の親共産党勢力が中国共産党を支援していたとさえ主張した．このように，共産主義問題は陰謀論的傾向も持ちながら，トルーマン政権を守勢に追いやった．マッカーシイズムは，このような雰囲気のなかで始まった．

　マッカーシイズムの盛衰　1950年2月，ほとんど無名の新人上院議員ジョゼ

フ・マッカーシー（共和党，ウィスコンシン州）は，ウェストヴァージニア州ホイーリングで演説し，冷戦において共産主義陣営が勝利を収めつつあり，その原因は国務省にいる「賢い若者たち」の裏切りにあると断定した．そして彼は，自分は国務省内にいる「205 人の共産主義者のリスト」をもっていると述べた．

　マッカーシーが語る国務省内共産主義者の数はその都度変化したが，マッカーシーは国務省高官を大胆にやり玉にあげ続けた．ロバート・タフトら共和党保守派の政治家も，選挙での民主党批判の材料として，マッカーシーに挑戦することを避けた．このようななかで朝鮮戦争が勃発し，夏にはソ連に原爆情報を提供した容疑でジュリアスおよびエセル・ローゼンバーグ夫妻が逮捕されて，反共の雰囲気の火に油を注いだ（1951 年死刑判決，1953 年執行）．1950 年 9 月には国内治安法が制定され，共産主義的とみなされた団体のメンバーは政府への登録を義務付けられた他，国防関係への就職が禁止された．

　1950 年中間選挙はこのようななかで行われたが，「政府内共産主義者問題」が重要な争点の一つとなる中，マッカーシーを批判した議員が多数落選した．与党がとくに二期目の中間選挙で議席を減らすのはアメリカ政治の法則であるにせよ，この結果は多数の政治家を怯えあがらせることになった．

　すでに見た通り，「共産主義者」攻撃はマッカーシー以前より存在していた．マッカーシーが新たに手がけたことは，アチソン，ジョージ・マーシャル，あるいはアドライ・スティーヴンソンら，エリート中のエリートにまで攻撃の対象を広げたことであった．冷戦という国際環境が加わったこともこれまでと異なっていた．

　マッカーシイズムの影響は広範かつ甚大であった．シンシナティ・レッズは球団名をレッドレッグスと変更した．およそ 2000 人の労働者，600 人の教員が解雇され，300 人の映画・ラジオ・テレビ関係者がブラックリスト（民間の反共産主義団体が自発的に作成したもの）に載せられた．

　「自由の国」アメリカにおいて，自由を守るという名のもとに自由が抑圧されるという逆説がここに生み出されることになる．アメリカの政治文化にはしばしば，不寛容，体制信従，意見の画一化といった傾向が見られるが，1950年代にそれは顕著であった．

　なぜここまで極端にしてデマゴーグとでも呼べる人物が，大きな影響力を揮

うようになったのであろうか．政党政治が一つの重要な要因であったことは疑いない．共和党はトルーマン政権および民主党を攻撃する材料として共産主義問題とマッカーシーを最大限利用した．

　しかし，他の対立軸も存在していた．マッカーシーが当時もっとも尊敬されていた人々を攻撃対象にしたことに見られるように，一般大衆対エリート，インテリ，あるいはエスタブリッシュメントという構図も存在していた．マッカーシーを強く支持した集団として退役軍人や反共主義者，極右の団体などが存在したが，草の根レベルではカトリック，南部バプティスト教会員，ブルーカラー労働者（いずれも白人）などに支持者が多数見られた．

　トルーマン・ドクトリンが強調した共産主義の脅威は，皮肉にもトルーマンの意図を越えた説得力をもってしまい，一般国民の間にも深く浸透した．それは翻ってトルーマン政権の内外での共産主義者対策を生ぬるいと決めつけることになった．

　ところで，後に触れるように，1952年の大統領選挙では共和党のドワイト・アイゼンハワーが当選した．マッカーシーがそれまで同様国務省や国防総省攻撃を続けるのかどうかに注目が集まったが，彼は活動方針を変えなかった．その結果，マッカーシーはアイゼンハワー政権の陸軍と1954年4月，議会上院での公聴会において正面から対決することになり，それは当時としては異例なことにテレビ中継された．そこではマッカーシー上院議員の矛盾や醜態がテレビカメラによって捉えられた．これも原因の一つとなって，国民と共和党同僚上院議員の支持は失われ，12月マッカーシー譴責決議が上院において67票対22票で可決された（民主党は全員が賛成，共和党は半々に割れた）．マッカーシーは3年後に他界した．

　反共主義の呪縛と遺産　ただし，政治現象としてのマッカーシズムがすぐに雲散霧消したわけではなかった．マッカーシズムは退潮しつつあったものの，1954年には1950年の国内治安法を強化する形で共産主義者統制法が可決されて共産党は非合法化された．また，下院非米活動委員会や上院国内治安小委員会はそれまで通り共産主義者を告発する活動を継続した．

　1960年代に入っても反共主義の呪縛は続き，多くの政治家は反共主義に正面から立ち向かう勇気を持てなかった．非米活動委員会はようやく1969年に

国内治安委員会に改称され，最終的に廃止されたのは 1975 年のことであった（管轄事項は司法委員会が継承）．

　1958 年，アイゼンハワーはソ連の手先であると主張する陰謀論的反共主義を展開するジョン・バーチ協会が創設され，1960 年代から 70 年代にかけて約 6 万から 10 万人の会員を擁した．それに対して，リサ・マクガーが『郊外の戦士たち』で解明したように，例えばカリフォルニア州南部のオレンジ・カウンティなどでは，反共主義思想を共有する保守派（教会・軍事産業・出版・教育関係者など）が大きな勢力を持ちつつあった．この運動はバリー・ゴールドウォーターを共和党大統領候補に押し上げ（1964 年），ロナルド・レーガンをカリフォルニア州知事に，そして大統領に当選させた．1950 年代の反共主義は，1960 年代に入ってから実はジョン・バーチ協会的陰謀論を希釈し切り捨てながら，静かに空間的かつ政治的に広がりを見せつつあった．これを主導したのがウィリアム・バックリー・ジュニアら保守派知識人であった．

2. ニューディール・コンセンサスの持続と変容

(1) アイゼンハワー政権の国内政策

　1952 年選挙と共和党の政権復帰　1952 年の大統領選挙を前に，共和党は二つの勢力に分裂していた．今や党の主流となったのは，ニューヨーク州を中心とする穏健派であり（ウォール・ストリート派），内政でニューディールの基本政策を受け入れ，外交では国際主義を支持した．それに対抗する保守派も侮りがたい勢力を維持しており，ニューディールへの徹底的な反対と孤立主義的外交を主張していた（メインストリート派）．「ミスター・リパブリカン」ことロバート・タフト上院議員が彼らの代表であり，大統領候補指名争いの先頭を走っていた．穏健派の悩みは，今回は魅力的な候補者を欠いていたことであったが，そこで彼らが白羽の矢を立てたのが，第二次世界大戦の戦勝将軍であったアイゼンハワーであった．アイゼンハワーは共和党からの立候補を受け入れ，党内でタフトを破り，指名を獲得した．

　本選挙では，朝鮮戦争が膠着状態となるなか，共和党が K_1C_2 で攻勢に出た．それは Korea，Communism，Corruption（朝鮮戦争，共産主義，腐敗）の争点

化を意味していた．20年に及ぶ民主党政権に対する飽きも存在していた．結局アイゼンハワーは民主党候補のスティーヴンソンを下して大統領に就任し，共和党は20年ぶりに政権に復帰した．この勝利は共和党のそれというより，「アイク」の愛称で呼ばれたアイゼンハワーの個人的勝利であった．議会でも余勢を駆って共和党が上下両院で多数党に復帰した．ちなみに，穏健派はその後リチャード・ニクソン政権期まで党内で主流の座を維持したが，その後レーガンを擁した保守派が逆転して21世紀初頭まで優勢となっている．

　アイゼンハワー政権の外観は，経済人が多数含まれるなど，それまでの民主党政権と違っていた．にもかかわらず，政権の政策の基調はかなりの程度それまでの民主党政権の継続であった．それは第一に，1954年の中間選挙で共和党が敗北して，わずか2年で議会での多数党の座を失い，その後6年間少数党に甘んじたからであった．第二に，すでに述べたようにその共和党自身，1940年選挙から基本的にはニューディールを受け入れる政党になっていた．そして第三に，アイゼンハワーその人が民主党に近い思想の持ち主であったからである．彼は自分のことをしばしば「革新派共和党員」と呼び，リベラルないし「（1944年・1948年の共和党大統領候補）デューイ派共和党員」と自称したこともある．アイゼンハワーの1953年の就任演説を聞いた民主党指導者の一人リンドン・B・ジョンソンは，ニューディール開始以来「過去20年間の民主党の政策の良き表明であった」と評価した．「社会保障制度を廃止し，労働立法と農業政策を廃棄しようとする政党が登場しても，その党はすぐに消滅するであろう」とは，アイゼンハワー自身の言葉である．実際，アイゼンハワーの内政での最初の提案は，保健教育福祉省の設置であった．

　アイゼンハワーは長らく，部下に全面的に権限を委譲する好々爺にして素人政治家と見られていた．しかし，彼は実は確固とした価値観と原則をもった政治家であった．それは冷戦をどのように戦うかについても当てはまった．彼は軍事支出を削減したし，共和党的考えも引き継いでいて財政均衡を目指したのである．

　1950年代のアメリカの風景：豊かさの中の郊外　アイゼンハワーは1952年選挙で55%の得票率を記録して勝利したが（1956年も再選），共和党はとくに郊外において圧勝した．ここは第二次世界大戦後ますます裕福な白人ミドルク

ラスが集中する場所となっていた．1940 年代末から 50 年代は，大恐慌と戦争に伴う混乱が収束し，アメリカ社会の新たな形が見えてきた時期でもあった．後述するように，政治的あるいは思想的には同調圧力とコンセンサスの時代であったが，社会的には豊かさが浸透して厚いミドルクラスが誕生するとともに，郊外化が顕著になった時期でもあった．

　アメリカ経済は時折景気後退に見舞われたものの，基本的には順調に成長した（1950 年代ではおよそ 3% 程度の安定成長，1960 年代には 5% 台）．アイゼンハワー政権は，1957 年の景気後退に対して，均衡財政を放棄し景気刺激策を実施した．この時期に自動車・住宅・家電製品などの耐久消費財の需要が伸び，連邦政府による軍事支出（連邦政府予算の 50-60% 程度）とともに，経済成長を支えた．この時代，アメリカに本格的な「大衆消費社会」が登場した．

　農業人口は急速に縮小し，都市と郊外への人口移動が進んだ．労働人口全体に占める農業人口の比率は 1940 年代の 17% から 1960 年には 6% となったが，それは南部でとくに顕著で，1930 年には労働人口の 42% を占めていたのが 1960 年には 10% まで縮小した．

　黒人の移動も顕著であった．第二次世界大戦は黒人の農村から都市へ，そして南部から北部への移動を促した．ただし，北部大都市に居住することになった彼らの多くは，その一角に集中することになり，しばしばスラムを形成した．郊外がミドルクラス白人の世界であったのと好対照であった．1960 年の国勢調査によれば，郊外居住者の 98% は白人であったが，ワシントン（D.C.）やアトランタなど大都市では黒人が過半数を占めつつあった．

　郊外の生活を可能かつ快適にしたのは，手ごろな値段の自動車の普及と道路の整備であった．1960 年，アメリカ国民の 75% は少なくとも車 1 台を所有していた（およそ 1 世帯に 1 台以上）．それは郊外からの通勤を可能にしただけでなく，ディズニーランド，ドライブインシアター，ファーストフード・レストラン，モーテルなど，車関連の新しいビジネスを生み出した．そして連邦政府による州際ハイウェイの建設が道路整備を支えていた（とくに 1956 年の州際ハイウェイ法の貢献は大きい）．

　同時に，郊外の快適な一戸建てから整備された道路で（しばしば都市中心部にある）勤務先に通うミドルクラスの白人と，車を持てないため職の選択肢が限

定されたスラムの黒人という二極分化も，郊外化現象から生まれてきた.

　　ニューディール・コンセンサスとイデオロギーの終焉　1950年代のテレビの普及も凄まじかった．1950年にはラジオ視聴者は4000万人であったが，テレビを見ている人はまだ390万世帯に過ぎなかった．しかし1950年代半ばに全世帯の88% がテレビを保有するに至り，国民の娯楽にも政治にも大きな変化を及ぼした．文化や消費の画一化もその結果の一部であった.

　すでに見たように，連邦政府の役割についてはニューディール的な大きな政府が共和党によっても支持されて，いわばコンセンサスの一部となり，外交・安全保障政策についても，恒常的な軍事大国に留まり，ソ連に対する封じ込め政策を実施することが超党派的に支持された．同時に，マッカーシイズムに象徴される強固な反共主義が国内に吹き荒れた.

　このような雰囲気において，ダニエル・ベルは1960年に『イデオロギーの終焉』を刊行したが，時代の産物という側面は存在した．デイヴィッド・リースマンによる『孤独な群衆』，ウィリアム・ホワイトによる『組織の中の人間』が書かれたのもおおよそこの時期であった．アメリカの歴史や社会をどのように解釈するかをめぐって，ルイス・ハーツがジョン・ロック的自由主義コンセンサスの強さを強調した『アメリカ自由主義の伝統』を世に出したのもこの頃であった.

　当時のベストセラーの一つはベンジャミン・スポックによる『スポック博士の育児書』であり，1年に100万部以上売れた（日本でも有名であった．現在では多くの批判がある）．国民の関心は子育てなど私的なこと，あるいは家庭に向いていたという指摘もある．ある世論調査では，女性回答者の96% が現在幸福であると答えていた．「主婦」が女性の理想とされていた時代のようにも見えた.

　ただし，水面下では静かな変化も起きていた．1950年に家庭の外で働くミドルクラスの女性は7% に過ぎなかったが，1960年には25% にまで上昇していた．事務的な仕事についている場合がほとんどであったものの，銀行員の46% は女性となっていた．アルフレッド・キンゼーは1953年の著書『女性の性行動』で，過半数の女性は結婚前にセックスを経験しており，25% は婚外セックスを経験していることを明らかにした．これらは，1960年代に起きる

女性運動を予感させるものであった．

　圧倒的ともいえるニューディール・コンセンサスに挑戦する動きがなかったわけではない．バックリーは 1955 年に雑誌『ナショナル・レビュー』を創刊し，さまざまな保守派知識人を登用して，保守主義の立場から大きな政府批判の論陣を張った．それは陰謀論的なマッカーシイズムやジョン・バーチ協会の反共主義より知的で洗練されたニューディール・リベラリズム批判であった．ただし，1950 年代にはこれらの保守派の声はまだ孤立した叫びであり，二大政党主流の政治家からはほとんど顧みられなかった．

（2）人種問題の進展と南部白人の反発

　黒人問題の文脈　多数の黒人は第二次世界大戦に従軍し，連合国の勝利に貢献した．人種別の部隊に隔離されていたものの，米軍の一員としての誇りを高めたと同時に，ヨーロッパなどで差別のない世界を目撃した．朝鮮戦争の際には軍の人種隔離も撤廃された．多数の黒人は第二次世界大戦中，労働者として国内の軍需工場で働き，銃後においても勝利に貢献した．その軍需工場では 1940 年の大統領行政命令によって人種差別が禁止されていたので，彼らもまた差別のない世界を経験した．復員した黒人は，大学修学支援，住宅ローンの保証などを連邦政府から受けることができたため，ミドルクラスに上昇することが容易になった．

　終戦後，ナチ統治下でのユダヤ人ホロコーストの全貌が明らかとなり，アメリカ国民を驚愕させた．そのような問題関心から見ると，アメリカの南部諸州で実践されているジム・クロウ制の正当性も，きわめて疑わしいものであった．北部白人の感受性は徐々に変化しつつあったのである．

　同時に，冷戦という国際状況も重要であった．米ソが対峙し競い合ったのは，単に軍事力だけでなく，自由・平等などを保障する政治体制の質をめぐってでもあった．しかも，冷戦の舞台は当初東欧であったが，それは朝鮮半島，中国，インドシナ半島など非白人世界にも拡大していった．ソ連が好んでアメリカ批判の材料として使ったのは，アメリカにおける人種差別であった．1955 年，テキサス州ヒューストンの空港でインド大使がレストランで差別を受けたことは，当然のことながら国際問題となった．

アメリカ社会でも，黒人の中からいわゆるスターが登場し始めた．黒人初のプロ野球選手ジャッキー・ロビンソンは 1949 年に最優秀選手に選ばれ，黒人初の国務省高官となったラルフ・バンチは 1950 年にノーベル平和賞を受賞した．いずれも南部白人にとって衝撃であった．

ブラウン判決 アイゼンハワーは就任早々合衆国最高裁首席裁判官を任命する機会に恵まれ，共和党内で保守派との定評があったアール・ウォーレンを任命した．ウォーレンはカリフォルニア州知事を務め，1948 年大統領選挙において共和党副大統領候補に指名されるなど，同党のもっとも有力な政治家の一人であった．アイゼンハワーはローズヴェルト・コートの過度にニューディール寄りの姿勢に懸念を抱き，それを抑制する狙いを込めてウォーレンを任命した．

ところが，ウォーレンが就任して半年余りで出した判決は，大統領のみならずアメリカ中を驚愕させるものであった．1954 年 5 月，最高裁は 9 人の裁判官全員一致の判決で，公立学校における人種分離教育を違憲と断定した（ブラウン対トピーカ市教育委員会事件判決）．リンダ・ブラウンという黒人少女は白人だけの公立小学校への入学を拒否されたため，彼女の親が NAACP の支援を得てカンザス州トピーカ市教育委員会を訴えた．公立学校での人種隔離は，当時同市だけでなく南部で一般的な制度であった．原告弁護人には黒人のサーグッド・マーシャルが就任していた（のちに彼はリンドン・B. ジョンソン大統領によって最初の黒人最高裁裁判官に任命される）．

この判決で最高裁はかつてのプレッシー対ファーガソン事件判決（1896 年）を実質的に変更し，公立学校において人種隔離教育を行うことを本来的に不平等であり，憲法違反であると判断した．ただし，判決の実施に関しては 1955 年の別の判決で「可及的速やかに（with all deliberate speed）」という表現を使い曖昧さを残した．結果的に，人種共学への移行は容易に進まなかった．

それでもアイゼンハワーは，ウォーレンの任命を自分の大統領としての「最大の誤り」と述べて悔いた．南部の反発は予想を越えて激しかった．南部選出議員の 8 割近くに相当する 101 名は 1956 年，この判決を無効にするために合法的手段で徹底抗戦すると誓った「南部マニフェスト」を発した．とくに大きな問題に発展したのは，1957 年にアーカンソー州リトルロックで起きた事件

であった。連邦地方裁判所の裁定にしたがって公立高校に入校しようとした黒人生徒たちに対して，アーカンソー州知事は州兵を動員し，自ら阻止しようとした。これは連邦政府に対する反逆に相当するため，アイゼンハワーは気が進まなかったものの連邦軍を派遣し，また州兵を連邦軍に編入して，黒人生徒を保護し通学させたのである。

アイゼンハワーは 1957 年に 1875 年以来の市民的権利法を提案し，成立させた。これは連邦政府が黒人の投票権を保護しようとするものであった。成立したことは画期的であったが，様々な形で骨抜きにされたため実効性は乏しかった。

キング牧師の戦い　別の所でも南部の黒人差別体制に風穴が空きつつあった。1955 年 12 月，黒人女性ローザ・パークスは，アラバマ州モンゴメリー市の条例に反して，バスの中で立っていた白人に自分が先に座っていた席を譲らなかったために逮捕された。これをきっかけに，同市の黒人はバスのボイコット運動を開始した。これを指導したのが，弱冠 26 歳のマーティン・ルーサー・キング・ジュニア牧師であった。彼はガンディーの非暴力抵抗の思想に共鳴しており，神学博士の学位を取得したばかりであった。ボイコット初日，多くの関係者が固唾を飲んで見守る中，バスはすべてほぼ空車であり，運動は成功であった。キング牧師は逮捕され，また自宅に爆弾が投げ込まれたが，運動は継続され，1956 年 11 月最高裁が市の条例に違憲判決を出して運動は勝利した。

この事件によって，キング牧師は黒人運動の指導者としての評価を獲得した。それまでの黒人の戦いは，主として法廷闘争およびランドルフによるワシントン大行進の威嚇であったが，それにこのように地方の現場での（非暴力ではあるものの）抵抗運動が加わった。南部の白人は，このような黒人の運動を共産主義者やソ連に先導されたものと攻撃し続けた。しかし，ブラウン判決やキングの運動はただちに人種隔離を消滅させたわけではなかったが，多数の黒人を鼓舞したことは確実であった。

(3) ケネディの登場と冷戦下のリベラリズム

スプートニクの衝撃　1957 年 10 月，ソ連は世界初の人工衛星スプートニク 1 号の打ち上げに成功して，アメリカ人の度肝を抜いた。この衝撃はアメリカの

安全保障政策において巨大であったものの，国内政治的含意も小さくなかった．原爆・水爆などの開発で先行しているのが当然であったアメリカ国民にとって，宇宙開発で遅れをとることは屈辱的であった．議会はすぐに科学・数学教育を梃入れする措置を取り，教育内容と予算に大きな変化をもたらした．

　この頃，ミサイル開発におけるソ連の優位を示唆する報告書も発表されており，1960 年大統領選挙を見据えて，国内ではジョン・F. ケネディら民主党の政治家によって「ミサイル・ギャップ論」が叫ばれた．それに対して，アイゼンハワーは，中央情報局（CIA）からの報告によってミサイル・ギャップが存在しないことを認識していた．

　国防政策において軟弱であるとの批判を受けつつも，アイゼンハワーの基本姿勢は「落ち着いて振る舞え」「冷静に対処せよ」というものであり，ミサイルを増強しつつも，国防費の大幅な増額には否定的であった．ただし，彼にとって不本意なことに，既述したようにアメリカ経済は 1950 年代末にたびたび景気後退に見舞われた．スプートニク・ショックの後，まさに経済においてアメリカが競争力を発揮し，その体制の魅力と優位性を世界とりわけ第三世界に身をもって発信しなければならないときに，アメリカは競争力を失いつつあるように見えた．これはアイゼンハワーが懸念していた点でもあった．

　アイゼンハワーの基本的な統治哲学と意地は，1961 年 1 月 17 日に行われた告別演説から窺うことができる．これは，3 日後に行われるケネディの就任演説を十分意識して行われていた．彼が強調したのは軍産複合体および軍・科学者複合体がもつ危険性であった．おそらく大統領在任中の 8 年間に，軍，軍需産業，科学者，そしてそれらを代表する議員・ロビイストから国防費増額について強い圧力を受けてきたのであろう．民主社会におけるこれら複合体の影響力について国民に警告を発することが，この演説の第一の目標であった．

　しかし，第二に，大規模な軍拡に乗り出す政策を固めていた次期大統領ケネディに対する牽制も目的であった．第三に，それは同時に，軍部と民主党のつながりに対する注意喚起でもあった．アメリカの軍と軍需産業は，まさに長年の民主党統治のもとで巨大な存在に育ったのである．アイゼンハワーが冷戦コンセンサスの中にいたことは確かであり，在任中核兵器を増強した．しかし，冷戦の戦い方は内政・経済・財政とのバランス重視であり，大規模軍拡には慎

重であった．

1960 年選挙とケネディ政権の誕生　1960 年大統領選挙に向け，共和党は副大統領を二期 8 年務めたニクソンを，民主党はケネディを指名した．一方で，ケネディはカトリック教徒であり，この時代，プロテスタントの多くはまだカトリックに対して偏見を持っていた．共産主義者の忠誠心がモスクワに向けられているのと同様，カトリックのそれはローマ教皇に向けられているとみなすプロテスタントは少なくなかった．ケネディは自分の政策は宗教に影響されていないことを説明する演説を行う必要すらあった．他方で，ケネディの若さと弁舌能力は強みであり，初めて行われた候補者間のテレビでの直接討論においてもそれはいかんなく発揮された．ケネディは 8 年間の共和党政権下でアメリカの国防力は低下したと述べ，「強いアメリカ」の復活をアピールしたが，それに対してニクソンの強みは豊富な行政経験であり，反共の闘士としての評価であった．

選挙戦は稀に見る接戦であった．大統領選挙人では 303 人対 219 人でケネディが大差で勝利したが，一般投票での差は僅か 12 万票弱であり，イリノイ州の 4500 人とテキサス州の 2 万 8000 人がニクソンに投票していたら勝敗は入れ替わっていた．議会選挙でも，民主党は上下両院で多数党の座は維持したものの，上院で 2 議席，下院で 22 議席を失っており，これらいずれもが，ケネディをとくに議会との関係で弱い大統領にした．はたして，ケネディが「ニュー・フロンティア」のスローガンのもとに実現しようとした高齢者医療制度や教育への連邦補助制度は議会で否決された．

ケネディのリベラリズムと人種問題　ケネディの支持基盤は必ずしも強固でなかった．一方で彼は，健康保険制度や教育面での低所得者支援などの分野でニューディールの伝統を継承・発展させようとしていて，その意味で民主党リベラル派の流れに属していた．

同時に，ケネディは黒人差別問題の解消に積極的であった．彼は投票日の直前に逮捕されたキング牧師の夫人に直接激励の電話をかけるとともに，彼の釈放を要求するなどして，北部の黒人とリベラル派の白人にアピールしようとした．ただし，ケネディが依然として同党の南部保守派の支持を必要としていたことも確かである．テキサス州のジョンソン上院議員を副大統領候補に選んだ

所以である．黒人差別解消の必要性は理解していたが，それは減税や関税引き下げなど，他の課題より後回しにした．

　ケネディの優先順位は何より外交に置かれており，とりわけ冷戦に勝利することが最優先されていた．有名な就任演説の一節，「あなたの国があなたのために何ができるかを問わないでほしい．あなたがあなたの国のために何ができるかを問うてほしい」も，ソ連との戦いにおける国民の貢献を求めるものであり，この演説では内政には一言も触れられていない．そして，就任後，ケネディは前政権を引き継いで核・ミサイルの増強のみならず，通常兵器の強化も行った．また失敗に終わったもののキューバのカストロ体制を倒壊させようとし（1961 年 4 月のピッグス湾事件），アメリカの軍事顧問団を拡大してベトナムへの介入を深めた．

　内政ではいくつかの大きな挫折を経ながらも，100 億ドル規模の減税政策を提案したが，これは彼の死後 1964 年に成立した．これはその後の経済成長をもたらしたとして，超党派で評価されている．また，内政と外交にまたがる業績として，1962 年に成立させた通商拡大法がある．これによって，ケネディはケネディ・ラウンドと呼ばれる関税の一括引き下げ交渉を開始する権限を議会から獲得し，自由貿易を促進することになった．

　困難な問題は何と言っても黒人の市民的権利問題であった．当選後のケネディの行動は慎重であった．1963 年 2 月，ようやく読み書き能力テスト（literacy test）によって投票権を与えないことを禁ずる提案を行ったが，キング牧師からは支持されなかった．ブラウン判決からすでに 10 年近くが経っていたが，南部の公立学校ではまだ黒人生徒の 7％ が人種統合されたのみであった．

　黒人およびその白人支持者からの突き上げと抵抗も激しさを増した．1960年から黒人学生は南部の白人専用レストランで座り込み運動（sit-in）という形で非暴力の抵抗を開始した．翌年から黒人・白人からなる学生グループは，長距離バスを使用して南部に入り，抗議運動を展開した．1963 年春，アラバマ州では，デモ・座り込みなどを中心とする黒人による非暴力の大規模抗議運動が起きた．市長はこれを放水と警察犬で抑え込んだ．6 月にはアラバマ大学に入学しようとした黒人学生に対して，ジョージ・ウォーレス知事は自ら身体を張って阻止しようとしたところ，ケネディは連邦軍を使って彼らを保護した．

　このような状況において，同年 6 月，ケネディは包括的かつ徹底的な市民的権利法案を提案した．それはホテルなど公共の場での差別を禁止し，学校での差別についても連邦司法省に訴える権限を与えようとするものであった（成立はケネディの死後 1964 年）．

　ケネディの対応は慎重で小出しの譲歩から，黒人側の要求のほぼ全面的な受け入れに大きく変化した．最終的に，彼はこの問題は「道徳的問題」であると認識した．彼は，連邦政府こそが人種問題における革命的変革を平和的かつ建設的方向で達成できることを証明しなければならないと語った．ケネディはこの問題が政治的損得を超えた問題であるということ，すなわち大統領選挙で相当数の南部州を失う可能性を認識していたといえよう．また，ケネディの黒人支持には冷戦的発想も強かった．彼は次のように語っていた．「われわれはこんにち，自由を求めるすべての人々の権利を促進し，保護する全世界での戦いに身を投じている．アメリカ人がベトナムやベルリンに送られるとき，われわれはそれを白人のみに頼んでいるわけではないのだ」．

　奴隷解放宣言から 100 年目にあたる 1963 年の 8 月 28 日，ワシントンに黒人を中心に 20 万人が結集してワシントン大行進が実施された．キング牧師はここで「私には夢がある」と繰り返した演説を行い，アメリカの独立宣言や憲法で謳われた価値に依拠しながら，黒人と白人が平等に暮らせる社会の夢を語り，市民的権利法の成立を求めた．

　同年 11 月，ケネディは暗殺され，市民的権利法の成立は副大統領から昇格したジョンソンに委ねられたのである．

3. 市民的権利法，偉大な社会，そしてベトナム：民主党多数体制の崩壊

（1）ジョンソン政権の船出の市民的権利法の成立

　リンドン・B. ジョンソンと市民的権利法　ジョンソン大統領については，ベトナム戦争で失敗した不名誉な側面の方がよく知られているかもしれない．しかし，アメリカのリベラル派にとって彼はニューディールを大きく拡充した英雄であるし，多数の黒人にとっては長年の夢である市民的権利法を成立させた偉大な大統領である．

　ジョンソンは貧しい青年に職業教育等を提供するニューディールの一機関 NYA のテキサス支部長を務め，その後下院議員・上院議員を経験した．熱烈なニューディーラーでありながら，保守的なテキサス州および南部政界でも影響力を発揮し，1955 年からは「史上最強の上院院内総務」と評されてアイゼンハワー大統領と渡り合った．この間，ジョンソンは冷戦政策の揺るぎない支持者でもあった．大統領に昇格してから，ジョンソンは長らく表に出していなかったニューディーラーとしての側面を前面に出すことになる．

　市民的権利法案に対して，南部議員は執拗に抵抗した．同法案は 1964 年 2 月下院において 290 対 130 で可決された後，舞台は上院に移された．1964 年 6 月 10 日，ロバート・バード上院議員（ウェストヴァージニア州，民主党）は，上院議場において 14 時間 13 分前に開始した演説をようやく終了した．上院ではその日ですでに 83 日間，採決引き延ばしのためのフィリバスターが展開されていた．ついに討論打ち切り動議が法案賛成派から提案された．可決には出席議員の 3 分の 2 の賛成（すなわち 100 人全員出席の場合は 67 票）が必要であったが，市民的権利関連の法案ではこれまで一度も討論打ち切り動議が可決されたことがなかった（討論打ち切り制度が導入されて以後の 47 年間で，それが可決されたのは 5 回だけであった）．結果は賛成 71，反対 29 であった．9 日後の最終的な採決においても，賛成 73 票，反対 27 票で市民的権利法案は可決された（民主党では 47 対 16，共和党では 30 対 2）．最後はあっけないほど大差の幕切れとなった．

　共和党は元来市民的権利法案を支持していた議員を多数抱えており，同党保守派の多くも法案を支持する世論に押されて賛成票を投じた．結局最後まで抵抗したのは基本的には南部選出の民主党議員であった．

　1964 年市民的権利法の成立は，黒人運動にとってまさに歴史的な勝利であった．この法律では，投票・教育・公共施設利用における人種差別が禁止され，そのための連邦政府の司法長官や市民的権利委員会の権限が強化された．それまでの南部諸州におけるジム・クロウ制を根底から覆すものであった．遅きに失したものの，過酷な人種差別体制を平和的に解決したとの評価もある．就任早々のジョンソン大統領の評価は一挙に高まった．

　ジョンソン大統領はすでに 1964 年 2 月に，やはりケネディ大統領が実現できずにいた大型減税法案も可決させており，8 月には「貧困との戦い」の具体

策として，野心的な経済機会法も成立させた．

　1964年選挙でのジョンソンの圧勝　1964年の大統領選挙はジョンソンの圧
勝に終わった．そもそも民主党優位の時代であったうえ，アメリカ経済も絶好
調であった．故ケネディ大統領への同情票も寄せられた．共和党は1936年以
来久しぶりにニューディール的伝統に正面から反逆する保守派，バリー・ゴー
ルドウォーター上院議員（アリゾナ州）を指名した．「自由の擁護のための極端
主義は悪ではない」は彼自身の言葉である．市民的権利法案に対して，既述の
ように，同僚の共和党議員の多くが賛成票を投ずる中，人種差別擁護というよ
り南部諸州の権利擁護（州権論）を理由として反対した．後述するようにベト
ナム戦争も争点になりつつあったが，ジョンソン大統領が自らを「平和の候
補」と定義したのに対し，ゴールドウォーター候補は前線の司令官に核兵器の
使用を許可することを示唆して「戦争屋」と批判された．

　ジョンソン大統領は大統領選挙人票で486人を獲得して52人のゴールドウ
ォーター上院議員を圧倒した．得票率は61.1％であったが，議会選挙でも民
主党が圧勝し，上下両院で共和党の倍以上の議席を持つことになった．これに
よって，民主党リベラル派は，保守連合（共和党と民主党南部保守派の連合）を
凌駕することが可能になった．他方，これだけの大敗を喫した中で，ゴールド
ウォーターは六つの南部州で勝利した．共和党が南部白人の支持を得て当地で
地歩を得るきっかけでもあった．

　投票権法と「結果の平等」　ジョンソン大統領は黒人の権利に関して，翌
1965年にもう一つ重要な法律を成立させた．それが投票権法である．これは
黒人による有権者登録を保護・促進することを目的としていた．市民的権利法
成立以降も，深南部や南部の農村部では，暴行など白人の妨害にあって有権者
登録ができない黒人が多数存在していた．そこで投票権法は，州政府の登録官
が黒人の有権者登録を受理しない場合には，連邦政府の司法長官が連邦職員を
派遣して受理できるようにした．この措置によって南部での黒人の有権者登録
は劇的に進み，1960年代末には登録率は投票年齢人口のほぼ3分の2に達し
て白人とほぼ同じ水準に達したのである．

　ジョンソン大統領は黒人に対して，法的平等の達成にとどまらず，積極的に
雇用や教育における「結果の平等」も目指して，1965年に大統領行政命令

11246 号を発布した．これは，連邦政府と契約する企業に対して，黒人などの
少数集団および女性の差別を禁ずる政策であり，アファーマティブ・アクショ
ン（積極的差別是正措置）との表現を使用していた．ジョンソン大統領は同年，
多数の黒人が通うハワード大学の卒業式で次のように演説した．

> 長年鎖で縛りつけられてきた人を自由にして，人種間の競走のスタートラ
> インに立たせ，「今日から君は自由に他の人種と競走できる」と言ってあ
> げたとしても，それで公正と言えるでしょうか．……私たちは自由のみな
> らず機会を求めます．私たちは法的な公平さのみならず，人間の能力を，
> 権利ないし理論としての平等だけでなく事実上の平等と結果の平等を求め
> るのです．

　この演説には，当時アファーマティブ・アクションが開始された雰囲気が示
唆されている．そもそもアメリカの大統領が公的に「結果の平等」を語るのは，
きわめて稀なことである．これは当時の非常にリベラルで平等主義的な雰囲気
のもとで発せられた言葉であるが，多くの白人の間で，黒人に対する積年の差
別に対して一定の贖罪の念が共有されていたことも重要な要因であろう．アフ
ァーマティブ・アクションはニクソン政権期に同じ表現のもとでより踏み込ん
だ措置に変わっていく．ただし，それと同時に反発も顕在化する．

(2)「偉大な社会」計画と社会改革

　「偉大な社会」と「貧困との戦い」　1962 年民主社会主義者マイケル・ハリン
トンが著した著書『もう一つのアメリカ：アメリカにおける貧困』は，地球上
でもっとも豊かな国に存在する凄まじい貧困に注意を喚起し，多くのアメリカ
人を驚かせた．1964 年の大統領選挙戦中，ジョンソン大統領はさまざまな国
内改革を達成して，アメリカを「偉大な社会」にすると公約した．彼は「貧困
に対する無条件戦争」を宣言して経済機会法を成立させた（前述）が，これは
貧しい青少年に教育や職業訓練などを提供するとともに，貧困家庭の多いコミ
ュニティでは貧困者自身の参加も求めながら，健康・教育・雇用等への支援を
推進しようとする貧困対策であった．

　ジョンソンは 1965 年，貧困家庭の児童が多数就学している公私立の学校に
連邦政府が財政支援を提供する初等中等教育法と，貧困家庭の大学生への奨学

金などを創設した高等教育法を成立させた．とくに前者は長年の懸案であった
が，圧倒的な民主党の議席にものを言わせて議会を通過させた．

　さらに同年，65 歳以上の国民の入院費用などを連邦政府が負担する高齢者
医療扶助（メディケア）と，公的扶助の受給者（すなわち低所得者）の医療費を
連邦政府が負担する低所得者医療扶助（メディケイド）も立法化された．国民
皆保険制度には到達していなかったものの，これらもニューディール期以来の
リベラル派の夢であった．総じて，1964 年から 65 年は，1933 年から 35 年に
匹敵する大規模かつ歴史的な改革の時期となり，これらの立法的成果が生みだ
された結果，アメリカの福祉国家は一挙に拡充されることになった．アメリカ
の貧困率も，1960 年代から 70 年代にかけて着実に低下したのである．

　移民法改正　ジョンソン政権期の重要な立法の一つに，移民法の改正が存在
する．これは 1924 年移民法が採用した国別割り当て制を廃止して，WASP 以
外の移民にとって差別的な移民制度を大きく転換させた．1924 年法のもとで
差別されていたカトリック教徒のケネディ大統領が改革に意欲を示し，ジョン
ソン大統領がその衣鉢を継いだ．1965 年の新移民法の下では，年間受け入れ
総枠を東半球から 17 万人，西半球から 12 万人とし，人種，性別，国籍，出生
地，居住地に基づく差別的措置を禁じた．このような点で，新移民法はこの時
期の理念と精神に合致するものであった．真の意味で人種的に多様なアメリカ
は，この 1965 年移民法によってもたらされたとすら言える．

　新たな移民制度はさまざまな結果を生み出したが，その一部は意図せざるも
のであった．東半球へ多くの割り当てがなされたため，これを画期として多数
のアジア系移民が流入した．また，経済的格差があり，国境を接するメキシコ
からも多数の移民が到来した．彼らからすると，以前より国境移動への制約が
厳しくなった面もあるが，同時に離散家族の再結合という原則と，合衆国憲法
が採用する国籍の出生地主義原則が重要であった．移民してアメリカ国籍を取
得した人が申請すれば，その家族もアメリカ国籍を取得しやすくなるので，メ
キシコからの移民は劇的に増加した．国境管理の困難さから不法移民も増大し
た．これらアジア系，中南米系移民は黒人の職を奪う傾向も存在したため，摩
擦も生まれた．

　改革の先導役としての司法府　ニューディールの改革は大恐慌下で実施され

たのに対し，1960年代の変革は未曽有の好景気の中で達成された．ケネディ，ジョンソン両政権は景気回復策に腐心する必要から解放されていた．ニューディール期の合衆国最高裁は改革の前に立ちはだかったが，1960年代においてはむしろ先導役を果たした．しかもそれは人種差別，国家と宗教の分離，表現の自由など，1930年代よりはるかに広範な争点に立ち入ることになった．1960年代の諸改革は，執行府・立法府だけでなく，司法府もリベラル派が支配する中で実施されたのである．

　主役は，1954年にブラウン判決を出したウォーレン最高裁首席裁判官であった．1960年代初頭，彼が率いるウォーレン・コートは，州議会における議員定数配分の不均衡について，それを是正させる厳しい判決（ベイカー対カー事件，1962年），特定宗派の教義によらず生徒の参加が強制されなくても，公立学校において祈りを実施することを違憲とした判決（エンジェル対ヴィターレ事件，1962年）などが重要である．とくに後者は，例えばプロテスタントが圧倒的に多数派である南部農村部において，住民自身の税金で運営されている公立学校で，自分の子どもに宗教教育ができないことを意味しており，少数派の権利を擁護した一方で，信心深いプロテスタントから強い反発を招いた．

　ウォーレン・コートはさらに，それまで猥褻とされ禁止されていたポルノグラフィを表現の自由を重視して，制限を緩めたが，多数の信心深い人々はこれに反発した．全体として，ウォーレン・コートには民主化・平等化とともに，個人の自由と少数派の権利の保護を重視する傾向が顕著であった．

（3）運動の政治と政治文化の変容

　女性運動の高揚　1930年代にも大衆の抗議運動は存在したが，ニューディールの改革には連邦政府主導の上からの改革という性格も強かった．1960年代の場合にもジョンソン大統領によるリーダーシップが重要であったが，同時に1960年代は運動の時代であったことを銘記しておくことも重要である．それは，黒人運動に限られていなかった．

　女性運動がモデルとしたのは，まさにこの黒人運動であった．大衆運動で画期的な立法的成果を勝ち取ることができることを，キング牧師らは身をもって教えていた．また，すでに1963年，ベティ・フリーダンによる『女らしさの神

話』（邦訳書名は『新しい女性の創造』）は，家庭は主婦にとって「強制収容所」に等しいと規定して，伝統的な男女の役割分担を鋭く批判していた．黒人運動に参加した女性が運動の中で女性差別を経験したことも，運動の起爆剤となっていた．

フリーダンは1966年に自らが会長となって全米女性機構（National Organization for Women: NOW）と称する女性団体を立ち上げ，男女平等を求めて運動を開始した．目標は，1923年から提案されていたERAの成立と，ほとんどの州で禁止されていた人工妊娠中絶を女性が選択する権利の獲得であった．

ERAは「法の下における権利の平等は，合衆国も州も，性によって否定されたり制限されたりしてはならない」という簡明な内容であった．1971年に下院，1972年に上院で，どちらも3分の2以上の特別多数で可決され，州による批准に回された．1年以内に30州によって批准され，全州の4分の3である38州による批准は確実と思われた．

ところが，保守派の女性活動家フィリス・シュラフリーが率いる「イーグル・フォーラム」を中心に，キリスト教保守派が南部を中心にして大規模な反対運動を展開し始め，潮目が変わっていく．シュラフリーらは，女性の社会進出によって，キリスト教の教えを子どもに伝えるべき伝統的な家庭が弱体化ないし崩壊してしまうことを危惧していた．結局，成立のためには3州足りず，ERAは不成立となった（いまだに成立していない）．女性運動にとっては完全な誤算であった．

人工妊娠中絶の方は，19世紀後半から州法によって禁止されていたが，女性運動の働きかけが功を奏し，1972年には16州が自由化を認めるようになった．そこに合衆国最高裁による1973年の判決が下された．ロー対ウェイド事件判決は，人工妊娠中絶を選択する女性の権利を「プライバシーの権利」の一部として認め，基本的に女性の選択権を認めたのである．女性運動にとって画期的な勝利であった．判決後人工妊娠中絶の件数は急増したが，それに対する反動も強力であった．

ベトナム反戦運動とジョンソンの退場　1960年代には，消費者運動，環境保護運動，同性愛者運動，学生運動なども登場した．これは一面でアメリカ独自の文脈で生み出されていたが，フランス・日本など多数の先進国に共通の現象

でもあった.

　ベトナム戦争への反対は，1960 年代半ばまでほとんど目立たなかった．しかし，1965 年 3 月にミシガン大学で始まったティーチ・イン（教員と学生が長時間討論する集会）は，急速に全米各地の大学に広まっていった．学生運動と連動しただけでなく，1967 年からはキング牧師も加わった．キング牧師にとって，市民的権利法成立に尽力したジョンソン大統領を批判することは苦渋の決断であった.

　こうした動向は，ワシントンにも影響を及ぼした．上院外交委員長の J. ウィリアム・フルブライト上院議員は，ジョンソン大統領が，北ベトナムが先に挑発したと政府から発表されたトンキン湾事件（1964 年）に関して，真実を語っていなかったことを知り，大統領に批判的な姿勢に転じた．1968 年 3 月に行われたニューハンプシャー州での民主党予備選挙において，ベトナム戦争終結を主張したほぼ無名新人候補ユージン・マッカーシー上院議員（ミネソタ州,民主党）は，42% の得票率を記録し，46% のジョンソン大統領に肉薄した．その後，ジョンソン大統領はテレビ演説を行い，北爆の停止と 1968 年大統領選挙立候補辞退を表明した．反戦運動はついに現職大統領に立候補断念を決断させたのである.

　政治文化の変容と反動　1960 年代の変化は，単に政権・政策・市民的権利などの変化に留まらず，文化的変容としての側面も濃厚に備えていた．この点では，1970 年代半ばくらいまでをひとまとまりで考察した方がよいかもしれない．1950 年代，国民は素朴に年長者，両親，教師，議員，大統領に敬意を抱いていた．しかし，ベトナム戦争やウォーターゲート事件（第 8 章参照）などを経て，政治家とりわけ大統領に対する信用は顕著に低下し，基本的には大きく復元されることはなかった．これはその後のアメリカ政治に深刻な含意をもつ．若者は親や教師に反抗し始めた．若者の一部はドラッグを常用し，ヒッピー的生活スタイルを自ら選択したが，これは対抗文化（カウンターカルチャー）と呼ばれた.

　1950 年代のアメリカでは，ピューリタン的倫理がかなりの程度保持されており，性的表現についても禁制と抑制が顕著であったが，これは最高裁の判決で一挙に自由化された．少数派の抗議運動が顕著になったが，同時に犯罪率も，例えば殺人を例にとると，図 2 のように，1960 年代を境に急増した．寛容

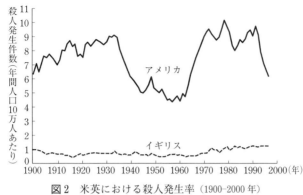

図 2　米英における殺人発生率（1900–2000 年）

［出典］Steven Pinker,"Decivilization in the 1960s," Figure 2（https://quod.lib. umich.edu/h/humfig/11217607.0002.206/--decivilization-in-the-1960s?rgn= main;view=fulltext）.

（tolerant）は，部分的であれ何でも許される（permissive な）雰囲気に通じていた．これも既存の法と秩序への敬意の弱体化，あるいは権威に対する反逆と解釈できよう．

　このような傾向に対して，反動も生まれた．1968 年の大統領選挙で，共和党のニクソンは黒人運動や反戦運動をむしろ敵視して，「声なき多数派」と「法と秩序」をスローガンにした．かつては民主党リベラル派に属していた一部の知識人，とくに新保守主義者と呼ばれた人々は，ポルノグラフィの蔓延など文化の卑俗化・低俗化に強く反発した．1970 年代後半からは，キリスト教保守派が政治的に覚醒して，共和党保守派と協力しながら，文化・社会の急速な世俗化，フェミニズムの台頭，そして人工妊娠中絶合法化への反対運動を開始した．

　1950 年代にアメリカ社会に存在するように見えたコンセンサスは，実は脆弱なものであった．国民は人種，階級，民族のみならず，反戦か冷戦推進か，伝統的価値か個人の自由か，信仰か世俗的価値かなどをめぐって，鋭く対立し始めたのである．

第8章

保守の台頭と政治的再編成

1. 戦後政治の行き詰まり

（1）1968年選挙でのニクソンの辛勝

　荒れる民主党全国党大会　1968年の選挙では本来，現職ジョンソン大統領が圧倒的な優位に立つはずであった．知名度は言うまでもなく，「偉大な社会」計画の数々の輝かしい成果があったからである．それを狂わせたのはベトナム戦争であった．

　3月末のジョンソン大統領による立候補辞退表明により，1968年選挙の結果は一転にわかに予想しにくいものとなった．民主党ではユージン・マッカーシー上院議員の他，ロバート・ケネディ上院議員が立候補したものの，同年6月に兄同様暗殺され，本命はジョンソン政権で副大統領を務めたヒューバート・ハンフリーとなった．8月にシカゴで開催された民主党全国党大会は反戦派の若者が抗議のために殺到して大荒れとなり，警察犬と催涙ガスで印象づけられた．そのなかでハンフリーが公認候補に指名されたが，それは彼が党指導部の支持を得ていたからであった．民主党はこの後，党大統領候補指名過程について大改革を行い，1972年からは原則として，すべての候補者が予備選挙・党員集会によって党員の支持を競い合う制度に改革した．

　共和党ではリベラル派のネルソン・ロックフェラーの知名度が高かったが，彼に反発する保守派と中道派の支持を首尾よく糾合したニクソンが指名を勝ち取った．ここでは，反共の闘士としての過去がニクソンの勝利に貢献していた．

　ウォーレス参戦の意味　1968年選挙を異例なものにしたのは，アラバマ州知事ジョージ・ウォーレスのアメリカ独立党（American Independent Party）結成と立候補であった．その目的は当選そのものというより，1964年の市民的権利法と1965年の投票権法の制定に対する抗議と報復であり，民主党を敗北さ

せることであった．ウォーレスにとって最善の筋書きは，二大政党どちらの候補も大統領選挙人の過半数の獲得に失敗し，決着が下院での投票に持ち込まれることであった．その場合，そこでウォーレスが一定の影響力を行使できる可能性が存在した．その意味で，彼の出馬は，1948 年のサーモンドの立候補と類似した性格をもっていた．

　市民的権利法成立当初より，ながらく人種差別制度を支持してきた南部白人が，もはや民主党に投票しなくなることは予想されていた．ただ，すぐに共和党に鞍替えするとも考えられず，彼らの票の行方が注目されていた．南部白人におけるウォーレスへの支持の強さは当初から想定の範囲内であったが，予想外であったのは，ウォーレスが北部の白人労働者階級にも人気を博したことである．南部白人の支持を狙ったウォーレスの立場は，結果的に，黒人の地位向上，黒人の暴動と犯罪，黒人を優遇する政策，エリート学生による反戦運動や主流のアメリカ文化・宗教に対する批判に苛立っていた北部の白人労働者たちにも強く支持された．彼らから見ると，黒人に対する優遇策は自分たちに対する無視と侮辱であり，反戦エリート学生は単に非愛国的であるに過ぎなかった．白人労働者は，黒人を優遇し，左派反戦エリート学生が主導しつつある民主党の新しい姿を敏感に感じ取り，拒否反応を示し始めていた．

　ニクソンは「法と秩序」と「声なき多数派」を語り，暴動，犯罪，ヒッピー的生活スタイル，黒人運動，反戦学生を暗に批判した．フランクリン・ローズヴェルト同様「忘れられたアメリカ人」を語ることもあった．それは，「法律を遵守し，税金をきちんと納め，教会に行き，子どもを学校に通わせ，アメリカを愛し，そして新しい指導者を要求する」人々のことであった．またニクソンは民主党政権の下で泥沼化したベトナム戦争を批判して，「戦争を終結させる計画をもっている」ことも仄めかした．

　1968 年選挙の結果は，ニクソンの辛勝であった．大統領選挙人票でハンフリーは 191 人，ウォーレスが 46 人に対してニクソンは 301 人を獲得して（得票率ではニクソン 43.4%，ハンフリー 42.7%，ウォーレス 13.5%）勝利したが，ニクソンは民主党分裂の漁夫の利を得たに過ぎない．

　ニューディール連合の崩壊　1968 年の選挙は，やや長期的な視点からは転換点となる選挙であった．すなわち，徐々に民主党多数派連合が崩壊しつつあっ

たのである.

　ウォーレスは深南部 5 州で勝利して大統領選挙人を獲得した. 彼がもしさら
にサウスカロライナ州とテネシー州で勝利し, 民主党が僅差で負けたイリノイ
州かオハイオ州で勝利していれば, まさにウォーレスが企図したとおり, 結果
は下院での投票で決せられることになった. ウォーレスのアメリカ独立党は,
南部の白人と北部の白人労働者の多くが長年の民主党支持から離れ, 最終的に
共和党支持に移行する長い旅路での途中下車駅ともいえた. ちなみに, 引退後
ジョンソンは, 自分の 1968 年の立候補辞退はベトナム戦争ではなく南部白人
の反発が原因であったと述懐している.

　ただし, 民主党は逆に黒人, 北部の共和党リベラル派ないし穏健派, 反戦派,
フェミニスト, 環境保護主義者などの支持を伸ばすか新たに獲得した. 同党は
1980 年代以降, 大統領選挙で南部では勝ちにくくなったのに反し, 北部とく
に北東部と太平洋岸諸州ではむしろ党勢を強めた.

　第二次世界大戦終了後, 世界は基本的に順調に経済成長を達成してきた. と
くに 1960 年代は多くの国で高度経済成長が実現し, そこではかなり寛大で気
前の良い分配・再分配の政治が展開された. しかし 1960 年代後半, このよう
な状況に徐々に陰りが見え始めた. その要因は国ごとで違いがあったが, アメ
リカの場合は膨大な国内支出とベトナム戦費が大きな要因であった. また, 国
際競争力の衰えとドル高も理由であった. 1970 年代からは, それに原油価格
の高騰が加わった.

(2) ベトナム戦争の展開と民主党の転換

　ニクソンとベトナム戦争　ニクソンは外交に最大の精力を注いだが, ニクソ
ン外交は国内政治と密接にして複雑な関係をもった.

　ニクソンはベトナム戦争について, アメリカの国力を摩耗させるだけの失敗
と判断しており, 基本的にはアメリカの軍事的関与を縮小すべきであると考え
ていた. ただし, ニクソンは同時に, 世論との関係で, アメリカの敗北とみな
されるような終結を避ける必要も強く感じていた. 1949 年の「中国の喪失」
がアメリカ政界に与えた負の影響は強くニクソンの脳裏に焼き付いていたので
ある. しかし, 敗北しない範囲において, すなわち面子が保たれる範囲で, 関

与縮小を達成することは，とてつもない難問である．ニクソンは大統領就任直後から，北ベトナムと和平に向けた交渉を開始した．

　ニクソンは夥しい数の戦死者が戦争に対する世論の批判を強めていること，そして 55 万人近くの米軍のベトナムへの投入が重い政治的・財政的負担となっていることを認識していた．かくして彼は，急速な米軍撤退を進め，就任 3 年以内にベトナム駐留米軍を 2 万人程度にまで削減した．これは大胆な措置であったが，反戦派からほとんど評価されなかった．

　むしろ，世論はニクソン批判を強めた．ニクソンが和平交渉における駆け引きの一部として，北ベトナムに対する大規模な爆撃，機雷封鎖などを実施しただけでなく，1970 年に米軍をカンボジアに侵攻させたからである．ここは，北ベトナムが兵士・武器を補給する重要なルートとなっていた聖域であり，北ベトナムに対してアメリカの軍事力と勝利への強い意志を見せつけることがニクソンの目的であった．しかし，アメリカ国内では抗議運動が再発し，オハイオ州のケント州立大学において学生 4 人が州兵に射殺された．これによって，ますます反戦運動は激化した．

　しかし，1972 年 2 月ニクソンはアメリカ大統領として初めて中国を訪問し，敵対的であった米中関係を一挙に改善した．さらに同年 5 月，ニクソンは現職アメリカ大統領としては初めてモスクワも訪問して大歓迎を受けた（ソ連訪問としてはフランクリン・ローズヴェルトが 1945 年にヤルタを訪問）．アメリカ国内でのニクソン外交に対する評価は，一挙に跳ね上がった．ニクソンは，大統領の外交的功績に対して拍手喝采するアメリカ世論の傾向を見抜いていた．その年の 11 月の大統領選挙投票日とのタイミングもほぼ完璧に符合していた．北ベトナムとの和平合意が間に合えばそれこそ満点であったが，こちらは 1973 年 1 月に成立した．パリで締結されたベトナム和平協定は，北ベトナムの南ベトナムへの軍事的不介入と米軍の南ベトナムからの撤退を定めていた．これに従って南ベトナムのアメリカ軍司令部は 1973 年 3 月に解散した．

　もし南ベトナム政府が長く持ちこたえることができれば，ニクソンは「負ける」ことなくアメリカ軍撤退を成し遂げた大統領として高く評価されていたであろう．しかし，ここでは，世論がニクソンの前に立ちはだかった．反戦感情を強く抱いた議会は，南ベトナムへの軍事援助も含めて海外援助予算を削減し

た．南ベトナムは軍事的に極めて脆弱な状態におかれ，北ベトナムの攻勢の前
に 1975 年に瓦解した．当時の議会多数党は民主党であったが，なぜ冷戦推進
の政党であった民主党のもとで，このようなことが起きたのであろうか．

　民主党の転換と 1972 年選挙でのニクソンの再選　冷戦はそもそもトルーマン
大統領の下で始まった．アイゼンハワーはそれを受け継ぎ，核弾頭を増やした
ものの，軍事費を減らし，やや抑制された方法でソ連を封じ込めようとした．
ケネディはそれを批判し，通常兵器・核兵器双方を強化した．ベトナムに派遣
された軍事顧問は 1961 年に 675 人であったが，1963 年には 1 万 7000 人の兵
力となっていた．それをジョンソンは約 55 万人近くにまで増やした．

　1960 年代後半に生まれた反戦運動が，民主党を変える大きな推進力となっ
た．中核となった大学教員，学生，活動家らの多くは，基本的には民主党改革
派であった．彼らは，ベトナム戦争は弱小な第三世界の国に対する侵略と残虐
な殺戮行為に過ぎないと断罪した．学生運動と黒人の市民的権利運動も反戦運
動を支持した．1971 年に学生に対する徴兵猶予が縮小されてから，ミドルク
ラスの反戦感情はさらに強まった．1948 年選挙でヘンリー・A. ウォーレスは
惨敗したが，その 20 年後，反戦派は民主党を根底から揺さぶりつつあった．

　ベトナム反戦運動は知的な運動でもあった．当時，ニューレフトといわれる
勢力が歴史学・社会学・政治学などで台頭していた．彼らはマルクス＝レーニ
ン主義的な社会主義者ではないものの，アメリカの経済格差，軍事力行使そし
て外交政策のあり方などについて根本的な変革を要求していた．とりわけベト
ナム戦争については正面から批判的であり，その問題意識をさらに投影して，
そもそもアメリカ外交は建国当初から一貫して帝国主義的・侵略主義的であっ
たと論じた．

　1968 年の民主党全国党大会で，民主的正当性が疑わしいにもかかわらず，
ジョンソンに近いハンフリー副大統領が同党大統領候補に指名されると，民主
党のあり方，とりわけ大統領候補指名手続きについて，より広範な批判が浴び
せられた．その結果，民主党は大統領候補選出方法を大幅に改革した．

　1968 年までは各州の党組織から送られてくる代議員の選出方法は当該州党
組織の有力者が決める場合が多く，その結果ハンフリーのように，党員からの
支持がなくても党有力者の支持を得て指名を獲得することが可能であった．し

かし，新しい規則の下では，すべての州の民主党は予備選挙ないし党員集会を
開催し，そこで示された党員の支持を基礎にして全国党大会に派遣される代議
員を配分することになった（無党派有権者の扱い等詳細は州ごとに異なる）．この
改革には州法の改正が伴ったため，結果的に多くの州で少数党であった共和党
の選出方法も同様の方向に変更された．さらに民主党の場合，代議員の構成に
ついて，州ごとに性・人種・民族等において均衡をとることも決定した．この
改革の結果，二大政党の大統領候補選びは劇的に変化した．

　党有力者との関係やプロの政治家の間での評価・評判はかつてほど重要でな
くなり，政治の素人である一般党員の発言権が一挙に増した．この新しい選出
法はしばしばイメージや投票日前後の一時的な雰囲気に大きく左右された．い
ずれにせよ，大統領を目指すものはまず党員の前で支持を競い合うことが必須
となった．

　1972年，新制度の創設に関わり制度を熟知していたジョージ・マクガヴァ
ン上院議員（サウスダコタ州，民主党）が，民主党大統領候補の指名を獲得した．
彼のスローガンは，「アメリカよ，故国に戻ろう」であり，トルーマンやジョ
ンソンの外交姿勢からの劇的な転換であった．民主党の多数の外交専門家は依
然としてそれまでの冷戦政策の継続を支持していたが，彼らは党内で急速に影
響力を失いつつあった．

　1972年選挙は，マクガヴァンの極端な孤立主義的態度にも助けられ，華々
しい外交的業績を誇示したニクソンの歴史的な圧勝であった．得票率では約
61%対38%と大差がつき，マクガヴァンは地元マサチューセッツ州とワシン
トンD.C.で勝てたのみであった．

　ニクソンの関心の多くは外交に割かれていたが，国内政治でも南部戦略と称
された再選計画を用意していた．1969年に刊行されたケヴィン・フィリップ
スの著書『共和党は多数党になる』は，共和党の支持基盤がエスニック系の白
人有権者（アイルランド系，ポーランド系，イタリア系など），ブルーカラー労働者，
そして南部白人の間で，今後大きく広がる可能性があることを説いたが，ニク
ソンはこの助言にかなり忠実に従った．実際のところ，これらの有権者の多数
は1968年にジョージ・ウォーレスに投票した人々であり，かつては熱心に民
主党を支持していたものの，同党に幻滅を感じ始めていた人々であった．ニク

ソンはこれらの有権者を取り込む必要を強く認識していた.

　元来中道派のニクソンは実際，1971 年に完全雇用と計画的な財政赤字を含むケインズ的な予算を提案し，さらに 90 日間にわたり賃金・物価を凍結するなど，民主党に近い経済政策を推進した．貧困者と農民に対する支援の一つであるフード・スタンプ（食料切符制度）を強化し，環境保護庁を設置したのもニクソンであった．ニクソンはブルーカラー労働者が支持する社会保障政策を削減しない一方で，強制バス通学・人工妊娠中絶，そしてポルノグラフィには反対して，前者で民主党に同調しつつ，後者で差別化を図った．このような国内政治戦略も，ニクソンの 1972 年の大勝利に貢献していた.

　ただし，この頃，議会と大統領の対立も激化していた．1973 年，議会は大統領拒否権を覆して戦争権限法を成立させ，議会の承認なしで大統領が軍を海外で戦闘行動に使用する期間を最長で 90 日と制限した（ただし，歴代大統領はこれに従っていない）．翌 1974 年には大統領が，成立した予算の執行を一方的に停止することを制限する予算執行留保統制法も成立させた．この頃，議会はますます自己主張を強め，大統領の前に立ちはだかるようになった.

　ウォーターゲート事件，ニクソンの辞任，ベトナム戦争の終結　1972 年 6 月に起きた小さな事件がアメリカ政界を震撼させることになった．深夜，ワシントンのウォーターゲート・ビルに入居していた民主党全国委員会本部に 5 人組が侵入し，盗聴器を仕掛けようとしているところを現行犯で逮捕された．ホワイトハウスは当初「三流のこそ泥事件」と一蹴したが，主犯者はニクソン再選委員会の警備主任であることが判明し，さらに裁判においてホワイトハウスの関与を告白したため，一挙に重大事件となった.

　ニクソンは 1973 年 4 月にホワイトハウスの関与を認めたものの，自身の盗聴ともみ消し工作への関与は否定した．しかし，ニクソンは周囲からの政治的圧力に屈し，司法長官に独立した捜査権をもつ特別検察官を任命することを認め，同年 5 月ハーヴァード大学教授アーチボルド・コックスを特別検察官に任命した．その後，ニクソンがホワイトハウスでの会話をほとんどすべて録音していたことが発覚したため，上院ウォーターゲート特別調査委員会とコックスは録音テープの提出を求めた．大統領は拒否したのみならず，コックスを解任したため，司法長官と副長官もこれに抗議して辞任した．結局，ニクソンは録

音テープを提出したが，それは不完全なものであった．

　その後，副大統領スピロ・アグニューが汚職事件で起訴されて辞任し，ニク
ソン自身の脱税容疑も発覚した．1974 年 5 月から下院司法委員会は大統領弾
劾審議を開始し，7 月末，3 項目について弾劾決議を可決した．当時本委員会
は（上下両院同様）民主党多数であったが，賛成者には共和党議員も含まれて
いた．その直前，合衆国最高裁はニクソンに対し，テープを特別検察官に提出
するよう命令する判決を下していた．ニクソンは録音テープすべてを提出し，
当初から揉み消し工作を行っていたことを告白した．かくして，下院本会議で
の弾劾決議可決は必至となり，3 分の 2 の特別多数による上院での有罪評決の
可能性も高まった．

　1974 年 8 月 8 日，ニクソンは辞任を表明し（翌日辞任），アグニューの後任
として副大統領に任命されていたジェラルド・フォードが大統領に就任した．
18 世紀末に設計された立憲主義，とくに人間性悪説に基づいた三権相互の抑
制均衡の制度は，少なくともこの事例では機能したといえよう．

　なお，1970 年代に入り政治資金問題に関心が集まり，その結果 1971 年に連
邦選挙運動法（Federal Election Campaign Act）が成立し，1974 年に改正された．
改正法は政治資金を監督する機関として連邦選挙委員会を設置し，また個人・
政党・政治活動委員会（Political Action Committee: PAC）からの政治献金に対
して制限を課した．1976 年の最高裁判決によって一部違憲とされたものの，
同法はその後の政治資金に対する規制の最初の試みとして重要である．

　ベトナム戦争はニクソンの辞任後 1975 年 4 月に終結した．南ベトナムは 29
日から翌日にかけて南ベトナム解放民族戦線の総攻撃を受け，その首都サイゴ
ン（現ホーチミン市）のアメリカ大使館からアメリカ人が退去した．30 日，南
ベトナム政府は無条件降伏した．

　アメリカにとって，敗戦は何より屈辱であった．しかも多くのアメリカ国民
にとって，アメリカは侵略者であったので，それは道徳的敗北をも意味してい
た．それが敗北の衝撃をさらに大きなものにした．ベトナム戦争がアメリカ社
会にもたらしたものは，屈辱感，中途で終わった社会改革，リベラル派の夢の
挫折，大統領権力の肥大，そしてインフレの加速であった．それはまた，アメ
リカ社会に新たな，かつ深刻な分断を生み出し，民主党を大きく変容させたの

である.

（3）カーター政権の誕生と挫折

　1976 年選挙における新星カーターの大統領選出　フォード大統領の実直な人柄はニクソンと対照的であり，国民から歓迎された．しかしフォードは就任後ほぼ 1 か月後にニクソンに対して恩赦を与えたことで，支持率を大きく落とした（ただし，国家元首であった人物に対する処遇として，後の有識者からは好意的に評価されている）.

　それ以上にフォード政権を悩ましたのは経済問題であった．1970 年代に入り，アメリカ経済は，インフレが進行しながら深刻な不況に陥るスタグフレーション状態に置かれていることが明らかとなった．すでに 1971 年 8 月，失業率は 6.1% と高い水準にありながら，消費者物価上昇率（前年同期比）は 4.5% を記録した．貿易収支はついにほぼ恒常的な赤字に転化し，金準備も 100 億ドル台割れが確実という事態に立ち至っていた．これに対してニクソンは，1971 年 8 月，大胆な新経済政策を発表した．それは減税，賃金・物価の 90 日間凍結（前述），外国保有のドルと金との兌換の停止，10% の輸入課徴金を骨子としていた．とくにドルと金の兌換停止は，第二次世界大戦後のドル本位制的体制の終焉を意味し，世界経済を一挙に不安定化させた．とりわけ，1 ドル＝360 円の固定相場の下で輸出主導の経済成長を達成してきた日本に与えた衝撃は大きかった（73 年に変動相場制に移行）.

　さらに 1973 年 10 月に第四次中東戦争が勃発すると，アラブ石油輸出国機構（OAPEC）は原油輸出停止を断行したため，原油価格が一挙に高騰した（第一次石油ショック）．禁輸が解除された 1974 年 3 月までの間に，原油価格は世界市場で 1 バーレル 3 ドルから 12 ドル近くまで上昇しており，アメリカ国内ではさらに高くなった．それまで安価な中東の石油に依存してきたアメリカ経済は，これによってその根幹を揺るがされた．これは，ガソリン消費量の少ない日本車が売れる原因ともなり，アメリカの自動車産業は長期にわたって打撃を受けた．1974 年，実質家計所得は戦後はじめて前年比で減少したが，インフレのため名目所得は上がり，その結果所得税率も上昇した．ミドルクラスの人々の重税感は否応なく増していった．1976 年の大統領選挙はこのような経

済状況で戦われた.

　このような中, 共和党内ではロナルド・レーガンが保守派を代表してフォードに挑戦した. ニクソンが中国・ソ連との対決姿勢を緩めたこと, ケインズ的政策ともいえる民主党に近い経済政策を実施したこと, フォードもそれらを継承したこと, そして何よりフォードが副大統領に保守派にとって不倶戴天の敵ネルソン・ロックフェラーを指名したことなどが, 保守派の怒りを買っていた. 当初フォードの楽勝と思われていたが, レーガンは予想以上の善戦を見せ, 結局フォードは僅差で共和党全国党大会において指名を勝ち取ったに過ぎない. 党内でいかに急速に保守派が力を付けていたかを示す出来事であった. 国家安全保障担当大統領補佐官と国務長官を務めたヘンリー・キッシンジャーも回顧録において, ニクソン政権発足時, 反戦派あるいは民主党左派からの, すなわち左からの批判は想定していたが, 右からの批判は予想外であったと記している. こうした与党内の対立は, フォード再選にとって暗雲であった.

　民主党では, 全国的にほとんど無名のジミー・カーターが新しいルールを駆使して彗星のごとく浮上し, そのまま指名を獲得した. カーターはジョージア州議会上院議員と同州知事をそれぞれ一期務めただけであった. ウォーターゲート後のアメリカ政治において, ワシントンと無関係であればあるほど新鮮で不浄なイメージが生まれた. カーターは自らの深い信仰心を公的な場でも隠さなかったが, それはニクソンのずる賢いイメージと対照的であった.

　カーターが使った「悲惨指数」もフォードを攻め立てる効果的な武器となった. 悲惨指数とは失業率とインフレ率を加算したものであり, この時期の経済的困難を象徴するものであった. フォード政権期, それは最大で19.90にも達し (1975年1月), ニクソン恩赦とともにカーターがつけこんだ点であった.

　結果は僅差であったが, カーターが現職フォードを破った. カーターは南部出身者の威力を発揮し, 民主党は久しぶりに南部で圧勝した.

「反ワシントン」の代償　新しい大統領候補選出過程は, それまでの方法と比較すると, 党有力者の影響力を相当程度排除し, 確実に一般党員の影響力を強化した. ただし, このように選ばれた大統領と議会との関係は困難なものとなった.「反ワシントン」は大統領に当選するためには賢明なスローガンかもしれないが, 議会と協力して統治するための戦略としては弱点を抱えていた. カ

ーター政権発足時，民主党は上下両院で圧倒的多数の議席を擁していた（とくに下院では共和党の倍以上の議席数であった）が，カーター大統領の提案は必ずしも法律として成立しなかった．

　カーターは保守的な南部の出身者らしく，「大きな政府」を支持し続けるリベラル派に批判的であり，国民に自助の精神を持つように説きながら，人権の尊重や人種・性の平等といった領域では進歩的な立場をとった．カーターは福祉政策をめぐる官僚機構の非効率を批判して行政改革（官僚制改革）の必要性を説き，福祉支出削減，石油危機への対応としての省エネルギー政策などの実現を企図したが，航空運賃の規制緩和などを例外として成果は乏しかった．リベラル派主導の当時の議会民主党指導者はカーターに対する敬意と協力姿勢を欠いていたのである．

　何よりも，カーターは一向に改善しない経済状態に悩まされた．エネルギー省を新設するなどエネルギー政策も重視したが，1979年には二度目の石油ショックに見舞われ，効果は乏しかった．

　与党民主党内では，保守的傾向をもつカーターに対し，主流のリベラル派が徐々に批判を強め，党内の亀裂が徐々に鮮明になった．その対立の頂点が，エドワード・ケネディ上院議員によるカーターへの挑戦である．ケネディは1980年大統領選挙を目指して，民主党内で立候補することを表明した．

　ベトナム後の外交政策　外交政策もカーターの支持率に影響を与えた．カーターは，ベトナム戦争の反省に立ち，アメリカの力の限界を十分認識しつつ，アメリカ独自の指導力を国際社会で発揮しようとしていた．その一つが人権外交であった．ただし，これについてはソ連，韓国，中南米諸国等に一様に適用することが困難で，一貫性の欠如との批判が浴びせられた．

　イラン革命後の1979年11月，テヘランにおかれているアメリカ大使館職員が人質に取られ，アメリカ国民は激怒したが，軍事的救出作戦は失敗に帰し，政権の威信を低下させた．パナマ運河返還条約やイスラエル・エジプト間のキャンプ・デイヴィッド合意，米中国交正常化などの成果を生み出しながらも，外交政策では高い評価を得られなかった．最終的にカーターに打撃を与えたのは，1979年12月のソ連によるアフガニスタン侵攻であった．それまでベトナム，イエメン等でソ連が進出していたにもかかわらず抑制的な対ソ政策を維持

してきたカーター政権であったが，これを契機に（第二次戦略兵器制限条約
（SALT II）合意のような）交渉路線を放棄し，大規模な国防費増額を実施した．
しかし，国民の信頼を回復するには手遅れであった．

　経済的困難とともに，このような外交面での展開故に，敗北感と無力感がア
メリカ社会を覆うようになった．1980 年大統領選挙において，カーターにと
って致命的であったのは，1976 年にカーターがフォードに対して使った悲惨
指数を逆用されたことである．たしかにカーター時代，指数は 12.72 で始まり
ながら，1980 年選挙前に 19.72 に達していた．ある意味で，フォードもカー
ターも，低経済成長時代の犠牲者であった．戦後続いてきた分配と再分配，順
調な経済成長という組み合わせは，将来も継続可能なのであろうか．これは，
多くのアメリカ人が感じた疑問と不安でもあった．

2.　二大政党制の再編と戦後政治の転換

（1）南部政治の変容

　市民的権利法の効果　第二次世界大戦前の南部は，基本的には圧倒的な農業
地帯であり，同時に貧困地域であった．しかし，戦後の変化は目覚ましく，も
っとも貧しい州のひとつであるミシシッピ州を例にとると，全国平均にかなり
追いついた．1940 年，同州の 1 人当たり所得は全国平均の 36% でしかなかっ
たが，それは 1990 年には 67% まで上昇し，2010 年には 73% となった．こん
にち，同州の学校はほとんどすべてが冷暖房とインターネット完備である．州
生産高は，1965 年以降製造業が綿花栽培を中心とする農業を上回っている．

　北部から多数の企業が南部に流入したが，連邦政府も南部の防衛産業に大規
模な発注をした．南部の多くの州では労働組合の力が弱いため，工場誘致に有
利であった．かつて政治学者ネルソン・ポルスビーは，エアコンの発明が南部
の二党制化を招いたと指摘したが，これは一面の真理をついている．多数の大
企業のオフィスビルや裕福な年金生活者のコミュニティがジョージア州やフロ
リダ州に存在することは，エアコンなしでは想像しがたい．

　しかし南部の政治的変化をもたらしたのは，何といっても 1964 年の市民的
権利法と翌年の投票権法の成立であった．南部のほとんどの白人はそれまで黒

人に対するジム・クロウ制を維持するために，民主党を支持してきた．ニューディール以来民主党が北部主導で大きな政府を実現してきたにもかかわらず，彼らはある意味でそれを我慢してきた．民主党政権が 1948 年のトルーマンのように直接ジム・クロウ制を攻撃してきた時のみ，同年のサーモンドの大統領選挙出馬のように，実力行使によって民主党候補を落選させようとしてきた．1968 年にも，すでにみたようにジョージ・ウォーレスが立候補した．

　南部白人の支持政党が一夜にして共和党に変わったわけではない．1970 年代頃までの共和党は人種問題ではリベラルな傾向すらあり，ただちに南部白人の受け皿になったわけではない．ただし，その中で 1964 年の共和党大統領候補ゴールドウォーターは市民的権利法反対を表明しており，共和党の将来について，とくに南部での支持拡大を視野に入れた一つの選択肢を提示していた．

　支持政党の変化は選挙区の大きい選挙から起き始めた．大統領選挙ではすでに 1956 年にアイゼンハワーが南部においてほぼ互角に戦っていた（表 1）．ついで上院議員選挙で徐々に共和党が議席を獲得し始めた（1982 年に民主・共和は南部 11 州において同数となった）．地元有権者にもっとも密着しており，彼らの感情や価値観との距離が小さい下院議員選挙での変化がもっとも緩慢であり，ようやく 1994 年に共和党は逆転した（ただし州議会での変化はさらに遅れた）．アメリカの政党制の変化は，1932 年まで決定的選挙（1800 年，1828 年，1860 年，1896 年，1932 年のように，主要政党の支持基盤と力関係が一挙に変わる選挙）を節目にしていたのに対し，1968 年以降それに相当する選挙が存在しない理由の一つは，このように南部が大規模に，しかし緩慢かつ長期にわたって支持政党を変えてきたからである．

　南部の政治的変化の不可欠の要素は，黒人の投票権が格段に強化されたことと，全般的に投票率が大幅に上昇したことである．民主党は一様に白人の支持を得ることはできなくなったが，それでも白人穏健派・リベラル派と少数派（主として黒人とヒスパニック）の連合で戦い，都市部では勝利することが可能であった．ちなみに，カーター人権外交が成立する必要条件が，ここで見た市民的権利法の成立であった．

　南部の共和党化を後押ししたさらにもう一つの要素は，宗教である．南部は元来アメリカでもっとも宗教的な地域であったが，1920 年代の進化論をめぐ

表 1　南部での共和党の勢力拡大（1956-2020 年）

年	下院議員数		上院議員数		州知事数		大統領選挙で勝った州の数	
	民主党	共和党	民主党	共和党	民主党	共和党	民主党	共和党
1956	99	7	22	0	11	0	6	5
58	99	7	22	0	11	0		
60	99	7	22	0	11	0	8[a]	2
62	95	11	21	1	11	0		
64	89	17	21	1	11	0	6	5
66	83	23	19	3	9	2		
68	80	26	18	4	9	2	1	5[b]
70	79	27	16 [1][c]	5	9	2		
72	74	34	14 [1][c]	7	8	3	0	11
74	81	27	15 [1][c]	6	8	3		
76	82	26	16 [1][c]	5	9	2	10	1
78	77	31	15 [1][c]	6	8	3		
80	55	53	11 [1][c]	10	6	5	1	10
82	80	33	11	11	11	0		
84	72	41	11	10	10	1	0	11
86	77	39	16	6	6	5		
88	80	36	15	7	6	5	0	11
90	77	39	15	7	8	3		
92	82	43	14	8	8	3	4	7
94	61	64	9	13	5	6		
96	53	72	7	15	3	8	4	7
98	54	71	8	14	4	7		
2000	53	70	9	13	5	6	0	11
02	54	77	9	13	5	6		
04	49	82	4	18	4	7	0	11
06	54	77	5	17	5	6		
08	59	72	7	15	4	7	3	8
10	37	94	6	16	3	8		
12	40	98	6	16	2	9	2	9
14	37	101	3	19	1	10		
16	39	99	1	21	3	8	1	10
18	48	91	3	20	3	8	1	10
20	48	89	4	19	3	8	2	9

［注］南部：ヴァージニア州，ノースカロライナ州，サウスカロライナ州，ジョージア州，
　　フロリダ州，テネシー州，アラバマ州，ミシシッピ州，アーカンソー州，ルイジアナ州，
　　テキサス州.
　　　a：ミシシッピ州の 8 人の大統領選挙人はハリー・バードに投票.
　　　b：ジョージ・ウォーレスのアメリカ独立党が 5 州で勝利.
　　　c：ハリー・バード・ジュニアが無所属.
　　　＊2000 年，下院議員に無所属が 1 人.
［出典］*National Journal, CQ's Politics in America* などをもとに作成.

る裁判（スコープス裁判）の後，進化論教育反対派は裁判で勝利したものの，北部から見下されたと感じて，公的活動から退出した.

　しかし，1970年代半ばより，ニューライトなどと呼ばれる共和党の右派活動家と，キリスト教保守派牧師が協力し合い，再び現世での活動に向けて信者に働きかけた．前者ではハワード・フィリップス，リチャード・ヴィゲリーら，後者ではジェリー・ファルウェル，パット・ロバートソンらがよく知られている．宗教界では，保守的な南部バプティストなどの教派が中心であった．こうした政治勢力にとって機は熟していた．聖書の使用が公立学校で禁止され，進化論教育はますます普及し，女性の権利として認められた人工妊娠中絶の件数は鰻登りに増え，同性愛と男女平等はますます社会に受け入れられつつあった．犯罪は増え，ポルノグラフィも蔓延していた．アメリカ社会全体が，神を恐れぬ人間中心主義者・リベラル派の主導によって，ますます世俗化しているように映ったのである．

　カーター登場の意味　ジョン・F.ケネディは1960年の大統領選挙で当選後，フルブライト上院議員の国務長官起用を検討したが，同上院議員が地元アーカンソー州ではジム・クロウ制度を支持していたがゆえに，黒人団体から異論が出され，結局断念した．南部のほとんどの白人政治家は，自分の選挙区においてジム・クロウ制を擁護しており，そうでないと（ほとんどの場合同じ民主党の予備選挙において）他候補から激しく批判された（ヒューイ・ロングはその点で例外）．南部に人種差別制度が存在する限り，そこを基盤にして当選してくる南部政治家が大統領に当選できる可能性はきわめて限られていた（リンドン・ジョンソンもやや例外的であった）．

　カーターはこの文脈で興味深い．彼が政界入りしたのは，市民的権利法・投票権法成立後，すなわち黒人差別制度撤廃後のことであった．カーターはその意味で，過去の人種差別制度に加担したことがなく，同時に人種的平等を当然の前提として政界入りした南部における新しい世代の白人政治家であった．

　それに対して，かつて差別主義者として当選した白人政治家にとって，徐々に困難な状況が出現しつつあった．黒人の有権者登録率は一挙に上がり，多くの南部州では有権者に占める比率は20％〜30％にもなっていた．引退する政治家，あるいは再選に失敗する政治家が続出したが，中には「転向」する者も

いた．ジョージ・ウォーレスがその例である．彼は 1982 年にアラバマ州知事選挙に出馬したが，その際，過去の差別主義者としての言動を黒人有権者の前で涙を流しながら謝罪した．結果は，彼らの 90% 以上の支持を得ての当選であった．

　南部の共和党化　カーターは 1976 年大統領選挙で民主党に久々に南部諸州での全面的勝利をもたらしたが，これは彼がジョージア州出身であり，また多くの南部人同様きわめて信心深い人物であったからであった．しかしそのカーターをもってしても，民主党は 1980 年大統領選挙で南部でも惨敗した．レーガンと比較すると，カーターは世俗的でリベラル過ぎたからであった．2000年選挙で民主党大統領候補となったアル・ゴアは地元テネシー州で勝利できなかった．

　1995 年に下院議長に就任したニュート・ギングリッチは，1978 年 11 月の中間選挙で下院議員に初当選したが，ジョージア州第 6 選挙区では史上初の共和党員議員であった．ギングリッチは 1989 年に共和党下院院内幹事（当時少数党であった共和党下院議員団では序列第 2 位のポスト）に就任し，1995 年共和党が 40年ぶりに上下両院で多数党になったのと同時に下院議長に選出された．この時，共和党はすでに中西部・西部・北東部を地盤にする穏健保守の政党ではなく，南部と西部山岳州を地盤とする保守政党となっていた．それは議会指導部・委員長についても妥当し，ギングリッチを初めとして多数の南部選出議員が指導部を形成した．

　それと同時並行的に進行していたのが，共和党のそれ以外の地域での衰退であった．共和党の地盤ですらあったニューヨーク州をはじめとしてカリフォルニア州など，かつて共和党が優位に立っていた地域において民主党が取って代わった．すなわち，南部の共和党化は，北部・北東部・太平洋岸の民主党化をも意味していた．それでも，南部への進出を果たしたことで共和党は全体として党勢を伸ばし，1994 年中間選挙で大勝して以来，それまで 1940 年間下院で少数党であった劣勢を跳ね返し，それ以降基本的に民主党とほぼ対等に渡り合っている．

　民主党から南部保守派が消滅した効果の一つは，イデオロギー的分極化の進行であった．1960 年代にはリベラル派には民主党のみならず共和党の議員も

含まれ，保守派には共和党だけでなく民主党の議員（多くは南部出身者）が含まれていた．すなわち，二大政党の政策的相違は必ずしも明確でなく，議会全体としては超党派的性格が濃厚であった．このイデオロギー的混在状態が1990年代にかけてきれいに整序された結果，二大政党の対立は激化しただけでなく硬直化したのである．

(2) 共和党の変化

　新しい共和党：経済政策　1970年代，共和党は大減税を正面から支持するようになった．これが同党の変化の第一の側面であった．共和党の中心的な支持基盤は結党以来経済界であったが，それは均衡財政の重視をも意味していた．第二次世界大戦後では，減税政策といえばむしろ民主党のケネディが提案しジョンソンが成立させた1964年の大型減税がよく知られている．

　しかし，共和党内では1970年代後半，ラッファー曲線論が急速に浸透し，減税政策が支持されるようになった．この理論は1974年にアーサー・ラッファーが首都ワシントンのあるレストランにおいて『ウォール・ストリート・ジャーナル』の記者ジュード・ワニスキーらに説いたものとして知られている．それは，税率がある水準を越えると，税収はかえって減少することを説いていた．もし，その時点でのアメリカの「高い」税率を前提にすると，減税によって税収は増加することが指摘されていた．この政策案は広く知られるようになり，とくに共和党内で支持が広がっていった．

　それは経済学者の間で一笑に付されたが，1977年にはケンプ＝ロス法案として連邦議会に提案され，可決されなかったものの予想以上の支持を集めた．1978年にカリフォルニア州において固定資産税の減税を求める州民投票が可決されたことも，一般国民の間に広まっている重税感を政治家に認識させることになった．1980年の大統領選挙は，共和党内でレーガンの対抗馬であったジョージ・H. W. ブッシュはこれを「まじないの経済学」と呼んで一蹴したが，レーガンがその案を正面から支持した．

　共和党の立場に立つと，均衡財政論では歳出削減を主張せざるを得ず，政治的魅力という点で今一つであったが，減税はその点で経済成長論としても機能しており，政治的にもきわめて魅力的であった．かくして，1970年代末に共

和党は静態的な財政均衡論からより攻撃的な大減税の党に変容しつつあった．同時に，規制緩和といった新しい提案も盛り込み，共和党は減税推進と合わせて，明確に小さな政府を目指すようになった．

　新しい共和党：社会文化的争点と外交　1970 年代半ば，進化論教育，公立学校教員における新約聖書使用問題など旧来の争点の他に，人工妊娠中絶，フェミニズムの台頭，同性愛者運動の出現，ポルノグラフィの合法化など，多数の宗教に関わる争点が噴出した．ERA については，1920 年代から推進してきたのはむしろ共和党であったが，1970 年代後半から 80 年代にかけて反対に回るなど，同党は宗教が関わる争点に対して急速に態度を変えつつあった．これが共和党の第二の変化であった．

　第三に，銃所持の問題も，1980 年代に入ってから徐々に，その規制を求める民主党リベラル派と所持する権利を断固守ろうとする共和党保守派の間で，先鋭な争点となった．

　第四に，人種問題について，リンカーンの政党・共和党は大きく態度を変えた．同党は差別制度を擁護することはできなかったが，様々な形で黒人に否定的な感情を抱く白人の支持を得られる政策を提示した．その一つは，アファーマティブ・アクション（積極的差別是正措置）に対する反対であった．適用対象がヒスパニックや女性など他の集団に拡大されるにつれ，その影響を受ける関係者も増え，心理的な反発も強まった．1978 年カリフォルニア大学デイヴィス校医科大学院への入学をめぐるバッキー裁判は，白人の反発の一つの例である（人種的な割り当て制をとっていた大学は敗訴．しかし多様な学生集団を構成するための人種的配慮は認める）．

　もう一つ，共和党が好んで批判したのが要扶養児童家庭扶助（Aid to Families with Dependent Children: AFDC）であった．これは主として貧しい母子家庭に対する生活扶助で，ニューディール期に始まったが，ジョンソン政権のもとで一挙に拡充された．その結果多数の黒人家庭が対象になり，批判者は，職についていたのに辞めて扶助に頼るようになった例，あるいは（偽装）離婚を促進している例などを強調した．重税感を深めた白人労働者に対する訴えとしては効果的であった．

　全体として，共和党保守派による再分配政策への批判，さらには小さな政府

論には，その提唱者の動機すべてが人種差別的であるわけではないものの，結果としてそのような含意が含まれていることも確かであり，それが小さな政府論が支持される背景であった．

　さらに第五の変化として，共和党は，とくにレーガン期から，外交的に「強いアメリカ」の復活をスローガンにしてタカ派の立場をとり，軍備管理ないし軍縮論に傾斜した民主党との政策的距離を広げた．その担い手は，レーガンのもとに結集しつつあった共和党保守派とかつて民主党支持者であった年来の冷戦の闘士であった．

　かくして，1980 年代に共和党は，その 10 年前と異なった姿を有権者の前に呈示することになった．

(3) レーガン革命とその遺産

　1980 年選挙とレーガン連合の形成　1980 年大統領選挙は，予想外のレーガン圧勝で終わった．多くの国民はアメリカの経済状態に，そして国際舞台でのアメリカの地位に不満を感じていた．とくにイラン大使館人質事件はアメリカにとって屈辱的であり，レーガンによる強いアメリカの復活のスローガンは確実に浸透していた．レーガンは大統領選挙人 489 人を獲得し，49 人のカーターを圧倒した．得票率はレーガンが 50.7%，カーターが 41.0%，そして無所属（前共和党下院議員）のジョン・アンダーソンが 6.6% であった．たしかにカーター民主党政権に対する不満がレーガン当選の原動力になっていたが，減税を柱とした小さな政府主義者，キリスト教保守派，そして外交タカ派を中核とする「レーガン連合」が成立しており，支持基盤の広がりを見せていた．ここでは企業経営者，農民，高額所得者，強い信仰心をもつ者などが中心であったが，とくに南部の白人はもっとも中核的な支持集団であった．

　レーガンが 1976 年に立候補した際はリバタリアン（自由至上主義者）的であり，キリスト教保守色は希薄であった．しかし，1980 年には人工妊娠中絶禁止の立場を打ち出すなど，キリスト教保守勢力との協力関係を固めていた．

　レーガン革命：「政府こそが問題だ」　1981 年 1 月 20 日，レーガンは就任演説において「政府こそが問題である」と述べた．これほど強烈な反政府的なレトリックが大統領から発せられたことはなかったであろう．その日，テヘランで

人質になっていたアメリカ大使館員が解放されたことはレーガンにとって朗報であった．しかし，レーガン政権の最優先政策は経済の再建であり，それは「小さな政府」を実現することによって可能になると考えられた．

　レーガンの経済政策はレーガノミクスと呼ばれたが，それは当時の経済学者の間では圧倒的に少数派の処方箋であった．この学説はケインズ派政策論に批判的な立場に立つマネタリズムと供給サイドの経済学を基礎にしていた．イン
フレに対する処方箋としては貨幣供給量の減少を目指し，民間企業の活力を強化し経済成長を促進すれば，生産性の上昇や生産力の向上など供給サイドに好影響を及ぼすとの前提にたって，大減税と政府規制の緩和を実施した．

　レーガンは具体的には，連邦所得税の税率を 3 年間で 25% 引き下げる法案を提案した．下院で共和党は少数党であったが，保守的な南部民主党議員の相当数が支持したため（保守連合），減税法案は可決された．これは 1981 年からの 5 年間で 3454 億ドルにも及ぶ大規模なものであった．さらに法人税の引き下げも実施された．レーガンは歳出削減も提案し，議会は 1982 年度に 350 億ドル，3 年間合計で 1300 億ドルの支出削減計画を承認した．

　規制緩和ないし撤廃については，カーター政権から着手された経済規制だけでなく，環境保護，公衆衛生，職場の安全確保のための規制といった社会規制の緩和・撤廃にも手を付けた．前者だけであれば民主党系の消費者運動なども賛成するが，レーガンは後者も含めたため，議会民主党と環境保護団体などが強く反発した．減税については富裕者・大企業優遇策，歳出削減については弱者いじめとの批判が噴出した．また，1981 年から 82 年にかけて，アメリカは失業率が 9% 近くにまで跳ね上がる深刻な景気後退に見舞われたため，レーガノミクスに対する批判はますます強まった．

　特に困難をきわめたのが，歳出削減であった．多くの議員は減税に賛成したが，支持者や既得権益集団を怒らせる支出削減には抵抗した．その様子は怒りとともに，デイヴィッド・ストックマン行政管理予算局長が著書に記している．さらに，国防費の大幅な増額が財政赤字を深刻なものにした．1983 会計年度に財政赤字は 1954 億ドルに達した（前年度は 1107 億ドル）．

　ただし景気は同年から回復し始め，長期にわたって好景気が維持された．1984 年の大統領選挙で民主党はリベラル派の前副大統領ウォルター・モンデ

ールを大統領候補に，ジェラルディン・フェラーロ下院議員を副大統領候補
（主要政党では女性としては初）に指名したが，惨敗した（大統領選挙人 525 人対 13
人，得票率 59％ 対 41％）．

　二期目に入り，レーガンはいくつかの重要な法律を成立させた．一つは
1986 年の税制改革法である．これは第一期の大減税と異なり，税収面ではほ
ぼ中立的であり，複雑になり過ぎた税制そのものを簡素化しようとしていた．
既存の控除を撤廃されることによって利益が減る既得権益集団からは強い反対
運動が展開されるがゆえに，通常はほとんど不可能とみなされている改革であ
るが，レーガンはこれを超党派で達成した．

　個人所得については，税率が 11％ から 50％ まで 14 段階にも細分化されて
いたのを，15％ と 28％ の 2 段階のみに整理し，同時に多数の優遇措置を撤廃
した．法人税率もそれまでの 5 段階から 3 段階に簡素化され，最高税率は引き
下げられた．ただし，法人税は全体としては増税となっている．全体として，
税理士に依頼しないと処理できないと言われるほど複雑怪奇になっていた税制
は，相当程度わかりやすくなった．

　もう一つ，この時期に超党派で重要な成果が生まれた．1986 年に成立した
移民改革統制法（シンプソン＝マゾーリ法）であった．アラン・シンプソン上院
議員（ワイオミング州，共和党）とロマノ・マゾーリ下院議員（ケンタッキー州，
民主党）の党籍から推測できるように，超党派的性格をもった移民法であった．
1965 年の改正移民法のあと，管理が行き届いていないメキシコ国境から多数
の不法移民が入国し続け，政治問題化した．1986 年の法律は国境警備の厳格
化，および不法移民の雇用主に対する罰則の導入と同時に，約 300 万人の不法
移民にアメリカに滞在し続ける法的な資格と将来市民権を取得する資格を賦与
した．

　その後，不法移民問題が二大政党を分かつ分極化促進要因となったことを考
慮すると，この時期に，今日から見るとかなり寛大な政策が超党派で成立して
いたことは注目に値する．

　レーガン革命の遺産　1985 年から 1988 年にかけて経済成長率は 2.7％ から
4.4％ の間を推移し，失業率は 7.2％ から 5.5％ に下降した．さらに消費者物
価上昇率は 1.9％ から 4.1％ の間にとどまった．レーガンは，結果的にインフ

レなき経済成長を達成した.

　レーガンは「中核的な社会的セーフティネット」に属するものは削減しないと公約していた. それは, 退職年金制度, 失業手当, 高齢低所得者への給付金, 軍人恩給制度などを意味していた. その意味では, 当初から劇的な歳出削減は容易でなかった.

　しかも, 1981 年当時, 連邦政府支出の約 70% が既存の法律によって支出が義務づけられた経費 (法定支出義務経費) となっており, この部分は法律を改正しなければ支出削減は不可能であった. 残り 30% のみが裁量的支出であったが, その約半分が国防費であり, これはレーガン政権期に急増した予算である. レーガン政権の 8 年間, 下院では一貫して民主党が多数党であり, 歳出削減には強く抵抗した (上院は最初の 6 年間共和党が多数党であった). カーター政権期には社会サービス・移転支出の実質伸び率は 4.6% であったが, レーガン政権第一期にはそれを 2.5% に抑えた. ただし, レーガン政権は強硬な姿勢でソ連に臨み, その体制を大きく動揺させることに成功した.

　より明確に負の遺産といえるのは, まず巨額の財政赤字を指摘できる. かつて財政均衡を党是とした共和党が戦時でもないのに, 大規模な財政赤字を積み上げたのはまことに皮肉なことである. その規模は 1960 年代には GNP の 1% 程度, 1970 年代で 2% 程度であったのに対し, 1980 年代には 4% を突破した. その後, アメリカは長期にわたって財政赤字に悩まされ, クリントン政権末期に財政黒字を生み出すまでに回復したものの, その後再び悪化した (2021 年には国内総生産 (GDP) 比で 13.4% に達した).

　もう一つ, 貿易赤字も深刻な問題となった. アメリカの貿易収支は 1960 年代には黒字基調であったが, 西ドイツや日本からの製品輸入が増え, また原油価格の上昇が加わって, 1970 年代に入ってから一挙に悪化し, 1976 年以降基本的に赤字となった. レーガン政権に入り 1983 年以降, 貿易赤字額は過去に例をみないほどの大きさとなり, とくに日本に対する赤字額は突出していたため, 深刻な政治問題となった. 1985 年の先進国蔵相・中央銀行総裁会議においていわゆるプラザ合意 (ニューヨークのプラザ・ホテルで合意) が成立して, 1 ドルはそれまでのおよそ 240 円から 200 円にドル安・円高となったが, それでもアメリカの貿易赤字は縮小しなかった. この頃, 貿易赤字は財政赤字と並ん

で「双子の赤字」と呼ばれ，アメリカの病の象徴ともみなされた．アメリカの対外純債務残高（対外資産残高と対外債務残高の差）も増大し，第一次世界大戦後初めて債務国に転落しただけでなく，1986年には世界最大の債務国となった（ただしその意味については評価が分かれる）．

3.　冷戦の終結と中道の模索

（1）レーガン連合の光と陰

　レーガン連合の拡大　1980年選挙の分析でしばしば登場した概念に「レーガン・デモクラット」がある．元来民主党支持者であったが，1980年選挙で共和党のレーガンに投票した人々を指す．典型的には，白人の労働者階級あるいは南部の白人中低所得者層であった．前者はニューディールないし大きな政府的政策に，後者は黒人差別体制支持の姿勢に惹きつけられて，長らく民主党を支持した．しかし，前者は賃金の伸び悩みの中で徐々に重税感を抱き，後者は民主党に裏切られたと感じ，同党から離反し始めた．また，前述したように，どちらのグループも，同党が1960年代から熱心に推進し始めたアファーマティブ・アクションやAFDCなどの政策に嫌悪感をもつようになった．

　ニューディール期から1970年代前半まで，リベラルという言葉は輝きをもっていた．それはアメリカ政界の主流を示す言葉であった．しかし，1980年代も後半になると，それは「Lワード」とも呼ばれ，政治の世界においてマイナス・シンボルとなった．それは自分の子どもを私立の小学校に入れながら，強制バス通学を命じて，白人労働者階級と黒人の子どもを無理やり同じ学校に統合しようとしている，あるいは白人労働者層に高い税金を課してスラムの黒人貧困層のためのAFDCを推進している高学歴のエリート官僚を彷彿とさせる言葉となった．「犯罪に甘いリベラル」という言説もその一環であった．

　さらに共和党は，民主党リベラル派は「ヒューマニスト」すなわち人間が何でもできると考える神を怖れぬ人間中心主義者であると批判した．信仰派と世俗派の分断は，アメリカ政治の新たな亀裂であり，共和党対民主党という政党対立と徐々に重なっていく．同時に，ソ連に甘い「弱腰の民主党」との批判も有効であった．とくにレーガン的な「強いアメリカ」復活のスローガンは，も

図 3　アメリカにおける最上位 1% の人々の取り分の変化

［出 典］John Cassidy, "Piketty's Inequality Story in Six Charts"（https://www. newyorker.com/news/john-cassidy/pikettys-inequality-story-in-six-charts）.

ともと強いアメリカ人のナショナリズムをくすぐった.

　財政赤字や貿易赤字といった問題は存在したものの, 何よりも長期の経済不振からの脱却によって, レーガン路線は人気を博した. これに加えて, 外交でのタカ派路線, 宗教重視の姿勢, 黒人優遇策に対する批判, そして銃所持者との連携といった新しい共和党支持連合のあり方は, 1980 年代に同党支持基盤の裾野を広げた. 自由放任的経済政策と人工妊娠中絶での女性の選択の制約, あるいは歳出削減と国防費大幅増額など, 個別には矛盾する側面を内包しつつ（どのような政治連合にも一定の矛盾は付きまとうが）, レーガンは「レーガン連合」の拡大に成功したのである.

　レーガン連合の影　しかし, レーガン政権のもと, 1930 年代から着実に減少してきた貧富の格差が開き始めたことは否定しがたい（図 3 参照）（逆説的ながら, ニューディールは所得再分配という点で, 一定程度効果的であったことを示している）.

　アメリカの世帯の平均実質所得は, 図 4 のように, 1966-79 年には 5 分位のいずれの所得階層でも増加したが, 1979-93 年では, 最貧困層の実質所得が15% 減少したのに対して, 最富裕層のそれは 18% も増加した. 1981 年から85 年にかけて, 所得上位 5 分の 1 の世帯の実質可処分所得は約 9% 増加したが, 下位 5 分の 1 の世帯のそれは約 8% 減少した. 1960 年代には 0.40 を下回ったこともあるジニ係数においても 1980 年代には 0.43 を超え, また貧困率も

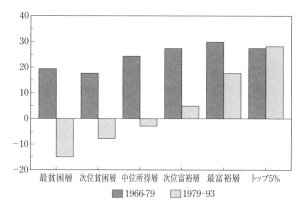

図 4　5 分位階層別実質平均家族所得の変化（1966–93 年）

［注］消費者物価指数（CPI）によりデフレートした 1993 年価格による.
　　　1966–79 年と 1979–93 年における変化率（%）の比較.
［出典］奥村茂次「レーガン後のアメリカ経済：その現状と課題」奈良産業大学
『産業と経済』第 11 巻第 4 号（1997 年 3 月），図 4.

同様の傾向を示していた.

　黒人女性の貧困問題はとくに深刻であった．1980 年には，母子家庭 3 世帯のうち 2 世帯は生活扶助を受けており，長期に及ぶ貧困者の 3 分の 2 は女性であった．離婚・別居の増加により未婚の母が急増したことが原因の一つであった．それはとくに黒人社会で深刻であった．1980 年代初頭，黒人新生児の 55% は未婚女性のもとに生まれていた．20 歳未満の黒人の母親の 85% は未婚であり，子どもをもつ黒人家庭の 47% は母子家庭であった（1960 年には 21%）.

　この原因について，規範や文化の変容，大都市中心部での雇用の喪失，人種差別，AFDC の副作用などが指摘され，激しい論争が展開されたが，見解は一致しなかった．リベラル派と黒人は人種差別による雇用喪失を重視し，保守派は黒人の行動様式と AFDC の否定的効果（黒人男性の誇りを傷つける，（偽装）離婚を促進するなど）を批判した.

　アメリカ衰退論とレーガン批判　ポール・ケネディの著書『大国の興亡』（1987 年）は，学会を越えてアメリカ政治の場で論争の書となった．それは同書が，当時のアメリカについて，かつてのイギリスに擬えながら，帝国の過剰拡大，すなわち国力を越えて軍事費を支出したため国内問題が放置され，結果的に国としても衰退していると論じたからである．同書は，「強いアメリカ」

の復活を謳ったレーガン政権の成果を否定しようとした民主党系の政治家や評論家によって，レーガン批判として利用された．1992 年の大統領選挙に民主党から立候補（予備選挙で敗退）したポール・ソンガスの言葉，「冷戦は終わった，しかし勝ったのは日本だ」は，このような人々の感情を簡潔に表現していた．

　衰退の具体例として提示されたのは，財政赤字，貿易赤字，経済的競争力の衰退，貧富の格差，大都市スラムや教育の荒廃，インフラの老朽化，国民皆保険制度の欠如などであった．

　この間，通商問題の重要性が増し，とくに日本に対する巨額の貿易赤字と，日本の様々な保護主義的貿易慣行がアメリカ側の批判と怒りの矛先となってときに同盟関係は緊張した．1970 年代には日本からの繊維や家電製品の対米輸出が批判されたが，鉄鋼，自動車，半導体，コンピュータ，高度技術製品に移行するに従い，安全保障上の含意も増し，深刻な外交問題となった．

　議会における通商問題での対日タカ派には，被害を申し立てる企業を選挙区に抱えた議員が多く，それは超党派の広がりを見せていたが，労働組合からの支援を共和党より強く受ける民主党の議員に多かった．19 世紀以来長らく低関税と自由貿易主義を支持してきた民主党は，アメリカの製品が国際競争力を失い始めた 1970 年代頃から徐々に保護貿易に傾斜し，立場を共和党と逆転させた．1980 年代後半には，議会民主党対共和党政権という対立軸とも重なるようになり，民主党にとって貿易赤字は，共和党政権を攻め立てる効果的なカードとなったのである．

(2) 中道保守の模索と挫折

　1988 年選挙と G. H. W. ブッシュ政権　ジョージ・H. W. ブッシュはワシントン不信が強まる時代において，ある意味で究極のワシントン・インサイダーであった．米国駐中国連絡事務所所長，共和党全国委員会委員長，CIA 長官，そして副大統領 8 年の経歴は，州知事出身者が目立つウォーターゲート後の大統領の中で異彩を放つ．それはブッシュの強みであったが，弱点ともなった．また，ブッシュはレーガン政権の下，保守派が主導権を握った共和党内において中道派の指導者であった．レーガンとの思想的違いにもかかわらず 8 年間副

大統領として「盲目的に忠誠を尽くす」（自らの言葉）姿勢を貫いたことに対し，野党からは軽蔑の言葉すら発せられた．そのブッシュが共和党候補に指名されたのであるから，1988年大統領選挙に向けて民主党は自信満々であった．同党ではマサチューセッツ州知事であったマイケル・デュカキスが公認候補に指名された．

ブッシュは保守派から抱かれていた疑いを，共和党大会において，「新しい税金は導入しません（No new taxes）」と宣言して払拭したうえで，デュカキスに対して，テレビ広告による徹底的なネガティブ・キャンペーンを実行し，容赦のないリベラル批判を浴びせた．

結果はブッシュの圧勝であった（大統領選挙人で426人対111人，得票率で約53%対46%）．レーガン大統領の支持率は任期最終年の1988年を通じておおよそ50%を越え，最後は60%をも突破していた．憲法上もし三選が許されていたら，レーガンは余裕で当選したであろうとのコメントも発せられていた．第二次世界大戦終了後，同じ政党が3回以上連続して大統領選挙で勝利したのは，1948年のトルーマンの例しかなく，1988年は2回目に過ぎなかった（その後も例はない）．ある意味で，1988年はレーガンの「三選」でもあった．

ブッシュは当選後本来の中道色を発揮し，「環境大統領」「教育大統領」になると発言した．「（レーガンより）優しく親切なアメリカ」を目指すとも語って，ナンシー・レーガンの不興を買った．人事においても環境保護庁などに穏健派を登用した．議会上下両院で多数党であった民主党と協力・妥協して，1990年に画期的な成果を生み出した．それが「大気清浄化法改正」と「障害をもつアメリカ人法」であった．前者は大気汚染を改善する上で，後者は身体障害者を支援する上で重要な法案であり，民主党的な内容も含んでいた．

中道ブッシュの本領は，彼の増税提案に象徴的に見ることができる．ブッシュは下院民主党と交渉の末，共和党が増税，民主党が社会保障費の減額を受け入れる痛み分けの妥協案を取りまとめ，議会に可決を要請したが，共和党保守派の反発を買った．彼らのほとんどはすでに，いかなる増税も受け入れないと誓う反増税団体・全米税制改革協議会（Americans for Tax Reform）の誓約書に署名していた．『ウォール・ストリート・ジャーナル』の社説はこの誓約を破ることについて事前に警告すら発した．共和党議員にとっては，自党の大統

領を支持する必要性と増税拒否の誓約との板挟みであったが，ギングリッチ下院議員ら保守派はブッシュに背き，反対票を投じた．妥協案は最終的に可決されたが，ブッシュに対する共和党保守派の怒りは消えなかった．彼らの一部はブッシュ再選にすら反対することになる．

　　冷戦終結と湾岸戦争　　1985 年ソ連でミハイル・ゴルバチョフが最高指導者として登場して以来，米ソ関係は大きく変容した．当初，大規模軍拡，戦略防衛構想（SDI）などによって強硬な姿勢でソ連に臨んだレーガンは，同年 11 月に 6 年ぶりの米ソ首脳会談を実施した．1987 年の 3 回目の首脳会談において，両首脳は中距離ミサイルと短距離ミサイルすべてを廃棄する画期的な中距離核戦力（INF）全廃条約に調印し，また戦略核の 50% 削減に向けて交渉を進めることでも合意した．1988 年にはソ連軍がアフガニスタンからの撤退を開始した．

　　国際政治の激変はさらに続いた．1989 年，ベルリンの壁崩壊に象徴される東欧革命が起き，東欧の共産主義政権が次から次へと崩れ去った．同年 12 月，マルタで行われたブッシュ＝ゴルバチョフ首脳会談で冷戦の終焉が宣言され，翌 1990 年には東西ドイツが統一された．さらに 1991 年末にはソ連邦自体が解体されてソ連大統領としてのゴルバチョフは失職し，国連安保理常任理事国としての地位などソ連が持っていた国家としての法的権利・義務はロシア共和国（ロシア連邦）が継承した．

　　アメリカにとって国際環境は一変し，アメリカはロシアの核兵器廃棄が順調に進展するように援助まで提供した．1991 年にはソ連と第一次戦略兵器削減条約（START I）に，1993 年にはロシアと第二次戦略兵器削減条約（START II）に調印した．

　　この間，1990 年 8 月，サダム・フセインが率いるイラクは隣国クウェートに突然侵攻して全土を占領した．ブッシュ大統領はただちに米軍をサウジアラビアなど中東に派遣してさらなる侵攻を防ぐ一方で，国連安保理から限定的な武力行使を認める決議を獲得した．1991 年 1 月 12 日，アメリカ議会は，多くの民主党議員の反対を乗り越えて武力行使容認決議を可決した．

　　1991 年 1 月 17 日，28 か国が構成する多国籍軍は，イラクへの武力攻撃を開始した（湾岸戦争）．総兵力は 68 万人のうちアメリカ兵が 54 万人を占めていた．ベトナム戦争のような泥沼化が懸念されたが，予期に反して戦闘は多国籍軍の

圧勝に終わり，3月3日イラクは暫定休戦協定を受け入れた．クウェートは解放され，アメリカ軍の戦死者数は294人に留まった．ブッシュ大統領の支持率は88％にも跳ね上がり，開戦に反対した民主党の1992年大統領選挙立候補予定者は，相次ぎ立候補を取り止めた．

　冷戦終結は，アメリカの国内政治に大きな影響を与えた．一つは，巨額の軍事支出と大規模な軍の海外展開から解放されるため，軍事費削減圧力が一挙に強まった．これは「平和の配当」と呼ばれて流行語となった．

　第二に，国民やメディアの関心は，対ソ政策から国内問題に移行し，選挙や政策論争において国内問題が持つ比重が増した．新冷戦のもと，ソ連に対して軍備管理交渉ないし軍縮の立場から政策を提案する傾向の強い民主党大統領候補は，タカ派的立場をとる共和党候補に対して政治的に弱い立場に置かれてきたが，その状況は大きく変化した．ブッシュ大統領支持率は驚異的に高い水準となったが，民主党にとっては好機到来でもあった．

（3）民主党における中道路線の興隆

　民主党の不振とクリントンの台頭　1968年から88年までの6回の大統領選挙のうち民主党が勝ったのは1976年の1回のみであった．それも，ウォーターゲート事件という敵失によるところが大きい．1955年以来上下両院で多数党の座を維持してきた議会においても，上院では1981年から6年間少数党に転落した．1980年大統領選挙での敗北については，経済の不振と，それと関係してケインズ型経済政策と大きな政府路線に対する支持の弱まりが原因の一つであった．1984年選挙では，民主党に対して，黒人，労働組合，フェミニスト団体などリベラル系利益団体の寄せ集めに過ぎないとの批判が寄せられた．そして1988年，既述したように，民主党はブッシュによるリベラル攻撃に応戦できなかった．

　民主党がニューディール期に多数党の座を獲得した最大の理由は，多数派の（とくにWASP系）白人労働者の確固たる支持を得たからであるが，それは1960年代半ば以降揺るぎ始めた．民主党はリベラルな旧共和党支持者と南部の黒人からの支持によって党勢を補強したものの，1960年代までの強さを取り戻すことは困難であった．そのような中で，民主党の異なるあり方を提唱す

る勢力が党内に登場した．それは 1985 年に結成された民主党指導者会議
（Democratic Leadership Council: DLC）であった．南部民主党員を中心とするこ
の政治家集団は，民主党が左傾化し過ぎたことを批判し，中道路線を提唱した．
それは同党が黒人運動や反戦運動に接近し過ぎたという反省でもあった．

　DLC は民主党リベラル派から「第二共和党」と揶揄され，党内での風当た
りは強かったが，1992 年の大統領選挙に向けて党内情勢は急変していった．
この流れの中心にいたのが，アーカンソー州知事のビル・クリントンであった．
クリントンは DLC 委員長を務めながら 1992 年民主党大統領候補指名を目指
し，その過程で民主党としては大胆な提案を打ち出した．受給期間を制限する
福祉改革，死刑制度と北米自由貿易協定（NAFTA）の支持などがそれである
が，これらの提案は民主党員のみならずアメリカ国民をも驚かせた．すなわち，
いわば「アイディア・プライマリー」と呼ばれる公約の予備選挙，すなわち候
補者が用意していた政策提案の新奇性や魅力を競い合うコンテストにおいて，
クリントンの評価は抜きんでていたのである．クリントンはそれらを総括して
ニュー・デモクラット路線あるいは第三の道と命名した．南部で少しでも挽回
するには南部出身者を擁立するしかないと判断する民主党支持者が増えたこと
も，クリントンにとっては幸運であった．

　1992 年選挙とペロー現象　クリントンの標的は，南部の白人労働者階級で
あった．福祉改革とは，アメリカ政治では黒人優遇策見直しを意味する暗号で
ある．クリントンは白人聴衆の前でこの公約を繰り返し強調し，熱狂的反応を
得た．選挙戦中，知事室に戻り，黒人死刑囚の死刑実施に署名した．さらに，
黒人指導者ジェシー・ジャクソン師が率いる集会で，黒人ラップ歌手の歌詞が
白人に差別的であると批判した．

　ところで，1992 年選挙は一人の新人候補によって異例な展開となった．愛
国者として知られたビジネスマン，ロス・ペローが「我ら団結せり（United
We Stand: UWS）」という組織を立ち上げて立候補したのである．その立場は
深刻化する財政赤字を放置した既成政治家批判であり，正面から愚直に増税の
必要性を訴えるものであった．二大政党どちらにも批判的であったが，どちら
かというと与党・共和党により厳しい態度をとっていた．

　1992 年に入ると失業率は 7% を越える高い水準となり，選挙戦はにわかに

予測のつかないものとなった．「サダム・フセインはまだ職に留まっているが，あなたには職がありますか」と問う民主党の選挙用のヤードサインが厳しくブッシュに突き刺さった（フセインの地位は揺らぐことがなく，湾岸戦争が無駄であったことを示唆しつつ，アメリカ一般国民の雇用状態が悪化していることを揶揄したもの）．民主党は，ブッシュが外遊した都市と同名の国内都市名をあしらったTシャツを作成し，大統領は外交にうつつを抜かし頻繁に外遊しているが，国内の同名の地方都市は訪問しておらず，国内問題には無関心であることを強調した．ブッシュは二期目に何を目指すのか，そのビジョンがまったく見えないとの批判も絶えなかった．

　注目すべきは，ブッシュに対して共和党保守派の反発が強かったことである．彼らにとって，公約破りの増税は言語道断であり，また政府規制を増やすだけの大気清浄化法改正と障害をもつアメリカ人法の成立に対する反発も強かった．ペローの立候補についても，テキサス州の共和党保守派が奨励したものとの指摘も存在する．アメリカ政治において，党派心よりも原理原則が重視される場合があることを示す例である．

　クリントンの当選　クリントンには外交経験が皆無であったが，冷戦が終結した今，それは多数の有権者が懸念することではなかった．クリントンの外交論は，まず国内経済を強くすることがアメリカの安全保障につながるというものであったが（これは冷戦終結後，民主党大統領候補が頻繁に援用する議論でもある），これが十分な外交論と言えるかは疑問無しとしない．

　しかし，国民はむしろ，格差，教育，国民皆保険などに関心を寄せていた．アメリカは先進国で唯一皆保険不在の国との民主党の批判は，威力を発揮した．民主党系知識人からは，貧富の差が大きく，大都市の治安も悪いため，アメリカはむしろ第三世界に近いとの批判も浴びせられた．

　このような中，クリントン陣営も「ともかく経済だ，愚か者！（It's the economy, studip!)」とのスローガンのもとに，国内経済問題に焦点を絞った選挙戦を展開し，一時は再選確実とみなされた現職を落選させることに成功した．得票率は，クリントンが43.0%，ブッシュが37.5%，そしてペローが18.9%であった（大統領選挙人でクリントン370人，ブッシュ168人，ペロー0人）．かくして，12年ぶりに民主党政権が復活した．議会においても民主党は両院で多数

党の座を維持した.

　主要候補者が 3 人いたため他の選挙とは同列に比較しがたいものの，クリントンは民主党から一時離れた白人労働者階級の支持を一定程度取り戻すことに成功した. 冷戦が終結し，国内政策論争に集中できる環境であったことも，民主党を利した. ブッシュがエスタブリッシュメント臭さを漂わせていたことも，このような状況では致命的であった. ブッシュが庶民派を気取ってスーパーで買い物をしたものの，バーコードを指してこれは何だと側近に聞いている場面は何回となくテレビで放映された.

第9章

グローバル化とイデオロギー的分極化

1. 民主党中道路線の挑戦

(1) クリントン政権初期の政策展開

　クリントン政権と文化的断絶　ビル・クリントンは初の戦後生まれ，ベビーブーマー世代，そして 1960 年代世代の大統領であった．長髪学生であったクリントンはオックスフォード大学留学中にソ連を旅行したことが，1992 年選挙戦で共和党から問題視された．麻薬を口に含んだが吸い込まなかった（麻薬使用にはあたらない）と弁明したこともある．妻ヒラリーはリベラル派の高名な弁護士で，92 年選挙では "Buy One, Get One Free" とのスローガンを使って，ヒラリーとの共同大統領制（Co-Presidency）を示唆したこともあった．彼女は，「自分は家に留まり，クッキーを焼き，お茶を入れる生活を選ぶこともできました．私がプロフェッショナル，活動家として仕事をしたことは，女性は職業，家庭，あるいはその組み合わせを選択することができるということを示しています」と述べたが，その前半のみが引用され，専業主婦に対する侮辱として共和党によって宣伝された．

　この時期，麻薬や女性の生き方について文化的な断絶が広がりつつあり，キリスト教保守派は「家族的価値（family values）」の重要性を前面に打ち出して，クリントン夫妻の価値観と生き方に反発を示した．夫妻には子どもがいないとのイメージが強かったため，陣営は慌てて娘のチェルシーを集会に同行させた．

　クリントンは大統領就任早々，選挙戦での公約であった軍における同性愛者の地位の問題に取り組んだ．長らく米軍においては同性愛者であることが発覚すると除籍であったが，クリントンは兵役の継続が可能になるように改革しようとした．しかし，軍・共和党保守派・キリスト教保守派だけでなく，サム・ナン上院軍事委員長のような民主党議員も反対したため，クリントンは後退を

余儀なくされた．結局，軍は入隊時に同性愛者であるかどうかについて尋ねることを止めるが，同性愛者も同性愛者であることを明かすと除隊になるという妥協が成立した（Don't ask, don't tell）．

　政権初期の立法的成果　クリントン政権と民主党は 1993 年，家族医療休暇法（家族に出産・病気の者がいるときに（無給）休暇をとる権利を認める），国民およびコミュニティ・サービス法（奨学金の返済をボランティア・サービスで行うことができる制度）などを比較的容易に成立させることができた．

　辛うじて成立させた初年度の予算案において，クリントンは高額所得者に対する増税とガソリン税の引き上げを実施して，5 年間で約 5000 億ドルに上る財政赤字の削減を目指した．共和党議員からの賛成者は皆無であった．ロス・ペローの影響もあり，クリントンは選挙後，財政赤字の削減に取り組むことによって長期金利の引き下げを図り，それによって景気を刺激する方針に転換したのである．1996 年選挙に向けてペロー支持者の獲得も狙っていた．これは大きな賭けであった．

　1993 年 11 月，議会は NAFTA も承認した（1994 年発効）．これはニュー・デモクラットとしてのクリントンが本領発揮した大きな成果であった．NAFTA は，ペローの他，民主党の支持基盤である労働組合，環境保護団体，黒人団体，消費者団体などが挙って反対する中，多数の共和党議員の賛成票によって成立した．経済界も NAFTA を強く支持していた．NAFTA は冷戦終結後のアメリカ経済のグローバル化を，もっとも直接的かつ具体的に示すものであった．しかもこれは，今や超党派的支持の上で推進されていた．

　1993 年に議会はブレイディ法を制定し，銃購入の際の履歴調査などを導入した（現在は失効）．翌年，クリントンは犯罪対策法の制定にも成功し，攻撃性の高い銃器の禁止，女性に対する暴力の対策の強化などを盛り込んだ．上院案を起草したのはジョー・バイデンであった．

　国民皆保険制度導入の挫折とスキャンダル　クリントンがこの時期にもっとも重視した立法課題は，公約であった国民皆保険制度の実現であった．「偉大な社会」の改革によってメディケアとメディケイドは存在していたが，これらの対象になっていない国民について公的保険は存在せず，約 3700 万人の国民が無保険であった．

　クリントン政権は連邦政府直営の保険制度の創設を提案していたが，保険市場を奪われる保険会社，政府規制が強化される医療関係者，そして何より従業員の保険料という新たな負担を強要される中小企業経営者が強く反対した．結局，与党からも反対者が現れ，政権案は 1994 年秋に廃案となった．

　この時期一貫して，クリントンは低支持率に悩まされた．1992 年大統領選挙は 3 人で競ったため当選時の得票率は 43% しかなかった．景気は着実に上昇していたが，1992 年選挙時と同様，1994 年秋になっても国民はそれをまだ実感していなかった．クリントンには選挙時から女性スキャンダルが付きまとっていたが，さらに土地取引をめぐるホワイトウォーター事件が加わった．1994 年中間選挙において，クリントンはさらなる試練に晒される．

(2) 1994 年中間選挙の衝撃

　ギングリッチと「アメリカとの契約」　ギングリッチにとって 1994 年中間選挙は様々な意味でチャンスであった．前述のように，中間選挙では与党が議席を減らす場合が圧倒的に多い．また彼自身の選挙区に代表されるように，南部で選出される共和党議員の数は 1970 年代以来着実に増加しつつあった．さらに，1990 年の国勢調査に基づいた新しい下院選挙区の区割りは，1992 年には共和党の低支持率のため効果を表さなかったが，多数の黒人多数派選挙区設定の波及効果とともに，共和党に有利な白人選挙区が生み出されていた．ギングリッチはさらにクリントンの国民皆保険案に反対する中小企業，増税反対団体，保守派イデオロギー団体を中心にしつつ，1980 年代から共和党との結びつきを強めつつあった銃所持の権利擁護団体あるいはキリスト教保守派などを糾合して，下院共和党立候補者の統一公約集「アメリカとの契約」を選挙前に作成した．中間選挙前に政党がこうした公約集を提示するのは前代未聞であった．

　ただし，下院選挙区は 435 あるものの，共和党下院議員立候補者のうち署名したのは 367 人のみであった．減税と歳出削減が柱となる小さな政府路線の公約が中心であり，共和党内でも意見が割れる宗教に関わる争点は除外されていた．なおかつ，契約内容は「賛成する」ことでなく「本会議で投票に付すことを支持する」にとどまっていた．これらはすべて，アメリカの分権的な政党構造を反映したものであった．にもかかわらず，公約集をまとめ上げたギングリ

ッチの剛腕は注目に値する．

　ちなみに，こんにちの激しいイデオロギー対立の端緒を，ギングリッチに見出す議論も存在する．しかし，民主党が 1987 年にロバート・ボークの最高裁裁判官任命を阻止した件もかなり党派的であり，このあたり俄かに断定しがたい．

　1994 年選挙　1994 年中間選挙は共和党の歴史的勝利であった．同党は上院で 8 議席増を達成して非改選議員と合わせて 52 対 48 となり，8 年ぶりに多数党に復帰した．下院では予想をはるかに超える 54 議席を獲得して，過半数を 13 上回る 230 議席を獲得した．上下両院で共和党が多数党となったのは何と 40 年ぶりのことであった（共和党は下院選挙で 20 連敗を喫していたことになる）．

　この中間選挙は，その後のアメリカ政治を大きく変える選挙となった．この選挙後からこんにちに至るまで，民主党・共和党は議会でほぼ互角に渡り合ってきた．それまでの民主党優位の体制から大きく転換したことは否定し難い．「決定的選挙」という概念は通常は大統領選挙について使用されるが，その意味を少し広げれば，1994 年中間選挙も決定的選挙であると言えるかもしれない．政治学者ウォルター・ディーン・バーナムは，1994 年選挙を，「おそらく過去 100 年でもっとも重要な中間選挙である」と述べた．

　投票日前に「アメリカとの契約」を読んだ有権者はごく僅かであった．しかし，ある世論調査によれば，当時 60% の有権者が「契約」に含まれる 10 項目を支持していた．そして，そのような前例のない公約集をまとめ上げ，「永遠の少数党」とも言われた共和党を多数党に押し上げた立役者とみなされたギングリッチは，1995 年に新議会が始まると下院議長に選出され，例外的に固い結束力を誇る共和党下院議員団を率いることになった．公約を有権者に提示して選挙で勝利し，それを立法化して実現するという点では，ここで見られる政治過程は議院内閣制的とも言える．当時ギングリッチを首相になぞらえる議論が登場したのも不思議ではない．

　共和党多数議会と政権の激突と妥協　クリントン政権と共和党多数議会が激突したのが，予算案をめぐってであった．クリントンが 1995 年 2 月に提示した案では，2005 年でも依然として 1900 億ドルの財政赤字が残る見込みであったが，ギングリッチらは 2002 年までにそれを解消することを主張した．結局，

7年間で財政赤字を解消して均衡予算を達成することで合意したものの，両者は減税あるいは医療・教育関係予算削減の規模をめぐって対立し続け，クリントンは国民生活を守るためと説明して，共和党議会が可決した1996会計年度予算案（1995年10月から1年間）に拒否権を発動した．これに対して代替予算も暫定予算も成立しなかったため，1995年11月と同年末から年明けにかけての二度にわたって，連邦政府は部分的に閉鎖された．

　一部の共和党議員は，クリントンが簡単に屈服すると楽観し過ぎていた．連邦政府は閉鎖されても問題ないことを実証しようとした議員もいた．それに対して共和党支持者であっても，例えば海外出張のためにすぐにビザが欲しい経済人らは，怒りを露わにした．結局ギングリッチらは世論から厳しい批判を浴び，世論をめぐる戦いはクリントンの圧勝に終わった．ギングリッチの支持率は急下降し，就任以来低迷していたクリントンのそれは上昇した．1996年大統領選挙に向けて，「死に体」とみなされていたクリントンは突如息を吹き返し，優位に立ったのである．

　この経緯に衝撃を受けたギングリッチらは連邦政府閉鎖路線が誤りであったことを認め，1996年選挙を念頭に，妥協による具体的な立法的成果を求め始めた．1995年予算が成立したのみならず，画期的な福祉改革が実現することになった．

　福祉改革は元来共和党の案であるが，クリントンはニュー・デモクラットとして1992年から原則的に支持していた（前述）．クリントンは実際に共和党が福祉改革法案を可決するとそれに拒否権を発動したが，1996年，共和党がそれまでの法案に僅かな修正を加えたのみであったにもかかわらず，今度は署名して成立させたのである．

　これは，AFDCについて，それまで制限がなかった受給期間を最長で5年とし，受給開始から2年以内の就労を義務づけたほか，大幅に州政府に権限を移譲した立法であった．これによって，ニューディール以来実施されてきた連邦政府事業としてのAFDCは廃止された．これに対して，民主党内のリベラル派は，餓死者が出る可能性すら示唆して激しく反発した．

（3）クリントンの再選と弾劾

　三角測量戦略と 1996 年選挙　　クリントンは 1994 年初頭から密かに共和党系コンサルタントのディック・モリスと連絡をとり合っていたが，同年中間選挙大敗後モリスの助言に従い，中道路線へ大きく舵を切る決断をした．モリスは三角測量戦略（triangulation）を提案し，民主党と共和党の政策を単に足して二で割るのではなく，それぞれ評価できる部分を吸収し，なおかつ両者を超越した高みに立つことを目標にする政治戦略を設定した．それは民主党的な政策を部分的に採用しつつ，家族・信仰・自助などの共和党的な伝統的価値も取り込もうとしており，福祉改革や財政均衡などはそのようなアプローチの例である．

　1996 年の一般教書演説で，クリントンは「大きな政府の時代は終わった」と断言した．それはあたかもレーガンの発言のようでもあり，民主党大統領から発せられたものとしてはまことに驚きであった．これも三角測量戦略の一部であった．

　共和党は 1996 年選挙に向けて，古参上院議員ボブ・ドール（カンザス州）を大統領候補に指名した．クリントン陣営はドールを不人気の象徴となったギングリッチと一体化し，ギングリッチ＝ドール組と規定することによって，ドールの印象を悪くすることに成功した．指名受諾演説でドールは自らを「過去への橋」と規定したが，クリントンはそれに対して「未来への橋」と自らを定義した．この時，すでに勝敗は決したのかもしれない．1992 年・1994 年選挙時に経済は上向いていたにもかかわらず国民はそれを実感してなかったが，この年に入ってついに好況感は国民に浸透した．

　選挙結果はクリントンの圧勝であった．獲得選挙人数ではクリントンが 379人，ドールは 159 人，得票率では約 49% 対 41%（ペローは 8%）であった（ペローは 1995 年に改革党（Reform Party）を結成して立候補した）．ただし，共和党は上下両院での多数体制を守り切り，分割政府状態は継続した．共和党が両院で 2 回の選挙連続で多数党の座を維持したのは 1928 年選挙以来 68 年ぶりであり，議会での共和党多数体制が脆弱あるいは一時的なものでないことを示唆していた．民主党はクリントンが 2 回当選する中，むしろ上院・下院・州知事そして州議会で勢力を縮小させたのである．

「ニュー・エコノミー」とアメリカの「一人勝ち」 1992年選挙時，アメリカ経済の競争力にも疑問が投げかけられ，日本に対する警戒心も強かった．クリントン政権が日本に仕掛けた通商交渉も，これまでにないほど，そして同盟国間のものとは思えないほど厳しいものであった．アメリカに関しては，とくに鉄鋼や自動車など旧来の重厚長大産業の競争力の衰退が指摘されていた．

しかし，クリントン政権が第二期に入る頃になると，アメリカ経済は，遺伝子，医薬，娯楽など以前から競争力が強かった部門に加えて，コンピュータやインターネットに象徴される情報技術（IT）産業を中心に復活した．景気拡大は1991年3月から2001年3月まで10年間，120か月に及び，1961年2月から1969年12月までの106か月続いたそれを凌駕してアメリカ史上最長のものとなった（その後2009年6月から2020年2月まで続いた128か月が最長となる）．

アメリカの経済専門家の一部は「ニュー・エコノミー」との表現を使用し，ITの普及により景気変動は過去のものになったとすら主張した．それに対して，一時アメリカを凌駕するとも一部で予想された日本経済は，いわゆるバブル崩壊後に長期低迷期に突入した．一部の日本メディアは，アメリカ批判の際に使用するレッテルを，それまで好んで使っていた「アメリカ衰退論」から「アメリカ一人勝ち」に切り替えた（アメリカは弱くても強くても批判の対象であった）．アメリカからアジアを見ると，徐々に日本より中国の経済的重みと魅力が増しつつあった．

この時期，NAFTAはすでに実施され，またレーガン政権期に始まった金融規制の緩和はクリントン政権の下でもさらに推進された．民主党政権のもとで，民主党らしからぬ政策が推し進められていた．

第二期目のクリントン政権は政治献金問題や女性スキャンダルを抱えながらも，好調な経済に支えられて，その支持率はおおむね60%前後の高い水準で推移した．

弾劾裁判と財政黒字下の対立の継続 クリントンの前に立ちはだかったのが，ケネス・スターであった．スターは1994年，ホワイトウォーター事件捜査のために独立検察官に任命されたが，その後捜査範囲を拡大し，その過程でホワイトハウス実習生モニカ・ルインスキーとの関係についてクリントンが虚偽の証言をしていることを発見し，告発した．それは，クリントンが彼女と性的な

関係をもったことについて，否定した証言であった．本件は 11 月の中間選挙
前に事実であることが判明した．議会多数派の共和党は大統領の弾劾を進めた
が，その途上で行われた中間選挙では，共和党は僅差で多数党の座は死守した
ものの，与党敗北の法則に反して 64 年ぶりに民主党が下院で議席を増やした．
すなわち，世論は必ずしもクリントン弾劾に賛成していなかったのである．辞
任に追い込まれたのはむしろギングリッチ下院議長であった．共和党議員がク
リントン弾劾を強く求めた理由の一つは，その支持基盤であるキリスト教保守
派がクリントンの行為に強い憤りを感じていたからである．

　世論の支持が弱かったにもかかわらず，共和党は選挙後も弾劾手続きを進め，
1998 年 12 月に下院は偽証と司法妨害を根拠に弾劾決議を可決した．1999 年に
入ってから上院は弾劾裁判の審理を開始したが，どちらの嫌疑についてもクリ
ントンは無罪となった（出席議員の 3 分の 2 以上の有罪票が必要であったが，はるか
に足りなかった）．この間クリントン大統領の支持率は相変わらず 60% 台を保
っていたが，彼の威信に傷がついたことは否定し難い．

　このように二大政党はクリントン弾劾で激しく対決したものの，歳出削減に
ついての超党派的合意は 1990 年代末に成果を生み出した．1998 年にクリント
ン政権が発表した 1999 会計年度予算案は，画期的にも 30 年ぶりに財政黒字を
計上したのである．

　財政黒字の存在は政党間対立を緩和するという期待も存在したが，現実は違
っていた．民主党は余剰分について，将来の年金不足への備えとして積み立て
ておくほか，教育・社会福祉へ投資する方針を主張し，共和党は取りすぎた分
は国民に返すこと，すなわち減税を要求して，対立は継続したのである．ここ
にも二大政党間イデオロギー対立の根深さを見てとることができる．

2.　テロとの戦いと国内政治

(1)「50 対 50 国家」の政治過程

　2000 年選挙での G. W. ブッシュの辛勝　2000 年大統領選挙において，好景気
とクリントン大統領の高い支持率は，民主党にとって重要な利点であった．そ
れに対して，クリントンのスキャンダルと，今回が民主党にとって三期連続の

勝利を狙う選挙であったことが，共和党にとっての数少ないつけ込む隙であっ
た．民主党は副大統領を二期務めたアル・ゴアが公認候補に指名され，共和党
ではテキサス州知事二期目のジョージ・W. ブッシュ（ジョージ・H. W. ブッシ
ュ大統領の長男）がジョン・マケイン上院議員（アリゾナ州）らを相手にして予
備選挙・党員集会を勝ち抜いた．

　ゴアは民主党中道派であったが，地球温暖化防止策では徹底した対策の実施
を支持しており，環境保護団体からの強い支持があった．G. W. ブッシュは
「思いやりのある保守主義」を掲げており，徹底的な小さな政府主義でないこ
とをアピールしようとしていたが，その公約の中心は大型減税であり，レトリ
ックと乖離していた．ブッシュには不人気な議会共和党と距離を置くという戦
略があり，そのために穏健なスローガンが採用された．

　共和党内での指名争いにおいてマケインに追い詰められた際，ブッシュを救
ったのは，キリスト教保守派勢力であった．さらに，減税推進団体，国防タカ
派団体，銃所持者団体など，共和党保守派を支える団体も悉くブッシュを強く
支持しており，レーガン連合は健在であった．日米のメディアには，ゴアとブ
ッシュどちらも中道派であると定義する論調も存在したが，それは少なくとも
ブッシュに関しては誤りであった．

　選挙戦は大接戦であった．勝敗はフロリダ州の開票結果によって決まること
になったが，同州では投票機械の不備などさまざまな理由で勝敗が容易に確定
せず，州と連邦両方のレベルで訴訟合戦となった．ブッシュの票が僅かにゴア
を上回っていた同州の結果について，最終的には2000年12月，合衆国最高裁
の保守派裁判官5人が多数派となった5対4の判決（ブッシュ対ゴア事件）にお
いて，それ以上の再集計作業の中止を決定し，その結果，当初からリードして
いたブッシュの勝利が確定した（大統領選挙人数271人対266人）．

　一般投票で敗北した候補が大統領選挙人票の結果で勝利を獲得したのは，そ
れまでに2回（1876年と1888年）しか例がなく，しかも連邦司法府の判決によ
って（それもわずか裁判官1人の差で）決着がつけられたのも異例であった．

　上院では二大政党の議席数は50対50となった．可否同数の場合，副大統領
（判決の結果ディック・チェイニー）が最後の1票を投ずることができるため，辛
うじて共和党多数体制といえるが，これを捉えて「50対50国家（fifty-fifty

nation)」と命名した記事も存在した．下院でも僅差で共和党が多数となった．

ブッシュ政権の国内政策　G. W. ブッシュは 1999 年春に大統領選挙への立候補を表明した際，大型減税を公約とした．景気は絶頂期にあり，ブッシュが提示した大減税の理由は，財政黒字が生じたため，取り過ぎた税金を国民に還元する必要があるというものであった．大統領就任後の 2001 年，ブッシュは総額 1 兆 3000 億ドルの減税を実現した（後の二つの減税と合計すると 2011 年までに総額 1 兆 7000 億ドルの減税となった）が，この時の正当化理由は落ち込んだ景気を刺激することであった．要するに，景気が良くても悪くても，実施される政策は大減税なのであった．共和党保守派の思想において，減税は景気調節の道具ではなく，小さな政府を目指す永久運動であり，そのイデオロギーから生み出されていた．

この減税では低所得者の税率も下げられたが，最高所得層のそれは 39.6% から 35% へ下げられた．2% を占める最富裕層に課せられていた遺産税の漸進的廃止も含まれていた．

ブッシュは 2002 年初頭に「落ちこぼれ防止法（No Child Left Behind Act）」を実現させ，全国統一テストの導入によって貧富の差から生まれる教育格差の是正にも取り組もうとした．この提案は民主党のエドワード・ケネディ上院議員も支持しており，超党派で成立した．しかし，全国統一テストに対する反発は超党派で根強く，結局 2015 年に連邦政府の政策としては消滅した．

レーガン連合の再制度化　この時期の共和党内では，ほぼ完全に保守派が主導権をとるようになった．その中核には，小さな政府を目指す勢力が位置していた．増税を断固阻止し，さらに減税を推進しようとする団体・運動が大きな影響力を持ち，また徹底的に小さな政府を目指すリバタリアンと呼ばれる思想グループもケイトー研究所のようなシンクタンクを擁していて強力であった．彼らは規制緩和・民営化・自由貿易主義，あるいは寛大な移民制度を強く支持した．

経済界，中小企業団体，小売団体などのいわゆる経済団体も，1970 年代と比較すると大きく右旋回し，共和党支持，反民主党の姿勢を強めた．減税，規制緩和，自由貿易協定などの政策を支持したほか，彼らは労働組合に反対する共和党の姿勢にも共鳴した．

　州レベルでは組合に加入しなくとも雇用を獲得する権利を獲得しようとする運動が戦後長期に渡って展開されてきた．これを労働権（Right to Work）運動という．リバタリアンや保守派の経営者が支持基盤である．これらレーガン連合指導者の多くは，この連合を「放っておいてくれ連合（leave us alone coalition）」と称していた．

　経済界の共和党支持には，民主党寄りの労働組合，訴訟専門の弁護士（trial lawyers），環境保護運動，消費者運動などに対抗する側面も存在した．1970 年代から，アメリカの企業が規模の大小を問わず，社会主義勢力よりも，環境保護運動や消費者運動など，いわゆる公共利益運動を敵視した理由であると言ってよい．

　これにキリスト教保守派が，一定の緊張関係をもちつつ協力した．キリスト教の教義と減税は必ずしも結びつかないが，キリスト教保守派にとって家族制度の擁護と強化は重要であった．このような理由で，クリスチャン連合の指導者ラルフ・リードは家族に対する減税を支持した．ゲイリー・バウアーはキリスト教保守派としてミサイル防衛を支持したが，それは彼によれば家族を擁護するためであった．

　また，1990 年代には銃所持権論者は，全米ライフル協会を筆頭に共和党との連携を強めた．これに，外交・安全保障のタカ派ないし保守強硬派が加わった．レーガン政権初期のタカ派的外交がモデルであり，冷戦終結後もミサイルの脅威などに警告を発し続けて，軍事費の大幅な削減を阻止してきた．軍需産業も共和党の支持基盤の一つであった．

　地域的には南部および西部山岳州が基盤であった．連合を構成する個々の勢力からすると，どの勢力も単独では政権を取れず，自らの政策目標も実現できない．しかし連合を組み，協力体制を整えればそれは可能となったのである．

(2) 9.11 の衝撃と国内政治

　9.11 テロ事件と「テロとの戦い」　2001 年 9 月 11 日，ニューヨーク市マンハッタンにある世界貿易センタービルに大型旅客機 2 機が突入し，二つのビルは崩落した．首都ワシントン近郊にある国防総省ビルにも旅客機が激突し，ペンシルヴェニア州では 1 機が突入未遂で墜落した．すべてが，オサマ・ビンラー

ディンが率いるアルカーイダと称するイスラム過激派テロリスト集団が実行した乗っ取りによる自爆ないし自爆未遂であった．死者は日本人20人余を含む3000人近くとなった（同時多発テロ事件）.

　この事件はブッシュ政権の課題を，またアメリカの外交・内政双方を大きく変えた．ブッシュ政権はテロとの戦いに立ち向かう政権となった．ブッシュはテロを犯罪でなく戦争と定義して，「テロとの戦い」と呼んだ．そして，このような事件の再発防止を自らの使命とした．最初の課題は，実行犯を突き止め，打倒することであった．事件後数日にして，ブッシュ政権は攻撃がビンラーディンらによるものと断定し，タリバンと呼ばれるイスラム原理主義勢力が支配していたアフガニスタン政府に対して彼らを引き渡すよう要求したが，アフガニスタン政府が拒否したため，ブッシュ政権は2001年10月，アフガニスタンに対する軍事行動に着手して（アフガニスタン戦争），アルカーイダをかくまうアフガニスタン政府の打倒を目指した．12月，タリバン政権は瓦解した．

　アメリカは同時多発テロによって大きな衝撃を受け，しばらくはその再発を極度に恐れる心理が社会を覆った．ブッシュ大統領の犠牲者に共感する態度と強硬なテロ対策は国民から支持され，それまで低い水準に留まっていた支持率は90%という驚異的な高水準に達した．アフガニスタンに対する軍事力行使についても同様であった．同時に，大統領自身は，イスラム教徒は敵でないと言明したものの，国内のイスラム教徒に対する偏見が増し，差別的な行為も多発した．中国に対しては強硬姿勢から協力に変わり，外交政策の中心的関心は中東とりわけアフガニスタンとイラクに向けられた．

　ブッシュ大統領はテロ対策を強化するため2002年11月，既存の22省庁からテロ対策に関連する人員約16万9000人を集めて，国土安全保障省を設置した．これは，国境警備・移民管理から国内での緊急事態対応までを担当する国防総省に次ぐ巨大官庁となった．さらに，CIAなど既存の情報部門がテロ情報を見逃していたことから，2005年4月ブッシュ政権は情報機関を統括する閣僚級ポストである「国家情報長官」を新設した．

　イラク戦争への突入　アフガニスタンでの軍事作成を成功させたブッシュは余勢を買い，2002年半ばまでに次の目標をイラクのサダム・フセイン体制打倒に移していた．ドナルド・ラムズフェルド国防長官は9.11テロ事件直後か

ら，攻撃したのはイラクであり，またイラクの方が容易に打倒できるがゆえに
アフガニスタンより先に攻撃すべきであると語っていた．国防副長官のポー
ル・ウォルフォウィッツは 1980 年代から，多くの専門家がイランの危険性を
強調する中，イラクの危険性を指摘していた．イラクは湾岸戦争終結後，国連
安保理決議（1991 年 4 月の 687 号）によって大量破壊兵器の保有が禁止され，国
連と国際原子力機関（IAEA）の査察を受けることが義務づけられたが，徐々
に査察を妨害するようになった．ラムズフェルド，ウォルフォウィッツにチェ
イニー副大統領も加わってイラク攻撃を強く主張したところ，アフガニスタン
戦争で自分の判断力に自信をつけたブッシュも同意した．

　ブッシュは当初国連にも議会にも諮らない方針であったが，コリン・パウエ
ル国務長官らの説得で態度を変え，その結果 2002 年秋すなわち中間選挙の直
前に，議会において武力行使容認決議について審議が行われた．ブッシュの支
持率が高く，またアメリカ社会全体がテロ再発に対する恐怖におびえていたこ
ともあり，民主党議員からも多数の賛成票が投じられた（下院では賛成 296 票
（共和党 215 票，民主党 81 票），反対 133 票（共和党 6 票，民主党 126 票，無所属 1 票），
上院では賛成 77 票（共和党 48 票，民主党 29 票），反対 23 票（共和党 1 票，民主党 21
票，無所属 1 票））．湾岸戦争と比較すると，イラク開戦を正当化する根拠はは
るかに薄弱であったにもかかわらず，ヒラリー・クリントン，ジョン・ケリー
（マサチューセッツ州），ジョー・バイデン（デラウェア州）ら多数の民主党議員が
賛成票を投じ，民主党の分裂が鮮明となった．

　同年 11 月の中間選挙では与党敗北の法則を覆して共和党が上下両院で議席
を増やし，2001 年 6 月以来少数党に転落していた上院でも多数党に復帰し，
両院で多数党となった．

　国連安保理では 2002 年 11 月 8 日，イラクの大量破壊兵器査察問題に関して
安保理決議 1441 号が成立し，イラクの国連決議違反を認定した上でイラクが
「無条件・無制限の査察」を受け入れることを要求した．

　次いで 2003 年 2 月，イギリスとアメリカはイラクに対する武力行使を容認
する決議案を国連安保理に提出したが，フランス・ドイツ・ロシアが反対した
ため，可決されなかった．しかし米英は 3 月 20 日，イラクへの攻撃を開始し
た（イラク戦争）．

　なぜ，アメリカはイラク戦争に踏み切ったのであろうか．第一に，アメリカも世界も，イラクが大量破壊兵器を保有していることを疑わなかった．第二に，フセインはイスラム系反米テロリスト集団と強いつながりをもっており，保有する大量破壊兵器を彼らに譲り渡し，それがアメリカに対して使用される可能性が小さくないと懸念された．したがって，アメリカとしては，その前に先制攻撃を仕掛ける必要があるとブッシュ政権は論じた．第三に，イラクの，そして中東全体の民主化の必要性が唱えられた．ただし，最初の二つの理由がより本質的であろう．結果的に第一点と第二点は事実でなく，第三点はあまりに壮大で現実性を欠いた．

　イラク反戦運動の広がり　開戦後の戦闘ではアメリカ・イギリス側が圧倒的に優勢であり，2003 年 5 月 1 日，ブッシュは主たる戦闘が終了したことを宣言した．様々な形でアメリカを支持したのは日本を含む 47 か国であった．イラクはアメリカ・イギリスの占領下に置かれた．

　しかし，占領下のイラクでは大規模な抵抗とテロが頻発し，両国の占領統治は失敗した．2003 年 10 月から国連多国籍軍による占領となったが，状況は改善しなかった．

　9.11 テロ事件の発生以来守勢に立たされていた民主党であったが，2003 年夏頃から風向きが変わり始めた．イラク戦争批判が徐々に勢いを増したが，反戦運動の中心にいたのは，ほぼ無名の政治家であったハワード・ディーン前ヴァーモント州知事（民主党）であった．ディーンは 2004 年大統領選挙で民主党の候補者指名獲得を目指して運動を展開したが，その反戦論は徐々にアメリカ社会に浸透し，民主党内最有力候補となった．

　イラク戦争反対運動は，民主党を大きく揺さぶった．前述したように，武力行使容認決議に賛成投票した議員が少なからず存在していたからである．中道系あるいはリベラル・ホークと呼ばれる民主党タカ派議員は，党内から厳しい批判を受けて影響力を失墜させ，左派が影響力を伸ばした．すなわち，この時期民主党内の力関係が変わりつつあったのである．

　反戦論は共和党の一部にも拡大した．リバタリアンと呼ばれる人々は，イラク戦争だけでなく，テロとの戦いが生み出した巨大な警察国家にも反対であった．もう一つの共和党系反戦派は党内最右派のパット・ブキャナンに連なるグ

ループで，彼らも，リバタリアンと異なった価値観を持ちながらも筋金入りの
孤立主義者であった．イラク戦争反対という大義のもと，民主党の最左派と共
和党の最右派が協力して運動を展開した．

　民主党最左派は，アフガニスタン戦争とイラク戦争の両方に反対した．イラ
クでの失敗を見て，民主党主流派はアフガニスタン戦争を支持しつつも，徐々
にイラク戦争反対に態度を変え始めた．

（3）ブッシュ政権の失速とイラクの戦後

　2004 年選挙における僅差でのブッシュ再選　9.11 テロ事件直後から 80-90％
の支持率を誇ったブッシュの支持率はイラクでの混乱が深刻化するにつれて下
落し，2004 年大統領選挙はにわかに接戦の様相を呈した．大量破壊兵器が結
局発見されなかったことも，ブッシュ政権にとって痛手であった．米軍の戦死
者数も急上昇した（最終的には約 4500 人）．

　民主党内ではディーンが優位に立っていたが，愛国的な雰囲気の下，反戦一
本で現職を打倒できるかについては強い懸念が存在した．民主党の悩みは反戦
のイメージが強すぎ，強力なテロ対策に消極的な印象を一般有権者に与えてい
たことである．

　2004 年 1 月，アイオワ州で開催された民主党党員集会において勝利したの
は，ディーンでなくケリー上院議員であった．彼は 2002 年 10 月の上院での投
票において，イラクへの武力行使容認決議に賛成していた．しかもケリーはベ
トナム戦争に従軍しており，安全保障で弱腰との印象を持たれにくいと思われ
る経歴の持ち主であった．結局，ケリーはその後の民主党予備選挙と党員集会
を順調に勝ち抜き，同党の大統領候補の指名を獲得した．

　これに対して，ブッシュはテロ対策での実績を誇示し，テロに敢然と立ち向
かう軍最高司令官としての姿勢を有権者に訴えた．また，同性婚反対の立場を
強く打ち出し，いくつかの州で実施されたこの件での州憲法改正に関する投票
と連動して選挙運動を進めた．

　結局，接戦を制したのはブッシュであった．イラク戦争批判は固い共和党支
持者まで届かなかった．浮動層は，戦時での軍最高司令官交代に躊躇した．ケ
リーがイラク戦争に賛成票を投じておきながら，後に反対に回るというわかり

にくい行動をとったことも敗因の一つであった．ただし，現職の再選としては
きわめて僅差であり，得票率において 2.5% の差しか存在しなかった．

　　ブッシュ政権の失速　共和党は 2002 年中間選挙で勝利し，2004 年選挙でも
大統領，上院，下院の選挙すべてを制した．あたかも共和党の恒常的多数党時
代が到来したかのようであった．

　しかし，イラク情勢の不安定は依然として内政に暗い影を落としていた．ブ
ッシュ政権に致命的ともいえる打撃を与えたのが，政権によるハリケーン・カ
トリーナへの緩慢にして稚拙な対応であった．これは 2005 年 8 月末にルイジ
アナ州やミシシッピ州を襲った超大型ハリケーンであり，1800 人以上が命を
落とした．共和党支持者ですらイデオロギーを捨て，ブッシュ大統領を見限っ
た．同年 9 月の世論調査でブッシュ支持率は 38% まで下落した．6 割を超え
る人々が，ハリケーン被災地再建のためイラク戦争支出を削減すべきと回答し
た．

　イラクでも，アメリカ軍とイラク政府，そして一般市民を標的とした武装抵
抗勢力によるテロ攻撃は後を絶たず，混乱は拡大した．このため，イラク戦争
の音頭を取り終始楽観的見通しを語り続けたウォルフォウィッツら新保守主義
者（ネオコン）（力の外交と民主主義推進など，アメリカの使命を組み合わせた外交を
推進しようとする人々）は，その信頼性を失うことになった．政権の人事にもそ
のような雰囲気は反映され，2005 年からコンドリーザ・ライスが国務長官に
就任し，チェイニー副大統領の影響力は弱まった．

　　2006 年中間選挙とイラク増派　2006 年中間選挙は政権に激しい逆風が吹き
荒れる中で行われ，共和党は上下両院で多数党の座を失った．下院では 12 年
ぶりの少数党への転落であった．この後，ラムズフェルド国防長官は辞任し，
後任には穏健派のロバート・ゲーツが任命された．ブッシュ外交は保守強硬派
と新保守主義者主導から，穏健派・リアリスト主導へその基調を大きく転換さ
せた．

　しかし，大方の予想に反し，イラク問題についての 2007 年 1 月の大統領の
決断は 2 万 1500 人の増派であった（当時イラクには 13 万 2000 人が駐留）．増派
は 2007 年後半になると効果を現し始め，イラク情勢は徐々に安定に向かった．
遅れて実現されたイラクの相対的安定は，2008 年大統領選挙に対して重大か

つ捻じれた含意を持つことになる．イラクが混乱した状態で完全撤退を実施すると，それは直ちにアメリカの敗北を意味する．しかし，イラクがある程度安定していれば，そのような懸念なく撤退可能となる．これは，まさにバラク・オバマが2011年に実行することになる選択肢であった．皮肉にも，ブッシュはオバマのイラク撤退を政治的に可能にする必要条件を作り出したのである．

3.　金融危機と黒人大統領の登場

(1) 2008年選挙とリーマン・ショック

　オバマの浮上　誇張を交えて言えば，アメリカ政治史ではまれに演説一本で大統領候補になる人物が登場する．1964年，ゴールドウォーターを応援すべくレーガンが行った演説はその一例かもしれない．その後多くの保守派はレーガンの下に参集し，彼を大統領に押し上げようとした．2004年の民主党全国党大会で基調演説を行ったオバマもその一人である．この時初めて全国的舞台にデビューしたオバマは，民主党政治家による標準的な党派的共和党批判でなく，分断したアメリカを一つにまとめる必要性を説き，全国の党員に鮮烈な印象を与えた．彼の父親はケニアからの留学生，母親はカンザス州出身の白人であったが，そのような出自は人種的分断の融和を象徴的に体現していた．

　少年期をハワイとインドネシアで過ごしたオバマは，ロサンジェルスのオキシデンタル・カレッジに進学し，その後コロンビア大学に編入した．シカゴでコミュニティ・オーガナイザーを経験したのちハーヴァード大学ロースクールに進学し，その後シカゴで弁護士活動を行うともに，1996年にイリノイ州議会上院議員に当選した．

　オバマは2004年11月の選挙で当選し，連邦上院議員（イリノイ州）となったが，民主党インサイダーは彼の2008年の大統領選挙出馬は時期尚早と見ていた．しかし，党内のインテリ層と左派は粘り強く出馬を要請し，オバマはついにそれを受け入れた．オバマの支持者にとって，2002年，イリノイ州議会議員時代にオバマがイラク戦争反対を表明したビデオが残っていることが重要であった．オバマ支持者にとって，中道派で外交タカ派のヒラリー・クリントンが2003年にイラク戦争に賛成投票しながら自己批判しなかったことは許し

がたく，ここに彼らはクリントンへの有力な対抗馬を得たのである．

　民主党内の指名争いでは，2007年中クリントンが一貫して大差でリードしていた．知名度，人脈，経験，資金量など，ほとんどすべての点で彼女の強さは圧倒的であった．民主党の指名を獲得するための彼女の選挙戦術自体「必然性戦略（inevitability strategy）」と命名されており，彼女が指名を獲得することがいかに必然的であるかを強調する作戦であった．しかし，2008年1月のアイオワ州党員集会でクリントンは3位に沈み，オバマが首位に立った．クリントン圧勝のシナリオが吹き飛んだ瞬間であった．経験不足を批判するクリントンに対し，オバマは彼女のイラク戦争賛成投票に言及しながら，「経験があっても間違った判断をしてきた」と反論したが，この反批判は効果的であった．

　オバマ対ヒラリー　民主党の左派はヒラリー・クリントンの中道的政治姿勢に不満を募らせていた．イラク戦争支持の他，国防産業から多額の献金を受けているとの批判もあった．クリントンの対イラク政策はブッシュと同じではないかと詰め寄る党員もいた．ビル・クリントン以来の一連の政策——NAFTA，福祉改革，金融規制の緩和など——に対する左派の不満も鬱積していた．彼女自身共和党からリベラル攻撃を受けることを見越して，敢えて中道路線を選択していたので，左から強い批判を受けることは誤算であった．

　それに対して，ヒラリー・クリントンは政治的経験の少ないオバマを攻撃した．初の女性大統領の実現という目標も，多数のフェミニストを奮い立たせた．黒人のオバマでは絶対本選挙で勝てないとの懸念も存在し，多くの黒人有権者自身当初そのように感じていた．

　このような中，やや次元が異なるオバマ支持の論理も登場した．京都議定書から離脱し，イラク戦争を国連決議無しで開始したアメリカに対して国際的批判は凄まじく，多数の民主党支持者にとってこれは不本意なことであった．しかし，もしアメリカが黒人を大統領に当選させれば何が起こるであろうか．世界は人種的に寛容なアメリカに拍手喝采し，アメリカ国民自身アメリカを再評価するであろう．若者，高学歴層にはこのように発想した有権者が少なくなかった．これに対して，クリントンは党指導部，中道派，労働組合員，女性団体，あるいは高齢者層から強い支持を得ていた．多数の黒人現職下院議員は当初クリントン支持であったが，オバマがアイオワで勝利してから黒人有権者が雪崩

を打ってオバマ支持に転じたため，態度を変えた．

　オバマとクリントンは稀に見る接戦を長期にわたって演じたが，2008 年 6 月にオバマの勝利が決定的になった．両陣営の関係修復は容易でなく，民主党は亀裂を修復できないまま本選挙に突入した．

　金融危機下の選挙戦と黒人大統領の誕生　共和党はアリゾナ州選出上院議員ジョン・マケインを大統領候補に指名した．外交ではタカ派，経済政策では保守派であったが，不法移民問題などでは条件付きで永住権の取得を容認するなど，中道的立場をとっていた．

　共和党にとって逆風の選挙であった．大統領選挙での 3 連勝は，現職大統領の支持率が高くない限り容易でない．ブッシュ大統領の支持率は 30% を切る水準にまで下がっており，マケインにとって重荷であった．オバマはイラクでは撤退，アフガニスタンではテロとの戦いの継続を主張し，マケインはどちらも戦い続けることを主張した．このような中，2008 年 9 月に起きたリーマン・ショックが選挙戦の様相を一変させた．

　クリントン政権末期から新たな金融業者が住宅ローンビジネスに新規参入していたが，そこでは優良な借り手への融資であるプライム・ローンでなく，借り手の返済能力に不安のあるサブプライム・ローンが拡大していた．住宅価格が下落し始め，10 年以上上昇してきた住宅価格が横ばいに転じた 2005 年頃，住宅ローンの債務不履行件数が増加し始め，住宅危機は金融危機に転化した．

　2008 年 9 月 15 日，アメリカ最大の投資銀行リーマン・ブラザーズが倒産して，金融危機が一挙に表面化した．証券会社や保険会社大手も危機に瀕した．10 月，ブッシュ政権と議会は急遽，金融安定化法を可決したが，これは巨額の公金を金融機関救済のために支出する内容であり，世論は強く反発した．

　金融危機は第二次世界大戦終了後最大の経済危機をもたらした．失業率は 4% 台から 7% 台に跳ね上がり，次期政権において最高で 10% を突破する水準にまで達した．

　この危機が与党共和党に与えた打撃は筆舌に尽くしがたい．オバマのマケインに対するリードは一挙に広がり，ドワイト・アイゼンハワーの孫スーザン・アイゼンハワーのような一部の穏健派共和党員も，自党の過度な保守化を嫌い，またオバマの超党派主義の訴えに惹かれて，オバマを支持した．

選挙戦の結果は，選挙人票365対173（得票率は約53%対46%）でオバマの勝利であった．2008年は，かくして黒人が初めて大統領に当選したアメリカ史においてきわめて歴史的な年となった．かつて奴隷として扱われ，経済的にも劣位にある少数集団から大統領が生まれたことの歴史的意義はいくら強調しても強調しすぎることはない．議会選挙でも民主党が上下両院で2年前に得た多数党の座を維持し，1993-94年以来の民主党のもとでの統一政府となった．

（2）オバマ政権の金融危機対応とティーパーティの台頭

　景気刺激策とオバマケア　オバマの超党派主義のレトリックにもかかわらず，ワシントンの政治は分断されたままであった．共和党はオバマの政策に徹底的非協力の方針を貫いた．結果的にオバマはこのような分断の現実について，やや楽観的過ぎた．

　オバマ大統領の最大の課題は金融危機への対応であった．オバマの提案に応じて議会は2009年2月に7870億ドルという戦後最大規模の景気刺激策を制定した．減税が30%以上を占め，共和党からの支持を期待した内容であったが，共和党からの賛成票は下院で皆無，上院で3票のみであった．これに対して，党内左派から，譲歩し過ぎとの批判が浴びせられた．さらにオバマ政権は，金融機関とゼネラルモーターズ（GM）などの自動車産業に公金注入を行って救済したが，こちらには世論が強く反発した．

　オバマが大統領に就任してからも経済状況は悪化の一途であり，就任時に7.8%であった失業率は一時10.2%にまで跳ね上がった．即座に景気が回復することを期待していた有権者は必然的にこの展開に失望した（ただし，2017年1月のオバマ退任時に失業率は4.7%まで低下）．

　オバマは次いでビル・クリントンが挫折した医療保険制度改革に着手し，2010年春に国民皆保険への道筋をつける法案の可決に辛うじて成功した（医療保険制度改革法．オバマケアとも称される）．政府直営の健康保険を含まないこの案は，元来は保守系シンクタンクであるヘリテージ財団の提案によるものであり，ミット・ロムニーがマサチューセッツ州知事時代に実現した制度とよく似ていた．それはすべてのアメリカ人に健康保険への加入を求めるものであり，オバマ自ら語るように「自動車所有者が自動車保険に入ることを義務付けられ

るのと同じ」である．にもかかわらず，共和党は全面的に反対した．

　さらに 2010 年 7 月，オバマ政権は金融規制改革法（ドッド゠フランク法）の制定に成功した．これは 1930 年代に成立したグラス゠スティーガル法にも相当する画期的な政策であり，1980 年代から緩和の一途を辿っていた金融規制のあり方を逆転し，規制強化を目指していた．

　ティーパーティの台頭　オバマは金融危機の影響を直接受けた住宅購入者の救済策を 2009 年春に発表したが，それを耳にした CNBC テレビのリポーター，リック・サンテリは視聴者にこれに抗議するための「シカゴ・ティーパーティ」への参加を呼びかけた．これが大きな政治運動を生み出すことになり，全米各地で同様のティーパーティ組織が出現した．規律のある全国組織は生み出されず，全国的な指導者すら存在しなかった．主としてインターネットを通じて緩やかに連合・協力し合う地方を拠点にした自発的な結社の集合体でしかなかったが，それゆえに広範にして爆発的なエネルギーを持つことになった．

　ティーパーティの名前は，ボストン茶会事件に由来していた．人によれば，TEA は Taxed Enough Already も意味していた．「パーティ」という言葉を使いながら，政党としての組織は持っていなかった．ティーパーティ運動がどの程度グラスルーツであるかについては見方が分かれる．首都ワシントンを本部とするフリーダム・ワークスのような保守系政治団体からさまざまな助言を得ていたことは確かであり，グラスルーツならぬアストロターフ（人工芝）論も存在する．政治資金についても富豪のコーク兄弟のような強力な支援者が存在した．それでも，運動の巨大なエネルギーは基本的には多数の保守系あるいは無党派の人々の怒りに発していると考えてよい．

　ティーパーティ参加者は圧倒的に白人が多く，政治に初めて関心を持った人も多い．年齢は比較的高く，黒人，ヒスパニック，あるいは白人を含めて依存心の強い若者に憤りを感じている者が少なくない．反対する対象は当初金融機関や GM あるいは住宅所有者への救済策であったが，オバマケアが議会審議の議題になると，オバマケアに移行していった．

　これに対して，民主党系では 2011 年頃から，所得上位 1% の人々に反対し，ウォール・ストリート占拠を叫ぶ運動が台頭した．銀行救済反対，高額の大学授業料反対，予算削減反対などが中心的な要求であった．しかし，この運動の

参加者は民主党予備選挙を含め選挙にほとんど参加せず，当面の民主党への影響は比較的小さかった．それに対し，ティーパーティ支持者の多くは 2010 年中間選挙に向けた共和党の予備選挙に参加し，公認候補選びで大きな影響力を発揮した．共和党現職であっても，2008 年の金融安定化法に賛成票を投じた議員，あるいは歳出削減に消極的と見られた議員は攻撃の標的とされた．その結果，ワシントンで高い評価を勝ち取っていた経験豊富な議員が指名を得られず，まったくの素人が取って代わる場合も多数生まれた．重要な点は，それによって共和党の性格も変容した点である．共和党はより反ワシントン的性格を強め，これまで以上に徹底的かつ盲目的に小さな政府路線に固執するようになった．既成の政治規範や政治経験に対する敬意を失うとともに，政治言説も劣化した．

　2010 年 11 月の中間選挙は，民主党は上院で多数党に留まったものの，下院では大敗して少数党に転落した（共和党は上院で 6 議席増，下院で 64 議席増）．下院については与党敗北の法則通りであったが，2010 年の場合，景気回復が緩慢であった分，より一層与党に対して厳しい批判が向けられた．世論にもティーパーティ的発想の影響が見られ，およそ 3 分の 1 の有権者は政府の財政出動を評価していたが，残り 3 分の 1 ずつは，それぞれ「効果なし」，あるいは「むしろ景気回復を遅らせる」と回答した．

　なお，オバマ時代には，保守化した最高裁によって，政治においてお金の力がより一層ものをいうようになる判決が下された．それは 2010 年 1 月に出されたシティズンズ・ユナイテッド対連邦選挙委員会事件判決であった．2002 年に制定された連邦選挙資金法は，企業，労働組合，そして個人による政治献金額に上限を課していたが，10 年の判決は表現の自由を重視する観点からその一部を違憲と判断した．その結果，スーパー PAC と呼ばれる PAC が登場して，大企業系 PAC や富裕な個人から無制限に政治資金を集めることが可能になった（ただし，候補者に直接献金はできず，また候補者陣営と直接の関係があってはならない）．

　歳出削減をめぐる攻防と 2012 年選挙でのオバマ再選　　多数のティーパーティ系議員は，予想通り共和党をさらに右傾化させると同時にオバマ政権とこれまで以上に激しく対立した．政権との対立は 2011 年 7 月から 8 月にかけて最初

の頂点を迎えた．8月初めまでに連邦政府の借入上限額が議会によって引き上げられない限り，連邦政府は債務不履行となる危機を迎えていた．共和党は初めて議会のこの権限を盾にとり，大幅な歳出削減を求めたところ，オバマ大統領は譲歩して歳出削減を受け入れた．その案においては，まず10年間で1.2兆ドルの歳出削減で合意し，残りの1.2兆ドルの削減については，この妥協案に基づいて設置される超党派の特別委員会の決定に委ねられた．ただし，特別委員会が合意できない場合に備えて，そのようなことが絶対に起きないように議会があらかじめ規定したのが，ありえないほど厳しい歳出削減計画であり，国内支出と国防費からおよそ半分ずつ削減するという案であった．

　しかし，特別委員会は合意できず，結局「ありえないほど厳しい」案が現実となった．共和党議員が国防費の削減すら受け入れたことは，ベテラン民主党議員にとってすら驚きであった．ティーパーティ的発想がいかに強くこの時期の共和党を覆い包んでいたかを如実に示す例であり，また同党内で外交・安全保障に関心を持つ議員が減り，党エスタブリッシュメントの影響力が縮小したことの証でもあった．

　この闘いを経て，オバマは共和党との協力の可能性についてほぼ完全に断念し，断固再選を勝ち取る決意も固めたと思われる．景気は上昇基調にあったが，オバマによればそれは何より2009年2月の景気刺激策の賜物であった．しかし共和党が2012年選挙で勝利すれば，同党の緊縮路線ゆえに順調に景気が回復しつつあると主張するであろう．これはオバマとして断じて容認できない展開であった．

　共和党は元マサチューセッツ州知事のロムニーを大統領候補に指名した．その主張の中心は減税，オバマケア撤廃，人工妊娠中絶反対，強硬なテロ対策などレーガン的保思想と軌を一にしていた．

　失業率が依然8%前後の中での選挙戦であったが，アメリカ経済をここまで立て直したことが一定の評価を受け，オバマは辛勝した．選挙人票で332人対206人，得票率では約51%対47%であった．最後までオハイオ州での僅かなリードを守り切ったことが勝因であった．民主党は同州において，「ビンラーディンは死に，GMは生き残った」とのメッセージを再三再四テレビ広告で流した．背景には，ビンラーディンが2011年5月に殺害されたのに対し，ロ

ムニーが GM 救済に反対していたことがあった．しかし，民主党は上院での
多数党の座を維持したものの，下院では少数党に留まり，政治的膠着状態は継
続した．

(3) 分断の深化と硬直化

　オバマ政権二期目の政治的膠着　ティーパーティの台頭によって，二大政党
のイデオロギー的分極化はさらに激化した．2013 年 10 月，共和党はテッド・
クルーズ上院議員（テキサス州）らティーパーティ系議員に押され，オバマケ
ア関連予算の削除を要求して連邦政府一部閉鎖に打って出た．それは 2 週間続
いたが，これはオバマ政権と共和党の対立の第二の頂点であった．世論は連邦
政府閉鎖について共和党に批判的であったが，オバマケアに対する不支持が依
然として過半数であったことは民主党にとって予想外のことであり，悩みの種
であった．

　景気回復が緩慢であったことは，金融危機が極めて深刻であったことの証左
であったが，同時に共和党が一貫して追加的景気刺激策に反対し，のみならず
歳出削減を要求し続けたことにも原因があった．また，政権交代のタイミング
とも関係していた．2009 年 9 月の金融危機勃発後わずか 4 か月でオバマは政
権を引き継いだ．経済はその後しばらく悪化し続けた．もし共和党政権が仮に
4 年近く続き，その間景気回復が遅れていれば，共和党はもっと厳しい世論の
批判に晒されたであろう．1929 年 10 月の株価暴落後アメリカの経済は転落の
一途を辿り，民主党が政権を引き継いだのは 1933 年 3 月のことであった．

　2014 年の中間選挙では，共和党が下院で多数を維持したうえに上院でも多
数党になり，ますます政治的立場を強化した．膠着状態の中，オバマ大統領は
徐々に大統領令など大統領権限に依拠するようになった．オバマはすでに
2012 年 6 月，若年移民に対する国外強制退去の延期措置（Deferred Action for
Childhood Arrivals: DACA）という名称の大統領令を発し，若年期にアメリカ
に入国した不法移民（ドリーマーとも呼ばれる）に対して，強制国外退去処分を
2 年間（更新付）延期し，就労許可を与えていた．これにより，ヒスパニック
系を中心に約 80 万人の若者が恩恵を受け，強制退去を免れることになった．
2014 年 11 月，オバマはこれに加えて，国内に約 1100 万人いるとされる不法

移民のうち，アメリカ生まれの子どもを持つ親など約 500 万人を強制送還の対象から外す大統領令を発した．しかしこれは，合衆国最高裁によって認められなかった．

　人種問題の深刻化　オバマは 2008 年と 2016 年の大統領選挙で，黒人のみを目的とした公約は基本的に用意していなかった．黒人運動の出身でもない．オバマの訴えの眼目は，白人と黒人，保守とリベラルが一つになることであった．オバマが当選した時，黒人は感動し，拍手喝采した．オバマの支持率は在職中最低でも 40% 程度に留まっていたが，それは黒人が一貫してオバマを強く支持し続けたからでもあった．

　しかし，オバマ政権期に人種関係はむしろ悪化した．一つは，投票に対して様々な制約が課され，黒人が投票する際のコストが増した．それは，共和党が多数党の座を占めた州議会を拠点にして，不正投票対策との口実で実行された．具体的には，有権者登録条件の厳格化，登録・投票に際しての写真付き身分証明書の提示義務，投票所数の削減などであった．運転免許証を持っていない黒人にとって，身分証明書提示義務は投票に対する大きな障害となるが，不正投票を懸念する側からみると，このような措置は必要不可欠と映る．不正投票あるいは投票権そのものについても，見解は政党間で分かれていた．共和党側のこの試みは，2021 年以降さらに強化される．

　2012 年 2 月，フロリダ州サンフォードで黒人のトレイボン・マーティンが白人の自警団によって射殺されたが，白人は陪審員裁判によって無罪の評決を受けたため，#BlackLivesMatter（黒人の命も大事の意味）のメッセージが SNS（ソーシャル・ネットワーキング・サービス）で拡散されて大規模な抗議運動に発展した（ブラック・ライブズ・マター運動，以下，BLM 運動）．

　2014 年夏にはアメリカ社会を震撼させる事件が起きた．ニューヨーク市で黒人男性エリック・ガーナーが警察官によってチョークホールドをかけられ，「息ができない」と叫びつつ死亡した．この映像が拡散して黒人による大規模な抗議運動が各地で発生した．そのおよそ 3 週間後，ミズーリ州ファーガソンで黒人男性マイケル・ブラウンが警察官と口論となった後射殺された．激しい抗議運動が続いたが，警察官が陪審員裁判によって無罪の評決を受けたのち再び暴動が発生した．BLM 運動はここでさらに勢いを得た．

　膠着状態の中の同性婚の合法化　それに対して，同性愛者運動は画期的な成
果をあげることになった．同性愛者同士の法的結婚について，オバマは就任当
初，そこまでは支持しないと述べていた．しかし，彼は 2012 年 5 月，大統領
として初めて正面から同性婚支持を表明した．ただ，この時点では依然として，
同性婚を合法化するか否かについては各州の判断に委ねるべきだとも述べてい
た．

　州の動向の展開は予想以上に急であった．今世紀に入ってから，多くの州が
州法において同性婚を認めるようになり，2014 年には同性婚を禁止している
のは 13 州のみとなった．そのような中，2015 年 6 月合衆国最高裁は，同性同
士の結婚をアメリカ市民の憲法上の権利としてすべての州で認める判決を 5 対
4 の僅差ながら下した．これによって，同性婚を禁じている州法が違憲とされ
た．オバマ大統領はこれについて「アメリカにとっての勝利である」と論評し
た．この当時の世論調査では，57% が同性婚の合法化に賛成であった（『ニュ
ーヨーク・タイムズ』と CBS ニュースの調査）．

　キリスト教保守派は同性婚容認にあくまで反対であった．ただ，同性愛者は
共和党保守派の家族からも登場し，党派対立は幾分緩和された．上記の最高裁
判決では，保守派と目されていたジョン・ロバーツ首席裁判官が賛成票を投じ
た．人工妊娠中絶，銃所持などの問題では膠着状態が続いていたが，このよう
に同性婚問題のみは異なる展開となった．

終　章

グローバル化の反動とポピュリズムの台頭

（1）トランプの台頭と大統領当選

　トランプ旋風　ドナルド・トランプが 2015 年に大統領選挙出馬を表明した時，多くのメディアはほぼ完全に彼を泡沫候補扱いした．「不動産王」というメディアによって彼に与えられた称号がそのような雰囲気を象徴している．トランプは政党所属を共和党・改革党・民主党・無所属・共和党と変えてきた．1987 年には共和党副大統領候補に指名されることを期待して，日本批判の全面広告を新聞に掲載したこともある．政治的信念があるとは言い難いが，貿易赤字に対する拒否反応という点では一貫していた．

　立候補表明の際，トランプは不法移民問題を取り上げ，彼らには多数の犯罪者・麻薬中毒者が含まれていると述べた．これに対して，共和党員を含む多数の政治家・ジャーナリスト・言論人が，このような発言は差別的であり，大統領候補に相応しくないと批判した．トランプによる品位に欠けた批判は身体障害者や女性にも向けられた．当時，共和党内では大統領候補指名を目指して 17 人が立候補していたが，トランプは世論調査においてほとんど瞬時にして首位に躍り出て，その後も首位を維持し続けた．トランプは不法移民対策の公約として，アメリカとメキシコの国境線上にメキシコ政府の費用で壁を作ることを提案した．また「アメリカ・ファースト」のスローガンのもと，貿易赤字を批判し，NAFTA や交渉中であった環太平洋経済連携協定（TPP）も槍玉に挙げた．さらに，アメリカが損するだけであるとして北大西洋条約機構（NATO）や日米同盟を批判し，「アメリカを再び偉大にする」を選挙戦の中核的公約としたのである．

　突如出現したトランプ旋風を前にして，ジェブ・ブッシュ（ジョージ・W. ブッシュ元大統領の弟）ら共和党エスタブリッシュメントの候補は全員苦戦した．泡沫はいつの間にか本命となっていた．

アメリカのポピュリズム　2016 年，有権者の間には変化を求める強いうねり
が生まれていた．それはいくつかの層をなしていた．第一に，比較的浅いとこ
ろでは，民主党政権が 8 年続いたため，政権交代を求める声が存在した．第二
に，景気回復の遅れ，あるいは下層中層階級の生活苦の問題が存在していた．
2016 年時点でまだ，家計の中間値は 1999 年の水準を回復していなかった．経
済は回復しつつあったが，国民はそれを実感できず，2016 年 11 月の投票日に
おいて約 62% の国民がアメリカは悪い方向に向かっていると考えていた．

　第三に，とくに白人労働者階級に鬱積していた不満である．彼らが不法移民
を批判しても，エリート政治家・ジャーナリスト・知識人から，「彼らには人
道的かつ寛大に対応しなければならない．彼らが得る職はあなた方の職と競合
せず，あなた方の雇用を脅かしていない．あなた方こそ，もっと自分の技能を
磨かなければならない．そして何より雇用の減少はあったとしても不法移民が
理由でなく，機械化等のためである」等々と説き伏せられてしまう．NAFTA
について，メキシコに工場と職が流出すると不満を述べても，同様の説教を聞
かされるだけであった．ここには，人種的な要素も絡んでいた．「黒人が貧困
であると，社会は人種差別が原因と考えるが，差別されていない白人が貧困で
あっても同情されない」と彼らは感ずる．

　白人労働者階級は，そもそもリベラルな知的エリートが設定する「ポリティ
カル・コレクトネス」を嫌っていた．すなわち，不法移民や有色人種について
否定的あるいは差別的なことを言ってはならないという規範が提示され，それ
を受け入れるように社会的圧力がかかっていると彼らは感じている．トランプ
の演説でもっとも拍手喝采を浴びる一節の一つが，「メリークリスマス」と普
通に言える社会に戻そうというものであった．近年，デパートでクリスマスツ
リーは飾られていても，あるいはクリスマスカードは販売されていても，そこ
に印刷されている言葉は「メリークリスマス」ではなく，多くの場合「シーズ
ンズ・グリーティングズ」あるいは「ハッピー・ホリデイズ」である．これら
は非キリスト教徒の感情を逆撫でしないように，多数派であるキリスト教徒は
自制しなければならないという規範の反映である．

　社会学者の A. R. ホックシールドは，白人労働者が共和党を支持する理由を，
ディープ・ストーリーという概念を使って説明した．彼らのアメリカ社会観は

米社会は黒人・白人のどちらに有利か

	民主党支持者	共和党支持者
白人の方が得をしている(47.3%)	82%	16%
どちらも差はない(38.3%)	28%	69%
黒人の方が得をしている(13.4%)	18%	80%

図 5　黒人の方が得をしているとの認識

[出典] AP VoteCast conducted by NORC at the University of Chicago for Fox News and the Associated Press か
ら筆者作成. 以下の図を一部修正した（https://www.wsj.com/articles/the-yawning-divide-that-explains-ameri
can-politics-1540910719）.

以下のようなものであるという. 山頂を目指して人々が黙々と登山している.
列は遅々として進まない. 上も下も長蛇の列である. 山頂への到達は「アメリ
カン・ドリーム」の実現である. 待つことは我慢できる. しかし我慢ならない
のは, 横入りする人間がいることである. 黒人や不法移民である. それを助け
ているのが民主党と連邦政府なのだ. ホックシールドがルイジアナ州に滞在し
て聞き取り調査をしたところ, 多くの白人はこのようなイメージで社会を見て
いることがわかった.

　白人労働者が抱いているこのような感覚は, 図 5 からも窺える. 共和党支持
者には, アメリカ社会では黒人の方が得をしていると感じている者が少なくな
い（むろん, 白人労働者にも人種差別に反対し, 民主党を支持する者も多数存在するこ
とを忘れてはならない）.

　トランプはこのような文脈で登場した. トランプの選挙戦は, 不法移民に寛
大な態度をとり, また NAFTA や TPP などの自由貿易協定も支持すべきだと
主張するグローバリスト・エリートに対する反逆であった. とくに, ポリティ
カル・コレクトネスを強く要求するリベラル知識人に対する嫌悪感は顕著であ
った.

　トランプの発言はしばしば一貫性を欠く. しかし 2016 年の選挙戦で, アフ
ガニスタンとイラクでの戦争を批判しながら, その予算は国内のインフラ整備
に使われるべきであったと述べた時, 一般有権者の素朴な感情を巧みに代弁し
ていた. むろん, これは同時に, 共和・民主両党の国際派外交・安全保障政策
を正面から批判するものであった.

　トランプはそれまで共和党の正統的な教義であったタカ派的な国際主義, 自

由貿易主義，（年金削減に反対しインフラ投資を主張することで）小さな政府主義に反対していたが，減税，規制緩和，銃所持の権利の擁護，人工妊娠中絶の禁止，地球温暖化防止のためのパリ協定等についての立場は，共和党主流派のそれをそのまま受け入れていた．

　トランプは共和党内での戦いでおおむね世論調査通りの強さを発揮し，共和党の指名を勝ち取った．トランプは政治家・軍人どちらの経験も持っていなかったが，このような候補が二大政党の大統領候補の指名を獲得したのは第二次世界大戦終了後では初めてのことである（1940 年に共和党候補となったウェンデル・ウィルキーはこれに該当する）．

　トランプはとくに低学歴の白人有権者の間で爆発的な強さを発揮した．トランプは反知性主義的傾向をもち，首尾一貫した思想体系をもっていたわけではないが，全体として，彼は今日のアメリカのポピュリズムを大きく後押しした．第二次世界大戦後，ジョゼフ・マッカーシー，ジョージ・ウォーレス，ロス・ペロー，ティーパーティなどと比較しても，トランプほど低学歴白人層の心を巧みに摑んだ政治家は見出しがたい．

　2016 年選挙でのトランプの逆転勝利　トランプを支持した白人労働者階級は現代アメリカのポピュリズムの一つの柱であるが，民主党左派はもう一つの極を形成する．2016 年にはこの勢力が民主党内で威力を発揮することになる．

　民主党ではオバマ政権期に国務長官を経験したヒラリー・クリントンが圧倒的に最有力候補であった．今回こそは楽勝と思われたが，民主社会主義者を自称するバーニー・サンダース上院議員（ヴァーモント州）が予想以上に健闘し，接戦となった．クリントンも，2008 年の教訓を踏まえて，国務長官時代に推進した TPP について選挙前に反対に回るなど，左派からの批判に備えていた．それでも，サンダースの人気と民主党そのものの左傾化は，彼女の予想を超えていた．サンダースはオバマケアの不十分さを衝き，国民皆保険を提唱した他，公立大学の学費無料を公約とした．2016 年にアイオワ州で行われた民主党党員集会に参加した民主党員のうち 43% が自分のことを社会主義者であるとみなしており，それは資本主義者とみなす比率（38%）より高かった（ただし，ここで彼らがいう社会主義は，北欧流の社会民主主義が想定されていると考えてよい）．

　クリントンはこのように左傾化した民主党の中で，エスタブリッシュメント

とみなされた．実際彼女は，サンダースが攻撃したようにウォール・ストリートから多額の講演料を受け取るなど弱みを抱えていた．ヒラリーは辛うじて民主党大統領候補の指名を獲得したが，サンダース派は彼女の選挙戦に冷淡であった．民主党全国党大会はサンダース派が配布した「TPP反対」のプラカードで埋め尽くされていた．

　2016年の大統領選挙では民主党・共和党どちらにおいても主流派あるいは党エスタブリッシュメント候補が苦戦し，非主流派候補が大善戦したことが特徴的であった．民主党ではいわば左派ポピュリズムを代表するサンダースに対して主流派が辛うじて勝利したが，共和党の主流派は右派ポピュリズムを体現するトランプに惨敗した．

　選挙戦では世論調査においてクリントンが圧倒的優位に立っていたが，時折二人の支持率は接近した．トランプは既成政治家に対して不信感を抱く低学歴の白人層を中心に支持を広げた．候補者の直接討論会においてクリントンが大統領候補としての公約を披露したとき，「あなたは長く政治の世界にいながら，なぜこれまでそれを実現しなかったのか」とトランプは追及した．また，トランプは共和党内での指名争いを，献金を受け取らずすべて自費で賄った．既成政治家に幻滅してきたアメリカ人にとってトランプは新鮮であり，驚きであり，痛快でもあった．

　クリントンは国務長官在任時に公用でも私的アカウントの電子メールを使用するという規則違反を犯しており，選挙戦終盤の2016年10月にFBIは本件での再捜査開始を宣言した．これを契機にトランプの支持率は上昇し始め，その勢いをそのまま維持しながら，トランプは一般投票で約300万票負けながら，大統領選挙人票でクリントンを77人上回り（304人対227人），逆転勝利を手にした．「接戦州」のはずのオハイオで楽勝した上に，ミシガン，ペンシルヴェニアなど本来民主党が強い州で僅差の勝利を手にした．とくに白人労働者層が民主党から共和党に，あるいは棄権から共和党に投票傾向を変えた．出口調査では，トランプは大学を卒業していない白人有権者で圧倒的な強さを発揮しており（トランプとクリントンの得票率は約66%対29%），クリントンは高学歴層，女性，そして人種的・民族的少数派（黒人，ヒスパニックなど）で強さを発揮したものの，投票者の約6割を占める白人票で苦戦した（得票率は約37%）．変化

を重視する有権者が全体の約 39% 存在したが，彼らは 82% 対 14% でトランプに投票していた．

　議会選挙においても共和党は上下両院で多数党の座の維持に成功し，10 年ぶりに共和党統一政府を実現した．

(2) トランプ政権と分極化

　トランプ主義と白人労働者　トランプの勝利がもたらした衝撃は巨大であった．それは民主党の敗北であるだけでなく，共和党の，さらにいえばアメリカのエスタブリッシュメント，主流メディア，国際主義，知的階級全体の敗北ですらあった．

　トランプ当選の震源地の一つ，オハイオ州南部のサイオト・カウンティの例でみてみよう．2000 年以来 4 回の大統領選挙での共和党大統領候補の得票率は 49% と 52% の間にとどまっていた．しかし 2016 年のトランプの得票率は 66.8% という驚異的水準に達していた（2020 年選挙では 70% を突破した）．このカウンティは白人が 96% を占める人種構成であり，とりわけ高卒者が多いが，彼らの 4 人に 1 人は失業中であった．

　これまでの共和党候補とトランプの相違は，トランプが不法移民に対して強硬なレトリックを駆使し，保護貿易主義と孤立主義を提唱し，逆に社会保障を維持し，インフラ投資を公約した点にあった．これらの違いがトランプの爆発的集票力をもたらしていた．

　白人労働者層コミュニティにおいては，近年オピオイド中毒が蔓延しており，とりわけ 40 歳代半ばから 50 歳代半ばに至るまでの白人高卒層の死亡率が高まっていた．その理由は，自殺・麻薬中毒死・肝臓障害など「絶望死」と称される死亡件数が白人高卒層で劇的に増加していることにある．これが主要因となってアメリカ国民全体の平均寿命すら 2015 年に 22 年ぶりに短くなり，それは 3 年間続いた．これは 1910 年代後半以来のことである．絶望死が多いカウンティと，2016 年大統領選挙で共和党が 4 年前と比較して得票率を伸ばしたカウンティの間には相関関係も存在した（2020 年の平均寿命は新型コロナウイルス感染症（COVID-19）の影響も加わって顕著に短縮した．薬物過剰摂取による死者数は 2021 年 4 月までの 1 年間で 10 万人を突破した）．

　トランプ政権の政策と分極化　トランプ政権の政策は，以上のようなトランプの中核的支持基盤の感覚に根ざすもの，トランプ自身の判断，そして共和党政権の体質から発するものの混合体であった．トランプ大統領は個人的に強い関心を持てない争点については，その都度思い付きで判断することも多く，また共和党主流派ないし同党議員団に丸投げする傾向があった．地球温暖化防止のためのパリ協定からの離脱（2019 年）などはその例であろう．人工妊娠中絶禁止も年来の主張ではないが，2015 年の立候補表明以来，プロ・ライフ（人工妊娠中絶反対）の立場をとり続けた．減税，連邦司法府への保守派裁判官の任命，銃所持権の擁護などは相当程度，自分自身の主張として消化した方であろう．

　それに対してトランプがこだわったのが，メキシコとの国境線上の壁の建設，不法移民やイスラム教諸国からの移民を減らすこと，貿易赤字の削減，そして経費のかかる海外での軍事的コミットメントの縮小であった．

　トランプは，大型減税の実施（2017 年）とパリ協定離脱などを公約通り実現した．減税は，連邦法人税率の 35% から 21% への引き下げであった．TPP離脱，NAFTA 改定，エルサレムのイスラエルの首都としての承認，イラン核合意離脱なども実行した．合衆国最高裁裁判官の人事においては，トランプは 2017 年から 20 年にかけて三つの空席を埋める機会に恵まれた（ニール・ゴーサッチ，ブレット・カヴァノー，エイミー・コーニー・バレット）．これで最高裁のイデオロギー構成は保守派 6 人，リベラル派 3 人となり，当面の保守派優位が確立した．

　これは人工妊娠中絶の禁止を目指すキリスト教保守派にとって，この上ない朗報であった．また彼らの多くは，イスラエルが救われることはキリスト教徒の救済の前提であるとする教義を支持しているため，同国の首都としてのエルサレム承認も歓迎した．それに対してオバマケア廃棄は共和党多数議会をもってしても可決できず，メキシコとの壁は部分的建設にとどまった．

　共和党・民主党の間のイデオロギー的分極化という文脈では，減税，保守派裁判官の任命，パリ協定離脱などは，それを一層拡大する傾向を持った．不法移民，ジェンダー，そして人種等に係る争点，すなわちアイデンティティをめぐる問題で，分極化はさらに深刻になった．それに対して TPP 離脱や中国に対する通商での制裁などの保護貿易主義的傾向，あるいは厳しい対中政策など

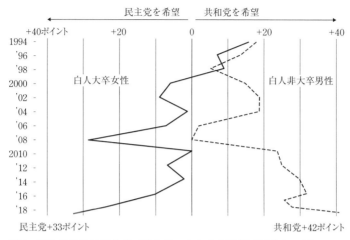

図6　議会多数党は民主党／共和党のどちらを希望（「共和党を希望」から「民主党を希望」を引いたパーセンテージ）

［注］2010年から2018年は1年間の平均値．それまでは中間選挙投票日1か月前の数値．『ウォール・ストリート・ジャーナル』／NBCニュース電話調査による．

［出典］"The Yawning Divide That Explains American Politics," *The Wall Street Journal*, October 30, 2018（https://www.wsj.com/articles/the-yawning-divide-that-explains-american-politics-1540910719）．

は，民主党からの支持も得ていた．

　政治言説の劣化と分断の加速　トランプは白人高卒男性労働者層の間で強い支持を得る一方で，白人高学歴女性の支持を失っていた．これは図6に示されているように長期的傾向でもあるが，トランプの登場で加速された．共和党と民主党のどちらが議会の多数党になるのが好ましいかを聞いた世論調査において，1994年の中間選挙前には白人大卒女性と白人非大卒男性の間で大きな差はなく，どちらもおよそ60%対40%で共和党を支持していた（共和党＋20近くとなる）．しかしティーパーティ台頭の頃から両者の態度は乖離し始め，トランプが政界に登場した2015年以降，その傾向に拍車がかかっている．これはポピュリズム的傾向をもつティーパーティと，とくにジェンダーで差別的な言動を繰り返したトランプに対して，白人大卒女性と白人非大卒男性が正反対の反応を示したためである．アイデンティティをめぐる問題では，人種だけでなく白人内の学歴・ジェンダーも重要な対立軸であることに注意する必要がある．

　政治言説の劣化はすでにティーパーティ台頭の頃から顕著になりつつあった．

素人であることを売り物にし，専門性や経験を軽蔑するティーパーティ議員の立場は，議会においてオバマ大統領に対して「嘘つき！」と叫ぶなど，礼節や儀礼を欠いたものでもあった．トランプはそのような傾向に拍車をかけた．不法移民，女性，身体障害者に対する侮蔑的態度は，その対象になった人々とその支持者の怒りを買った．

2017年8月，ヴァージニア州シャーロッツヴィルにおいて白人至上主義者の集会で，それに抗議する人々との衝突が起き，抗議した参加者一人が，白人至上主義者が運転する車によって轢き殺された．しかしトランプ大統領の非難声明は曖昧で喧嘩両成敗的な部分を含んでいたため，主流メディアは激しく批判した．

トランプ政権期，黒人が白人警察官の暴力で命を落とす事件が何件か起こり，BLM運動がさらに高揚した．基本的には平和的な抗議運動であったが，その参加者のごく一部は暴徒化し略奪行為に走った．トランプはこれを捉えて「法と秩序」を訴え，急進的黒人運動をスケープゴートにした．黒人と白人リベラル派からは警察解体論あるいは警察予算打ち切り論が提唱されたが，これは保守派白人にとっては受け入れがたい提案であり，こうした争点でも分極化は一層顕著になった．

これらとは異なる次元でトランプは，しばしばその職務遂行にあたって倫理性の欠如を指摘された．2016年選挙戦の時から，大統領候補は慣例として従っていた確定申告の公表を拒否した．発言には誤りが多く，あるサイトの計算では1日平均15回虚偽ないし誤った発言をしていた．より根本的には，そもそも大統領を務めているのは国家・国民に対する奉仕なのか自己利益なのかという問題が存在しており，トランプの場合は後者ではないのかという疑いが払拭されなかった．

（3）2020年選挙と政権移行

コロナ問題をめぐる政治　2018年11月の中間選挙は，共和党が減税と好景気を，民主党がオバマケアの擁護，銃規制の強化，そして人種平等を訴える中で行われた．上院では共和党が多数党に留まったものの，下院では民主党が多数党の座を奪還し，再びアメリカは分割政府となった．投票率は49.3%を記

録し，中間選挙としては 1914 年以来の高さとなった．

　民主党は下院において，2019 年 12 月，(1) トランプがウクライナに軍事支援の見かえりとしてバイデン前副大統領の捜査を要求した上，(2) 議会の弾劾調査を妨げたとして弾劾訴追を開始した．外交を自分の再選の道具とした印象は拭い難かったが，2020 年 1 月に開廷した上院での弾劾裁判は，翌 2 月にどちらの訴追条項についても，与党共和党議員のほとんどが無罪の評決を下したため，有罪評決に必要な出席議員の 3 分の 2 に届かず，無罪放免となった．

　2020 年 1 月末より，中国で流行した新型コロナウイルス感染拡大の兆候がアメリカでも見られ，トランプ政権のアレックス・アザー保健教育福祉長官は公衆衛生上の緊急事態を宣言し，中国からの渡航者のアメリカへの入国禁止を発令した（2 月 2 日より）．トランプは 3 月 13 日，国家非常事態法などに依拠して国家非常事態を宣言し，最大 500 億ドルの連邦政府資金の活用を可能にして，検査・治療等の態勢強化を図った．トランプは自らを「戦時大統領」と定義し，本格的にコロナ対策に着手するものとみられたが，すぐに経済活動への制約を解除する方向に方針転換した．その後，トランプはほぼ一貫して，経済再開を提唱し続けた．

　トランプのコロナに関する発言は多くが的外れであった．治療薬としてヒドロキシクロロキンの使用を提唱していたが，これは専門家が危険と考える薬であった．トランプは記者会見でそれを自ら服薬していることを明らかにして，記者を驚かせた．ある記者会見で，トランプはこの感染症は消毒液を注射すればすぐに治るとも発言した．

　コロナ問題でも政党支持の違いが鮮明になった．民主党支持者はマスク着用を支持・実践したが，共和党支持者はそれに反対し，前者は経済活動への制約を支持したが，後者はそれに反対した．この反対運動にはティーパーティを支持したワシントンを拠点にするリバタリアン系団体なども関与していた．トランプはほとんどマスクを着用せず，マスクをつけた対立候補を嘲笑った．

　結果的に，アメリカのコロナ対策は大失敗であった．トランプが退任する 2021 年 1 月 20 日までにアメリカでは 40 万人以上の死者を出した．これはその時点で圧倒的に世界最多であった．

　コロナ下の 2020 年選挙戦　2020 年 2 月，アメリカの失業率は 3.5% まで下

がった．これは 1969 年以来の低い数字であり，トランプはありとあらゆる機会を捉えて強調した．それにもかかわらずトランプの支持率は就任以来一貫して最低 38%，最高 47% の間に留まっていた（選挙敗北後の 2 か月を除く．『ウォール・ストリート・ジャーナル』／NBC ニュースとギャラップによる調査）．下限については「岩盤支持層」の存在が指摘された．しかし，就任直後のハネムーン期と呼ばれる時期を含めても，トランプの支持率は 50% を割っていた．これは，トランプが就任後，基本的に新しい支持層を開拓できなかったことを意味していた．

　言うまでもなく，新型コロナウイルスの蔓延はトランプの支持率を押し下げた．しかし，好景気の中でトランプの支持率が低迷していたことにも注目しておかなければならない．ちなみに，トランプは容易に共和党候補としての再指名を得た．

　民主党では 29 人もの立候補者が名乗りを上げ，同党の予備選挙は大混戦となった．当初サンダース上院議員らが善戦したが，2020 年 2 月末に行われたサウスカロライナ州の予備選挙で大逆転が起きた．本命視されながらそれまで不振が続いていたジョー・バイデン前副大統領が黒人票を引き付けて圧勝し流れを変えた．バイデンは長年の政治経歴を通じて，黒人下院議員と強固な人間関係を築いていたのである．南部諸州の民主党予備選挙では，黒人票の比重が 5 割を越えており，黒人票を摑んだことの威力は凄まじい．サンダースは食い下がったが，コロナ禍の中，2016 年より早い時期に撤退を表明した．左派の間でも，ともかくトランプを引きずり下ろす必要があるとの判断は共有されていた．結局，バイデンが民主党の指名を獲得した．

　トランプとバイデンの戦いはコロナ対策を軸に進展した．トランプは経済と学校の再開，法と秩序，強硬な対中国政策を，バイデンは徹底した感染対策，オバマケアの維持，人種問題解決を訴えた．感染症への態度の違いは選挙戦の手法の違いにも表れた．共和党はほとんどの参加者がマスクを着用しない大規模集会を多用したが，民主党はオンライン集会，あるいはドライブイン形式の集会を活用した．ただし，トランプ陣営は当初持っていた政治資金的優位を計画性の欠如した過剰支出のために失い，2020 年夏から民主党の指名を確実にしたバイデンが圧倒した．選挙戦終盤，トランプ側はいくつかの接戦州でテレ

ビ広告を停止しなければならないほどであった.

　「選挙不正」の主張と政権移行　選挙結果は再び稀に見る接戦であった. 投票率が約66%という120年ぶりの高水準に達したことも驚きであった. トランプは7400万票以上（得票率46.9%）を獲得して, 再び世論調査の誤りを証明した. しかしバイデンはそれを上回る8100万票（51.3%）を得た（獲得した大統領選挙人数はバイデン306人, トランプ232人）. トランプは, 労働者層を含む白人の支持率を僅かに減らしたことで敗北した.

　一部のトランプ支持者は, トランプ落選を受け入れようとしなかった. 彼らがテレビで見たトランプ集会は溢れるばかりの人が集まり, 熱気が込み上げていたが, バイデン陣営はお通夜のようであった. なぜバイデン勝利がありうるのだろうか. さらに一部のトランプ支持者はQアノンという陰謀論の信奉者であり, バイデン勝利も陰謀の仕業であると解釈した. 何よりトランプ自身, 選挙結果を不正の結果と断定し続け, 敗北を認めなかった. これはアメリカ合衆国の建国以来の平和的政権交代の伝統の歴史において, まことに異例なことであった.

　新型コロナウイルスが蔓延する中, アメリカでは多くの州が不在者投票の要件や期間を緩和し, さらには郵便投票を認めた. しかし, トランプは当初から郵便投票に反対し, 不正の介入を主張し続けた. 結果判明後, トランプ陣営は州・連邦レベルで多数の訴訟を起こしたが, すべて敗訴した.

　このような中, 2021年1月6日, トランプ支持者はトランプが演説した集会後に連邦議会議事堂に乱入し, 死者5名と140名以上の負傷者を出した. 共和党からも強い批判が噴出し, 閣僚からも辞任者を出した. 民主党は下院でトランプに対し二度目の弾劾決議を可決したものの, 上院では結局3分の2に足りず無罪となった.

　なお, 議会選挙では下院で民主党が多数党の地位を維持し, 上院で議席は50対50ながら, 副大統領が職責で兼ねる議長を民主党が獲得したため民主党が多数党となった（「50対50国家」の再来）. 民主党による統一政府は2009-10年以来である.

　騒然とした雰囲気の中, 2021年1月20日, ジョー・バイデンが第46代大統領に就任した.

エピローグ

　バイデン政権の発足　バイデンは政権の最優先政策を新型コロナウイルス対策とし，ワクチン接種を加速した．その結果，就任 3 か月でアメリカの成人の約 4 割が少なくとも 1 回の接種を受けることができた．ただし，低学歴の共和党支持者を中心にワクチン接種を拒否する傾向も存在し，必要数の接種を終えた国民の割合は約 63% 程度に留まっている（2022 年 1 月）．

　またコロナ対策で疲弊した経済を再建することを目的に 1.9 兆ドルの「アメリカ救済計画」を提案して，2021 年 3 月に議会に可決させた．その後バイデンは「アメリカ雇用計画」「アメリカ家族計画」も提案し，三つの案を合わせた歳出規模は 6 兆ドルにも達したが，民主党内の左右対立も顕在化し，11 月にようやくインフラ関係を取り集めた上で 1 兆ドルにまで縮小したインフラ投資法案が可決された．議席差は両院で僅かであり，民主党保守派から見ると過大ともいえる規模の第三の計画の残りの部分，すなわち「ビルド・バック・ベター」計画（気候変動・社会保障関連歳出法案）は縮小を余儀なくされている．

　バイデン大統領は地球温暖化対策においても直ちにパリ協定に復帰するとともに，2021 年 4 月後半には気候変動サミットを主催し，2030 年に向けた温暖化ガス排出削減目標として 2005 年比で 50–52% 減らすとする野心的な計画を表明した．このような大胆な立法計画を念頭に，バイデンをフランクリン・D. ローズヴェルトに擬える論評も登場し始めた．すべてのアメリカ国民のための大統領になると誓ったバイデンであるが，以上のような経済政策と地球環境政策の中身は強烈に民主党的であり，共和党は強く反発した．超党派主義より党内左派への配慮を優先していると見てよいであろう．

　ただし，中国に対しては，バイデンは事前の予想を大きく覆して，強硬な態度をとることになり，共和党に接近した．この点では，対ソ政策を転換したトルーマンを彷彿させる．国内政策ではかなり左派寄りの路線であるが，外交では右派に接近している．

　バイデンは中国に対して，一つは日本，オーストラリア，インド，そして NATO 諸国などと連携して，力による一方的行動で現状を変更しようとする中国の政策を批判し，もう一つは軍事力の強化を進めている．アフガニスタン

から 2021 年 9 月 11 日までに撤退することを 4 月に発表したが，8 月に現地政府が崩壊してタリバンが復帰したため，国内外から批判を招いている．

　バイデンが断固アフガニスタン撤退を進めた背景には，アメリカ国民の負担を過剰にしないで中国対応に集中する発想が存在した．バイデンは選挙戦中より「ミドルクラスのための外交政策」を提唱していたが，それは幅広い含意をもっていた．第一に，雇用を重視して，安易に TPP には加入しないことを示唆していた．第二に，ミドルクラスへの財政負担や人的負担を可能な限り小さいものに留めることを意味しており，アフガニスタンからの撤退表明はその方針に即していた．第三に，強硬な対中政策についても，その必要性について，雇用を守るためなど，十分に国民に説明することも含んでいた．バイデン政権は，本格的に中国と長期的に対峙する道を選択した．米ソ冷戦に匹敵する，あるいはそれ以上長引き困難な戦いになるであろう．

　人種問題では，黒人指導者やリベラル派が制度的人種主義（institutional racism）と呼ぶ問題，とくに警察による黒人被疑者に対する暴力問題が霧散する気配は存在しない．バイデン大統領が発する言葉はトランプと異なり，国民の統一や癒しを目指したものであるが，黒人と保守派白人の亀裂はそれで架橋できるほど浅いものではない．部族主義，あるいはセクト主義などと称される近年の過度のイデオロギー的分極化の中，民主党支持者と共和党支持者の違いは，支持する個別の政策だけでなく，居住地域，結婚相手の選択などにも影響を及ぼしており，さらには相手側政党の支持者について，敵ないし脅威との認識を持つようになっている．

　バイデンは強気の政権運営を展開しているものの，その政治的基盤は盤石ではない．民主党と共和党の党勢はほぼ五分五分のままである．わずかな票の動きで政権は変わり，その結果政策と政権が代表する価値観は大きく変化する．支持基盤における分極化は甚だしく，ひとたび政権を取ると政策は大きく振れる傾向が存在する．アメリカの国内政治はしばらく，このようなパターンで変化していくことになるであろう．

　アメリカ政治の現在　言うまでもなく，現在のアメリカは建国当初のアメリカときわめて異なったものに変容している．同時に，他の国々と比較した場合，依然としてアメリカ的特徴が存在することも否定できない．

政治制度ないし民主政の安定性・継続性は，一つの大きな特徴であろう．憲法や民主党・共和党からなる二大政党制の歴史はそれを示す．それにもかかわらず，憲法解釈は1930年代後半に大きく変わり，さらにその後のリベラル派優位から徐々に保守派優位に変化している．それは2020年にはかなり明確となった．

二大政党の対立軸も1970年代以降，とくに南部を中心に大きく変化した．それまでよりはるかにイデオロギー的に純化された政党が，正面から対立・敵対するに至った．この対立は，政府の規模，人種問題，宗教的争点，そして外交政策をめぐる対立軸とかなりの程度重なっていたため，きわめて堅固であった．

これらの対立軸においては，政府の規模が最大の争点であった．レーガンはニューディール以来支配的であった大きな政府論に正面から挑戦して政権を奪取し，大規模減税を実現した．実際に政府の規模の縮小にまでは至らなかったが，拡大一途の傾向に歯止めをかけたことは事実であった．少なくとも，西欧諸国と袂を分かったことは確かである．

比較的小さな政府，小規模にとどまる政府による所得再配分，国民皆保険制度の欠如，さらには貧富の差の大きさなどは，依然としてアメリカの特徴であるが，貧富の格差は今世紀に入り，さらに拡大傾向にある．

しかし，それは逆説的ながら，経済的困難の中で不満を鬱積したトランプ支持者による旧来の共和党指導部に対する反乱を誘発した．トランプは大減税を支持しつつも，財政規律への関心は弱く，インフラ投資にも前向きであった．人種や宗教問題での対立はますます深刻化しているが，政府の規模や外交政策においては対立軸が変容しつつある．

政党政治のあり方と関連して，アメリカ民主政のあり方そのものも問われている．アメリカの民主主義は1960年代に多数の暴動，反戦運動，指導者の暗殺などを経験し，一時的に混乱状態となったが，今世紀に入ってからはイデオロギー的分極化が進行し，異なる困難に逢着するに至った．二大政党が固い原則に立脚していることには，有権者に予測可能性を与えるなど一定の利点が存在するが，与党になった場合に行き過ぎの傾向も見られ，また支持者同士が相互に嫌悪の感情を抱くまでに対立が激化すると，妥協の政治を通した安定は生

まれにくい．まして 2020 年大統領選挙後のように，敗者が敗北を認めず，選挙結果の転覆工作を展開すると，民主主義は明らかに危機に直面する．

アメリカはこの危機を短期的には克服したものの，再燃する可能性が消えたわけではない．2020 年の政権移行期の危機においては，とりあえず軍と連邦司法府がトランプ的ポピュリズムの荒波に対する防波堤として機能したといえよう．

なお，社会文化的争点の中では，一方で同性婚は合衆国最高裁判決によって全土で権利として認められたが，他方で人工妊娠中絶についてはいくつかの南部州議会が女性の中絶選択権を厳しく制約する法律を可決し，対立が先鋭化している．

連邦政府と州政府の関係は，近年ある意味で双方向的である．ニューディール以来，前者の役割は一挙に拡大し，それはその後さほど変わっていない．1964 年の市民的権利法成立は，南部諸州に大きな政治的影響を及ぼし，白人の政治的支持を民主党から共和党に変えさせる上で重要な役割を果たした．それによって，今日の南部に基盤を置く保守的な共和党が登場したともいえる．これは連邦政治のあり方を大きく変容させている．

連邦政治でのイデオロギー的分極化は州政治にも波及しており，州政治の内部にもそれが浸透するとともに，州間のイデオロギー的距離も大きい．例えば，きわめて民主党が強いカリフォルニア州などと，共和党が強いミシシッピ州などの政治的志向の違いは顕著である．これに伴って，連邦政府（すなわち与党）とその時点での野党色の強い州政府との対立が顕著になっている．たとえば，オバマ政権の医療改革に共和党州知事が抵抗する，あるいはトランプ政権の消極的な地球温暖化政策を前にして民主党州知事が独自の対策を推進するなどである．共和党が強い州では，人工妊娠中絶に対する制限の強化あるいは投票資格の厳格化などが試みられており，また州政府と連邦政府は移民政策をめぐっても頻繁に訴訟で対峙している．

アメリカの政治はヨーロッパと比較すると，初発の段階から，身分制の欠如，選挙権の広範な普及，国家元首である大統領の国民による選出とそれによる政権交代，あるいは猟官制など，様々な点でポピュリズム的制度の手続きによって実践されていた．同時に，例えばニューディール期以降についてみると，二

大政党それぞれにおいて，とくに外交・安全保障政策や金融政策などにおいては ポピュリズム的圧力から相当程度遮断された部門・勢力が存在していた．

　しかしながら，現在，民主党は左派，人種・民族的少数派，リベラル色の強い高学歴層が主導権を握って著しく左傾化してアイデンティティ・ポリティックスへの傾斜を強めている．共和党も，白人政党としての性格を強めるだけでなく，キリスト教保守派，低学歴層，イデオロギー的保守派の協力態勢を強め，人種的・民族的少数派あるいは不法移民への批判的態度を強化している．その結果，二大政党のどちらも保護主義的傾向と内向き志向を強め，また財政規律を軽視しつつある．連邦執行府内における政策決定はますます専門性を高めているが，トランプ的ポピュリズムの台頭により専門家への敬意は弱まり，専門家の影響力も弱まりつつある．

　依然として世界の多数の人々がアメリカ入国を目指し，黒人大統領オバマの当選あるいは同性婚の合法化などアメリカの高度の寛容さを示す事例も存在する一方で，少数派への寛容と民主的規範や専門性への敬意が一部で失われつつある．さまざまな分断線と亀裂は依然として残るまま，国外では中国やロシアの挑戦もより直接性を増している．当面の間，アメリカの政治は現在の困難を抱えたまま，内外から挑戦を受け続けるであろう．その中にあってアメリカの民主政は今後とも強靱性を発揮できるであろうか．

参考文献

通史（時期別・分野別を含む）

青野利彦・倉科一希・宮田伊知郎編『現代アメリカ政治外交史：「アメリカの世紀」から「アメリカ第一主義」まで』（ミネルヴァ書房，2020 年）

阿川尚之『憲法で読むアメリカ史』（ちくま学芸文庫，2013 年）

有賀貞・大下尚一・志邨晃佑・平野孝編『アメリカ史』1・2（山川出版社，1993-1994 年）

サラ・M. エヴァンズ（小檜山ルイ・竹俣初美・矢口祐人・宇野知佐子訳）『アメリカの女性の歴史：自由のために生まれて』第 2 版（明石書店，2005 年）

岡田泰男『アメリカ経済史』（慶應義塾大学出版会，2000 年）

岡山裕『アメリカの政党政治：建国から 250 年の軌跡』（中公新書，2020 年）

小塩和人『アメリカ環境史』（ぎょうせい，2014 年）

貴堂嘉之『移民国家アメリカの歴史』（岩波新書，2018 年）

──『南北戦争の時代：19 世紀』（岩波新書，2019 年）

紀平英作編『アメリカ史』上・下（山川出版社，2019 年）

久保文明『アメリカ政治史』（有斐閣，2018 年）

斎藤眞・古矢旬『アメリカ政治外交史』第 2 版（東京大学出版会，2012 年）

中野耕太郎『20 世紀アメリカの夢：世紀転換期から 1970 年代』（岩波新書，2020 年）

古矢旬『グローバル時代のアメリカ：冷戦時代から 21 世紀』（岩波新書，2020 年）

森本あんり『アメリカ・キリスト教史：理念によって建てられた国の軌跡』（新教出版社，2006 年）

和田光弘編『大学で学ぶアメリカ史』（ミネルヴァ書房，2014 年）

──『植民地から建国へ：19 世紀初頭まで』（岩波新書，2019 年）

アメリカ政治の教科書・参考書

岡山裕・西山隆行編『アメリカの政治』（弘文堂，2019 年）

久保文明編『アメリカの政治』新版（弘文堂，2013 年）

久保文明・砂田一郎・松岡泰・森脇俊雅『アメリカ政治』第 3 版（有斐閣，2017 年）

西山隆行『アメリカ政治入門』（東京大学出版会，2018 年）

──『アメリカ政治講義』（ちくま新書，2018 年）

事典・資料集

アメリカ学会訳編『原典アメリカ史』全 9 巻＋社会史史料集（岩波書店，1950-2006 年）

──編『アメリカ文化事典』（丸善出版，2018 年）

荒このみ・岡田泰男・亀井俊介・久保文明・須藤功・阿部斉・金関寿夫・斎藤眞監修『アメリカを知る事典』新版（平凡社，2012 年）

有賀夏紀・小檜山ルイ編『アメリカジェンダー史研究入門』（青木書店，2010 年）

有賀夏紀・油井大三郎編『アメリカ史研究入門』（山川出版社，2009 年）

亀井俊介・鈴木健次編集代表『史料で読む　アメリカ文化史』全 5 巻（東京大学出版会，2005-2006 年）

斎藤眞・久保文明編『アメリカ政治外交史教材：英文資料選』第 2 版（東京大学出版会，2008 年）

序　章

ロバート・A. ダール（杉田敦訳）『アメリカ憲法は民主的か』（岩波書店，2014 年）

トクヴィル（松本礼二訳）『アメリカのデモクラシー』全 2 巻各上下（岩波文庫，2005-2008 年）

セオドア・J. ロウィ（村松岐夫監訳）『自由主義の終焉：現代政府の問題性』（木鐸社，1981 年）

Samuel P. Huntington, *American Politics: The Promise of Disharmony*（Belknap Press of Harvard University Press, 1981）.

Arthur M. Schlesinger, "Biography of a Nation of Joiners," *American Historical Review*, vol. 50, no. 1（October 1944）: 1-25.

Stephen Skowronek, *Building a New American State: The Expansion of National Administrative Capacities, 1877-1920*（Cambridge University Press, 1982）.

第 1 章

デイヴィッド・アーミテイジ（平田雅博・岩井淳・菅原秀二・細川道久訳）『独立宣言の世界史』（ミネルヴァ書房，2012 年）

ゴードン・S. ウッド（中野勝郎訳）『アメリカ独立革命』（岩波書店，2016 年）

上村剛『権力分立論の誕生：ブリテン王国の『法の精神』受容』（岩波書店，2021 年）

ジャック・P. グリーン（大森雄太郎訳）『幸福の追求：イギリス領植民地期アメリカの社会史』（慶應義塾大学出版会，2013 年）

イリジャ・H. グールド（森丈夫監訳）『アメリカ帝国の胎動：ヨーロッパ国際秩序とアメリカ独立』（彩流社，2016 年）

斎藤眞『アメリカ革命史研究：自由と統合』（東京大学出版会，1992 年）

アラン・テイラー（橋川健竜訳）『先住民 vs. 帝国　興亡のアメリカ史：北米大陸をめ
　ぐるグローバル・ヒストリー』（ミネルヴァ書房，2020 年）

A. ハミルトン，J. ジェイ，J. マディソン（斎藤眞・武則忠見訳）『ザ・フェデラリス
　ト』新装版（福村出版，1998 年）〔斎藤眞・中野勝郎訳）『ザ・フェデラリスト』
　（岩波文庫，1999 年）〈抄訳〉〕

布留川正博『奴隷船の世界史』（岩波書店，2019 年）

トーマス・ペイン（小松春雄訳）『コモン・センス　他三篇』（岩波文庫，1976 年）

オレリア・ミシェル（児玉しおり訳）『黒人と白人の世界史：「人種」はいかにつくられ
　てきたか』（明石書店，2021 年）

和田光弘『紫煙と帝国：アメリカ南部タバコ植民地の社会と経済』（名古屋大学出版会，
　2000 年）

Bernard Bailyn, *The Ideological Origins of the American Revolution*, enlarged ed.
　(Belknap Press of Harvard University Press, 1992).

Robert Middlekauff, *The Glorious Cause: The American Revolution, 1763–1789* (Ox-
　ford University Press, 2005).

Jack N. Rakove, *Original Meanings: Politics and Ideas in the Making of the Consti-
　tution* (Alfred A. Knopf, 1996).

Patrick Spero and Michael Zuckerman, eds., *The American Revolution Reborn* (Uni-
　versity of Pennsylvania Press, 2016).

Gordon S. Wood, *Power and Liberty: Constitutionalism in the American Revolution*
　(Oxford University Press, 2021).

第 2 章

五十嵐武士『アメリカの建国：その栄光と試練』（東京大学出版会，1984 年）

石川敬史『アメリカ連邦政府の思想的基礎：ジョン・アダムズの中央政府論』（渓水社，
　2008 年）

櫛田久代『初期アメリカの連邦構造：内陸開発政策と州主権』（北海道大学出版会，
　2009 年）

ロバート・ケリー（長尾龍一・能登路雅子訳）『アメリカ政治文化史：建国よりの一世
　紀』（木鐸社，1987 年）

田中きく代『南北戦争期の政治文化と移民：エスニシティが語る政党再編成と救貧』
　（明石書店，2000 年）

ウィリアム・N. チェンバーズ（藤本一美訳）『アメリカ近代政党の起源 1776 年〜1809
　年』（志學社，2013 年）

ロン・チャーナウ（井上廣美訳）『ハミルトン：アメリカ資本主義を創った男』上・下
　（日経 BP，2019 年）

中嶋啓雄『モンロー・ドクトリンとアメリカ外交の基盤』（ミネルヴァ書房，2002 年）

中谷義和『アメリカ南部危機の政治論：J. C. カルフーンの理論』（御茶の水書房，1979 年）

中野勝郎『アメリカ連邦体制の確立：ハミルトンと共和政』（東京大学出版会，1993 年）

ジョン・ミーチャム（森本奈理訳）『トマス・ジェファソン：権力の技法』上・下（白水社，2020 年）

Brian Balogh, *A Government Out of Sight: The Mystery of National Authority in Nineteenth-Century America* (Cambridge University Press, 2009).

Michael F. Holt, *The Rise and Fall of the American Whig Party: Jacksonian Politics and the Onset of the Civil War* (Oxford University Press, 2003).

Daniel Walker Howe, *What Hath God Wrought: The Transformation of America, 1815–1848* (Oxford University Press, 2007).

William J. Novak, *People's Welfare: Law and Regulation in Nineteenth-Century America* (University of North Carolina Press, 1996).

Joel H. Silbey, *The American Political Nation, 1838–1893* (Stanford University Press, 1991).

Gordon S. Wood, *Empire of Liberty: A History of the Early Republic, 1789–1815* (Oxford University Press, 2009).

C. Vann Woodward, "The Age of Reinterpretation," *American Historical Review*, vol. 66, no. 1 (October 1960): 1–19.

第3章

ゲリー・ウィルズ（北沢栄訳）『リンカーンの三分間：ゲティズバーグ演説の謎』（共同通信社，1995 年）

C. V. ウッドワード（清水博・長田豊臣・有賀貞訳）『アメリカ人種差別の歴史』新装版（福村出版，1998 年）

岡山裕『アメリカ二大政党制の確立：再建期における戦後体制の形成と共和党』（東京大学出版会，2005 年）

小川寛大『南北戦争：アメリカを二つに裂いた内戦』（中央公論新社，2020 年）

ドリス・カーンズ・グッドウィン（平岡緑訳）『リンカーン』上・中・下（中公文庫，2013 年）

清水忠重『アメリカの黒人奴隷制論：その思想史的展開』（木鐸社，2001 年）

辻内鏡人『アメリカの奴隷制と自由主義』（東京大学出版会，1997 年）

長田豊臣『南北戦争と国家』（東京大学出版会，1992 年）

ドルー・ギルピン・ファウスト（黒沢眞里子訳）『戦死とアメリカ：南北戦争 62 万人の

死の意味』(勁草書房, 2010 年)

エリック・フォーナー（森本奈理訳）『業火の試練：エイブラハム・リンカンとアメリカ奴隷制』(白水社, 2013 年)

ナット・ブラント（桜美林大学文学部英語英米文学科訳）『南北戦争を起こした町：奴隷解放とオーバリン大学』(彩流社, 1999 年)

デイヴィッド・R. ローディガー（小原豊志・竹中興慈・井上眞砂・落合明子訳）『アメリカにおける白人意識の構築：労働者階級の形成と人種』(明石書店, 2006 年)

David Herbert Donald, *Lincoln*（Simon & Schuster, 1996）.

Eric Foner, *Reconstruction: America's Unfinished Revolution, 1863–1877*, updated ed.（Harper Perennial, 2014）.

William E. Gienapp, *The Origins of the Republican Party, 1852–1856*（Oxford University Press, 1987）.

James M. McPherson, *Battle Cry of Freedom: The Civil War Era*（Oxford University Press, 1988）.

Heather Cox Richardson, *How the South Won the Civil War: Oligarchy, Democracy, and the Continuing Fight for the Soul of America*（Oxford University Press, 2020）.

第 4 章

ウッドロー・ウィルソン（小林孝輔・田中勇訳）『議会と政府：アメリカ政治の研究』(文眞堂, 1978 年)

岡本勝『アメリカ禁酒運動の軌跡：植民地時代から全国禁酒法まで』(ミネルヴァ書房, 1994 年)

ハーバート・G. ガットマン（大下尚一・野村達郎・長田豊臣・竹田有訳）『金ぴか時代のアメリカ』(平凡社, 1986 年)

貴堂嘉之『アメリカ合衆国と中国人移民：歴史のなかの「移民国家」アメリカ』(名古屋大学出版会, 2012 年)

R. P. シャーキー（楠井敏朗訳）『貨幣, 階級および政党：南北戦争＝再建の経済的研究』(多賀出版, 1988 年)

シーダ・スコッチポル（河田潤一訳）『失われた民主主義：メンバーシップからマネージメントへ』(慶應義塾大学出版会, 2007 年)

ロン・チャーナウ（井上廣美訳）『タイタン：ロックフェラー帝国を創った男』上・下(日経 BP 社, 2000 年)

──（青木榮一訳）『モルガン家：金融帝国の盛衰』上・下(日経ビジネス人文庫, 2005 年)

アルフレッド・D. チャンドラー Jr.（鳥羽欽一郎・小林袈裟治訳）『経営者の時代：ア

メリカ産業における近代企業の成立』上・下（東洋経済新報社，1979 年）

ジョン・ハイアム（斎藤眞・阿部斉・古矢旬訳）『自由の女神のもとへ：移民とエスニシティ』（平凡社，1994 年）

Daniel P. Carpenter, *The Forging of Bureaucratic Autonomy: Reputations, Networks, and Policy Innovation in Executive Agencies, 1862–1928*（Princeton University Press, 2001）.

Michael Kazin, *The Populist Persuasion: An American History*, rev. ed.（Cornell University Press, 2017）.

Hiroshi Okayama, *Judicializing the Administrative State: The Rise of the Independent Regulatory Commissions in the United States, 1883–1937*（Routledge, 2019）.

Elizabeth Sanders, *Roots of Reform: Farmers, Workers, and the American State, 1877–1917*（University of Chicago Press, 1999）.

Richard White, *The Republic for Which It Stands: The United States during Reconstruction and the Gilded Age, 1865–1896*（Oxford University Press, 2017）.

第5章

東栄一郎（飯野正子監訳，長谷川寿美・小澤智子・飯野朋美・北脇実千代訳）『日系アメリカ移民　二つの帝国のはざまで：忘れられた記憶 1868〜1945』（明石書店，2014 年）

F. L. アレン（藤久ミネ訳）『オンリー・イエスタデイ：1920 年代・アメリカ』（ちくま文庫，1993 年）

井口治夫『誤解された大統領：フーヴァーと総合安全保障構想』（名古屋大学出版会，2018 年）

オリヴィエ・ザンズ（有賀貞・西崎文子訳）『アメリカの世紀：それはいかにして創られたか？』（刀水書房，2005 年）

メイ・M. ナイ（小田悠生訳）『「移民の国アメリカ」の境界：歴史のなかのシティズンシップ・人種・ナショナリズム』（白水社，2021 年）

中野耕太郎『20 世紀アメリカ国民秩序の形成』（名古屋大学出版会，2015 年）

平田美和子『アメリカ都市政治の展開：マシーンからリフォームへ』（勁草書房，2001 年）

平体由美『連邦制と社会改革：20 世紀初頭アメリカ合衆国の児童労働規制』（世界思想社，2007 年）

R. ホーフスタッター（清水知久・斎藤眞・阿部斉・有賀弘・宮島直機訳）『改革の時代：農民神話からニューディールへ』（みすず書房，1988 年）

三牧聖子『戦争違法化運動の時代：「危機の 20 年」のアメリカ国際関係思想』（名古屋大学出版会，2014 年）

Elisabeth S. Clemens, *The People's Lobby: Organizational Innovation and the Rise of Interest Group Politics in the United States, 1890–1925* (University of Chicago Press, 1997).

Alan Dawley, *Changing the World: American Progressives in War and Revolution* (Princeton University Press, 2003).

Morton Keller, *Regulating a New Economy: Public Policy and Economic Change in America, 1900–1933* (Harvard University Press, 1990).

——, *Regulating a New Society: Public Policy and Social Change in America, 1900–1933* (Harvard University Press, 1998).

Martin J. Sklar, *The Corporate Reconstruction of American Capitalism, 1890–1916: The Market, the Law, and Politics* (Cambridge University Press, 1988).

Robert H. Wiebe, *The Search for Order, 1870–1920* (Hill and Wang, 1967).

第6章

紀平英作『ニューディール政治秩序の形成過程の研究：20 世紀アメリカ合衆国政治社会史研究序説』(京都大学学術出版会，1993 年)

ドリス・カーンズ・グッドウィン（砂村榮利子・山下淑美訳）『フランクリン・ローズヴェルト』上・下（中央公論新社，2014 年)

久保文明『ニューディールとアメリカ民主政：農業政策をめぐる政治過程』(東京大学出版会，1988 年)

佐藤千登勢『フランクリン・ローズヴェルト：大恐慌と大戦に挑んだ指導者』(中公新書，2021 年)

アーサー・M. シュレジンガー（中屋健一監修）『ローズヴェルトの時代』1・2・3（論争社，1962–1966 年)

西山隆行『アメリカ型福祉国家と都市政治：ニューヨーク市におけるアーバン・リベラリズムの展開』(東京大学出版会，2008 年)

バートン・バーンスタイン編，琉球大学アメリカ研究所訳『ニュー・レフトのアメリカ史像：伝統史学への批判』東京大学出版会，1972 年)

Bruce Ackerman, *We the People, Volume 2: Transformations* (Harvard University Press, 1998).

Anthony J. Badgers, *The New Deal: The Depression Years, 1933–1940* (Hill & Wang, 1989).

Alan Brinkley, *The End of Reform: New Deal Liberalism in Recession and War* (Alfred A. Knopf, 1995).

——, *Franklin Delano Roosevelt* (Oxford University Press, 2010).

Steve Fraser and Gary Gerstle, eds., *The Rise and Fall of the New Deal Order, 1930–*

1980（Princeton University Press, 1989）.

Richard Polenberg, *One Nation Divisible: Class, Race and Ethnicity in the United States since 1938*（Viking Press, 1980）.

第7章

アール・ウォーレン（森田幸夫訳）『ウォーレン回想録』（彩流社，1986年）

アラン・ウルフ（杉本正哉訳）『現代アメリカ政治の軌跡：袋小路に入った超大国』（日本経済新聞社，1982年）

川島正樹『アメリカ市民権運動の歴史：連鎖する地域闘争と合衆国社会』（名古屋大学出版会，2008年）

マーティン・ルーサー・キング（猿谷要訳）『黒人の進む道：世界は一つの屋根のもとに』（明石書店，1999年）

ハリー・トルーマン（堀江芳孝訳）『トルーマン回顧録』I・II（恒文社，1992年）

ジェイムズ・T.パターソン（籾岡宏成訳）『ブラウン判決の遺産：アメリカ公民権運動と教育制度の歴史』（慶應義塾大学出版会，2010年）

デイヴィッド・ハルバースタム（金子宣子訳）『ザ・フィフティーズ：1950年代アメリカの光と影』第1・2・3部（新潮OH! 文庫，2002年）

ベティ・フリーダン（三浦冨美子訳）『新しい女性の創造』改訂版（大和書房，2004年）

古矢旬『アメリカニズム：「普遍国家」のナショナリズム』（東京大学出版会，2002年）

David Farber, *The Age of Great Dreams: America in the 1960s*（Hill & Wang, 1994）.

Doris Kearns Goodwin, *Lyndon Johnson and the American Dream*（Harper & Row, 1976）.

Maurice Isserman and Michael Kazin, *America Divided: The Civil War of the 1960s*（Oxford University Press, 2000）.

Samuel Lubell, *The Future of American Politics*（Harper & Brothers, 1952）.

Lisa McGirr, *Suburban Warriors: The Origins of New American Right*（Princeton University Press, 2002）.

James T. Patterson, *Grand Expectations: The United States, 1945–1974*（Oxford University Press, 1996）.

第8章

会田弘継『追跡・アメリカの思想家たち』（新潮選書，2008年）

阿部斉・五十嵐武士編『アメリカ現代政治の分析』（東京大学出版会，1991年）

五十嵐武士『政策革新の政治学：レーガン政権下のアメリカ政治』（東京大学出版会，

1992 年）

井上弘貴『アメリカ保守主義の思想史』（青土社，2020 年）

ウィリアム・J. ウィルソン（青木秀男監訳，平川茂・牛草英晴訳）『アメリカのアンダークラス：本当に不利な立場に置かれた人々』（明石書店，1999 年）

ヘンリー・キッシンジャー（桃井眞監修，斎藤彌三郎・小林正文・大朏人一・鈴木康雄訳）『キッシンジャー秘録』全 5 巻（小学館，1979–1980 年）

佐々木毅『現代アメリカの保守主義』（同時代ライブラリー，1993 年）

アンドリュー・ハッカー（上坂昇訳）『アメリカの二つの国民』（明石書店，1994 年）

村田晃嗣『レーガン：いかにして「アメリカの偶像」となったか』（中公新書，2011 年）

Kenneth S. Baer, *Reinventing Democrats* (University Press of Kansas, 2000).

Al From, *The New Democrats and the Return to Power* (St. Martin's Press, 2013).

Kevin M. Kruse and Julian E. Zelizer, *Fault Lines: A History of the United States since 1974* (W. W. Norton, 2019).

John Micklethwait and Adrian Wooldridge, *The Right Nation: Why America is Different* (Penguin Books, 2005).

Nelson W. Polsby, *How Congress Evolves: Social Bases of Institutional Change* (Oxford University Press, 2004).

Nicol C. Rae, *The Decline and Fall of the Liberal Republicans: From 1952 to the Present* (Oxford University Press, 1989).

Sam Rosenfeld, *The Polarizers: Postwar Architects of Our Partisan Era* (University of Chicago Press, 2017).

David Stockman, *The Triumph of Politics: Why the Reagan Revolution Failed* (Harper & Row, 1986).

第 9 章

五十嵐武士・久保文明編『アメリカ現代政治の構図：イデオロギー対立とそのゆくえ』（東京大学出版会，2009 年）

バラク・オバマ（山田文・三宅康夫ほか訳）『約束の地（大統領回顧録 I）』上・下（集英社，2021 年）

久保文明編『G. W. ブッシュ政権とアメリカの保守勢力：共和党の分析』（日本国際問題研究所，2003 年）

――編『米国民主党：2008 年政権奪回への課題』（日本国際問題研究所，2005 年）

久保文明・東京財団「現代アメリカ」プロジェクト編『ティーパーティ運動の研究：アメリカ保守主義の変容』（NTT 出版，2012 年）

ヒラリー・ロダム・クリントン（日本経済新聞社訳）『困難な選択』上・下（日本経済

新聞出版社，2015 年）

西川賢『ビル・クリントン：停滞するアメリカをいかに建て直したか』（中公新書，2016 年）

グローヴァー・ノーキスト（久保文明・吉原欽一訳）『「保守革命」がアメリカを変える』（中央公論社，1996 年）

ジョン・ハイルマン，マーク・ハルペリン（日暮雅通訳）『大統領オバマは，こうしてつくられた』（朝日新聞出版，2010 年）

サミュエル・ハンチントン（鈴木主税訳）『分断されるアメリカ』（集英社文庫，2017 年）

古矢旬『ブッシュからオバマへ：アメリカ変革のゆくえ』（岩波書店，2009 年）

Walter Dean Burnham, "Realignments Lives: The 1994 Earthquake and Its Implications," in Colin Campbell and Bert A. Rockman, eds., *The Clinton Presidency: First Appraisals* (Chatham House, 1996).

Matt Grossmann and David A. Hopkins, *Asymmetric Politics: Ideological Republicans and Group Interest Democrats* (Oxford University Press, 2016).

Barbara L. Sinclair, *Unorthodox Lawmaking: New Legislative Processes in the U.S. Congress*, 4th ed. (CQ Press, 2016).

Stephen Skowronek, *Presidential Leadership in Political Time: Reprise and Reappraisal*, 3rd ed. (University Press of Kansas, 2020).

Sonia Sotomayor, *My Beloved World* (Knopf, 2015).

終　章

J. D. ヴァンス（関根光宏・山田文訳）『ヒルビリー・エレジー：アメリカの繁栄から取り残された白人たち』（光文社，2017 年）

金成隆一『ルポ　トランプ王国：もう一つのアメリカを行く』（岩波新書，2017 年）

久保文明・金成隆一『アメリカ大統領選』（岩波新書，2020 年）

久保文明・中山俊宏・山岸敬和・梅川健編『アメリカ政治の地殻変動：分極化の行方』（東京大学出版会，2021 年）

久保文明・21 世紀政策研究所編『50 州が動かすアメリカ政治』（勁草書房，2021 年）

アン・ケース，アンガス・ディートン（松本裕訳）『絶望死のアメリカ：資本主義がめざすべきもの』（みすず書房，2021 年）

東京財団政策研究所監修，久保文明編『トランプ政権の分析：分極化と政治的収斂との間で』（日本評論社，2021 年）

A. R. ホックシールド（布施由紀子訳）『壁の向こうの住人たち：アメリカの右派を覆う怒りと嘆き』（岩波書店，2018 年）

山岸敬和・西川賢編『ポスト・オバマのアメリカ』（大学教育出版，2016 年）

スティーブン・レビツキー，ダニエル・ジブラット（濱野大道訳）『民主主義の死に方：二極化する政治が招く独裁への道』（新潮社，2018 年）

Eli J. Finkel et al., "Political Sectarianism in America," *Science*, vol. 370（October 30, 2020）: 533–536.

William G. Howell and Terry M. Moe, *Presidents, Populism, and the Crisis of Democracy*（University of Chicago Press, 2020）.

Robert C. Lieberman, Suzanne Mettler, and Kenneth M. Roberts, eds., *Democratic Resilience: Can the United States Withstand Rising Polarization?*（Cambridge University Press, 2022）.

Walter Russell Mead, *Special Providence: American Foreign Policy and How It Changed the World*（Routledge, 2002）.

付　録

1. 年　表
2. 連邦議会の議席分布および大統領（1789–2021 年）

1. 年　表

年	事　項
1492	クリストファー・コロンブス，バハマ諸島に到着.
1606	4 ジェイムズ 1 世がヴァジーニア植民のロンドン会社およびプリマス会社の設立を認可.
1614	4 ポウハタン族のポカホンタスとジョン・ロルフが結婚.
1619	ヴァージニアに黒人奴隷が輸入される.
1620	11 分離派がメイフラワー号でコッド岬に上陸.
1624	ヴァージニアが王領植民地になる.
1626	オランダ人がマンハッタンを先住民から購入しニューアムステルダムと改称.
1629	3 マサチューセッツ湾会社がチャールズ 1 世から特許状を得る.
1632	6 セシリアス・カルバート，メリーランド植民地建設の特許状を得る.
1636	5 トマス・フッカー，コネティカット植民地設立.
1642	イングランドで大革命（ピューリタン革命）始まる.
1644	3 ロジャー・ウィリアムズ，ロードアイランド植民地の設立許可を得る.
1649	4 メリーランド植民地議会，キリスト教徒に信教の自由を認める寛容法を制定.
1651	10 イングランドで重商主義的な貿易規制法である航海法が初めて制定される.
1660	イングランドで王政復古.
1663	3 8 名の申請者がカロライナ植民地設立の特許状を得る. 7 ロードアイランド植民地に特許状が与えられる.
1664	9 イギリス軍がニューアムステルダムを奪取し，ニューヨークと改称.
1675	6 フィリップ王戦争勃発（-1676）. 先住民とニューイングランド植民地連合との戦争.
1680	2 ニューハンプシャーが王領植民地に.
1681	3 ウィリアム・ペン，チャールズ 2 世からペンシルヴェニア植民地設立の特許状を得る.
1684	6 マサチューセッツ湾植民地の特許状が取り消される.
1685	9 マサチューセッツ等が統合されドミニオン・オブ・ニューイングランドに（-1689）.
1688	11 イギリスで名誉革命（-1689）.
1689	2 ウィリアム 3 世・メアリ 2 世が即位. 12 権利章典を発布. ジョン・ロック，『統治二論』を発表.
1699	フランス，ルイジアナに植民を開始.
1702	4 ニュージャージー王領植民地が成立. 5 英仏間でアン女王戦争始まる（-1713）.
1704	11 デラウェアがペンシルヴェニアから分離.
1712	5 カロライナが南北に分離.
1721	5 サウスカロライナが王領植民地に.
1729	7 ノースカロライナが王領植民地に.
1732	6 ジェイムズ・オーグルソープらがジョージア植民地設立の特許状を得る.
1739	10 英西間で「ジェンキンズの耳の戦争」勃発（ 1740）.
1744	3 北米植民地をめぐる英仏間の「ジョージ王戦争」勃発（-1748）.
1754	フレンチ・アンド・インディアン戦争勃発（-1763）.
1756	5 七年戦争勃発（-1763）.
1763	2 パリ講和条約調印. 10 ジョージ 3 世がアパラチア以西の土地所有を禁止（国王宣言線）.
1764	4 アメリカ歳入法（砂糖法）制定.
1765	3 印紙法制定. 5 軍隊宿営法制定. 10 印紙法反対の植民地代表会議開催.
1766	3 イギリス議会，印紙法撤廃の一方で宣言法を制定.
1767	6 タウンゼンド歳入法制定.

1768	2 マサチューセッツ植民地代議会，タウンゼンド諸法反対の回状を他の植民地議会に送付．
1770	3「ボストン虐殺」事件．4 一部除きタウンゼンド諸法撤廃．軍隊宿営法が期限切れに．
1773	5 茶法制定．12 ボストン茶会事件．
1774	3 ボストン港閉鎖法制定．5 マサチューセッツ統治法制定．9 第1回大陸会議開催．
1775	4 レキシントン・コンコードの戦い．5 第2回大陸会議開催．6 バンカーヒルの戦い．8 ジョージ3世がアメリカ植民地を反乱状態にあると宣言．
1776	1 トマス・ペイン『コモン・センス』出版．7 大陸会議，独立宣言を採択．
1777	10 サラトガの戦いで大陸軍勝利．11 大陸会議，連合規約を採択．
1778	2 米仏が同盟・通商条約に調印．7 フランスが対英参戦．
1779	3 ペンシルヴェニアが奴隷の漸次解放を決定．6 スペインが対英参戦．
1780	2 ロシアが武装中立同盟を提唱．
1781	3 連合規約が批准成立．10 ヨークタウンの戦い．
1783	9 パリ講和条約調印により独立戦争終結．
1786	8 シェイズの反乱始まる．9 5邦によるアナポリス会議始まる．
1787	5 憲法制定会議始まる（−9）．7 連合会議が北西部条例を採択．12 デラウェア，ペンシルヴェニア，ニュージャージーが憲法案批准．
1788	1 ジョージア，コネティカットが憲法案批准．2 マサチューセッツが憲法案批准．3 ロードアイランドが憲法案否決．4 メリーランドが憲法案批准，5 サウスカロライナが憲法案批准，6 ニューハンプシャーが憲法案批准（合衆国憲法成立），ヴァージニアが憲法案批准，7 ニューヨークが憲法案批准．
1789	2 ジョージ・ワシントンが初代大統領に当選．11 ノースカロライナが憲法案批准．
1790	5 ロードアイランドが憲法案批准．8 公信用法を制定．
1791	2（第一）合衆国銀行法制定．3 ヴァーモントが州に昇格．12 権利章典が批准成立．
1792	6 ケンタッキーが州に昇格．
1793	4 フランス革命戦争に中立を宣言．イーライ・ホイットニー，綿繰機を発明．
1794	11 イギリスとジェイ条約締結．
1795	2 憲法第11修正条項（連邦司法府の管轄権）成立．
1796	6 テネシーが州に昇格．9 ワシントン大統領「告別の辞」発表．
1797	10 フランスとの交渉をめぐる XYZ 事件．
1798	6 外国人法制定．7 治安法制定．11 ケンタッキー決議．12 ヴァージニア決議．
1801	2 連邦議会下院の決選投票でジェファソンが大統領に当選．
1803	2 マーベリ対マディソン事件最高裁判決．3 オハイオが州に昇格．4 ルイジアナ購入．
1804	6 憲法第12修正条項（正副大統領選挙の分離）成立．
1806	3 カンバーランド道路建設法が制定．
1807	3 1808年以降の奴隷貿易の禁止法制定．12 出港禁止法制定．
1812	4 ルイジアナが州に昇格．6 1812年戦争始まる（−1815）．
1814	12 ハートフォード会議開会．12 ガン講和条約調印．
1815	1 ニューオーリンズの戦い．
1816	4 第二合衆国銀行設立．12 インディアナが州に昇格．12 アメリカ植民協会設立．
1817	7 イーリー運河着工．12 ミシシッピが州に昇格．
1818	4 第一次セミノール戦争．12 イリノイが州に昇格．
1819	2 フロリダを購入．12 ミズーリの州昇格めぐる議論始まる．12 アラバマが州に昇格．
1820	3「ミズーリの妥協」成立．3 メインが州に昇格．
1821	8 ミズーリが州に昇格．
1823	12 モンロー・ドクトリン発表．

1830	5 インディアン強制移住法制定.
1831	1 ウィリアム・ロイド・ギャリソン『解放者』発刊. 8 ナット・ターナーの反乱.
1832	7 ジャクソン大統領が第二合衆国銀行の特許状更新法案に拒否権を行使. 7 関税法成立. 11 サウスカロライナ州民大会が関税法の執行を拒否（無効宣言）.
1833	アメリカ反奴隷制協会発足. 3 強制法および妥協関税法成立.
1835	12 第二次セミノール戦争始まる（-1842). トクヴィル『アメリカのデモクラシー』出版.
1836	3 テキサスがメキシコから独立を宣言. 6 アーカンソーが州に昇格.
1837	1 ミシガンが州に昇格.
1845	3 フロリダが州に昇格. 12 テキサスを州として併合.
1846	5 米墨戦争始まる. 6 イギリスとのオレゴン協定調印. 12 アイオワが州に昇格.
1848	2 メキシコと講和成立. 5 ウィスコンシンが州に昇格. 7 セネカフォールズ大会.
1850	9「1850 年の妥協」成立. 9 カリフォルニアが州に昇格.
1853	12 メキシコからガズデン地方を購入.
1854	5 カンザス・ネブラスカ法成立.
1857	3 ドレッド・スコット事件最高裁判決.
1858	5 ミネソタが州に昇格. 8 リンカン・ダグラス討論始まる（全 7 回).
1859	2 オレゴンが州に昇格. 10 ジョン・ブラウンがハーパーズ・フェリーの連邦武器庫襲撃.
1860	12 サウスカロライナ州が連邦離脱を宣言. 以後翌年 2 月にかけて他 6 州が離脱.
1861	1 カンザスが州に昇格. 2 7 州がアメリカ連合国（南部連合）結成. 4 南北戦争始まる.
1862	2 法貨法制定. 4 南部連合が徴兵制を導入. ワシントン D.C. 奴隷制廃止法制定. 5 ホームステッド法制定. 6 連邦直轄領の奴隷制廃止法制定. 7 モリル法制定. 9 奴隷解放予備宣言.
1863	1 奴隷解放宣言. 2 国法銀行法制定. 3 徴兵法制定. 6 ウェストヴァージニアを州として承認. 7 ゲティスバーグの戦い. 11 ゲティスバーグ演説. 12「大赦と再建に関する宣言」発布.
1864	7 ウェイド＝デイヴィス法案が連邦議会を通過. 10 ネヴァダが州に昇格.
1865	4 南北戦争終結, リンカン大統領暗殺される. 12 憲法第 13 修正条項（奴隷制廃止）成立.
1866	4 市民的権利法成立. 6 憲法第 14 修正条項（市民的権利の保障）発議. 7 解放民局法制定.
1867	3 ネブラスカが州に昇格. 3 第一次再建法, 官職任用法制定. 7 第二次再建法制定. 10 ロシアよりアラスカ購入.
1868	3 A. ジョンソン大統領弾劾裁判始まる（-5). 7 憲法第 14 修正条項成立.
1869	5 大陸横断鉄道開通. 労働騎士団結成.
1870	2 憲法第 15 修正条項（人種による選挙権差別の禁止）成立.
1873	2 貨幣鋳造法制定. 9 ジェイ・クック商会が経営破綻.
1875	1 正貨支払い再開法制定. 3 市民的権利法, ペイジ法制定.
1876	8 コロラドが州に昇格. アレクサンダー・グレアム・ベル, 電話を発明.
1877	3「1877 年の妥協」成立. 4 連邦軍の南部からの撤収完了.
1881	7 ガーフィールド大統領銃撃事件（9 死去).
1882	5 中国人排除法制定.
1883	1 ペンドルトン法制定.
1886	5 ヘイマーケット事件. 12 アメリカ労働総同盟（AFL）結成.
1887	2 州際通商法, ドーズ法制定.
1889	11 ノースダコタ, サウスダコタ, モンタナ, ワシントンが州に昇格.
1890	7 シャーマン反トラスト法制定. 7 アイダホ, ワイオミングが州に昇格.
1892	7 人民党が初の全国党大会を開催.
1894	7 クリーヴランド大統領がプルマン鉄道会社の労働争議に連邦軍を派遣.
1896	1 ユタが州に昇格. 5 プレッシー対ファーガソン事件最高裁判決.

1898	4 米西戦争勃発. 7 ハワイ併合.
1901	9 マッキンリー大統領暗殺される.
1903	2 エルキンズ法制定（州際通商委員会強化）.
1904	12 Th. ローズヴェルト大統領が年次教書でモンロー・ドクトリンの系論を提示.
1906	6 古文化財保護法, ヘパン法, 食肉検査法, 純正食品薬品法制定.
1907	2 日本がアメリカへの移民の自主規制を表明. 11 オクラホマが州に昇格.
1908	2 日本からの移民自粛について日米で紳士協約成立.
1910	6 マン＝エルキンズ法制定.
1911	5 スタンダード石油事件最高裁判決.
1912	1 ニューメキシコが州に昇格. 2 アリゾナが州に昇格. 6 革新党結成.
1913	2 憲法第16修正条項（連邦所得税）成立. 4 憲法第17修正条項（上院議員の直接選挙）成立. 10 アンダーウッド関税法制定. 12 連邦準備法制定.
1914	8 第一次世界大戦に対して中立を宣言. 9 連邦取引委員会成立. 10 クレイトン法成立.
1915	5 ルシタニア号事件.
1917	4 連邦議会が対独宣戦を決議. 5 選抜徴兵法が成立. 6 防諜法制定. 7 戦時産業局設置.
1918	1 ウィルソン大統領「十四か条」演説. 5 治安法制定. 11 連合国がドイツと休戦.
1919	1 パリ講和会議開会. 1 憲法第18修正条項（禁酒法）成立. 6 ヴェルサイユ講和条約調印.
1920	8 憲法第19修正条項（女性参政権）成立.
1921	7 サッコ＝ヴァンゼッティ事件で死刑判決. 11 ワシントン会議開会（-1922）.
1923	8 ハーディング大統領が病死.
1924	5 移民法制定.
1929	10 証券市場で大暴落（「暗黒の木曜日」）.
1930	6 スムート＝ホーリー関税法制定. 12 連邦議会が1億ドルの公共事業支出を決定.
1931	6 フーヴァー・モラトリアム提案.
1932	1 復興金融公社法制定. 2 銀行法制定. 7 緊急救援建設法, 連邦住宅貸付銀行法制定.
1933	1 憲法第20修正条項（大統領就任日を改正）成立. 3 緊急銀行法成立. 5 連邦緊急救済法, 証券法, 農業調整法（AAA）制定. 6 グラス＝スティーガル法, 全国産業復興法（NIRA）制定. 12 憲法第21修正条項（禁酒法廃止）成立.
1934	6 証券取引委員会法制定. 6 インディアン再組織法制定
1935	5 NIRA に最高裁が違憲判決. 7 全国労働関係法（ワグナー法）制定. 8 社会保障法制定.
1936	1 AAA に最高裁が違憲判決.
1937	2 F. ローズヴェルト大統領が最高裁の「詰め込み」案を提示.
1939	9 第二次世界大戦始まる.
1940	9 選抜徴兵法制定. 12 F. ローズヴェルト大統領, 米を「民主主義の兵器廠」にすべきと主張.
1941	3 武器貸与法成立. 8 大西洋憲章を発表. 12 真珠湾攻撃, 連邦議会が対日宣戦を決議.
1942	2 F. ローズヴェルト大統領, 日系人の移転を命令.
1943	1 米英のカサブランカ会談. 11 米英中のカイロ会談, 米英ソのテヘラン会談.
1944	6 GI 権利章典を制定. 7 ブレトンウッズ会議. 8 ダンバートン・オークス会議.
1945	2 米英ソのヤルタ会談. 4 F. ローズヴェルト大統領死去. 7 米英ソのポツダム会談. 8 広島・長崎に原爆投下, 日本が無条件降伏受け入れ.
1947	3 トルーマン・ドクトリン発表. 6 マーシャル・プラン発表. 6 タフト＝ハートレー法制定. 7 国家安全保障法制定.
1949	1 トルーマン大統領, フェアディールを発表. 4 北大西洋条約調印.
1950	6 朝鮮戦争勃発. 9 マッカラン国内治安法制定.
1951	2 憲法第22修正条項（大統領の三選禁止）成立. 9 サンフランシスコ講和条約・日米安全保

障条約調印.

1952	6 マッカラン＝ウォルター移民法制定. 7 プエルトリコが準州に. 11 水爆の実験成功を発表.
1953	7 朝鮮戦争休戦協定に調印.
1954	1 ダレス国務長官, 大量報復戦略を発表. 5 ブラウン対トピーカ市教育委員会事件最高裁判決. 8 共産主義者統制法制定.
1955	5 ワルシャワ条約機構発足. 12 アラバマ州モンゴメリーでバス・ボイコット運動開始.
1957	9 市民的権利法制定. 9 高校の人種統合めぐり連邦軍がリトルロック市に出動. 10 ソ連が人工衛星スプートニク1号の打ち上げに成功.
1958	9 国防教育法制定.
1959	1 アラスカが州に昇格. 2 キューバ革命. 8 ハワイが州に昇格.
1961	5 フリーダム・ライド. 3 憲法第23修正条項（ワシントンDCに大統領選挙人）成立.
1962	10 キューバ危機.
1963	8 人種差別に抗するワシントン大行進. 11 ケネディ大統領暗殺.
1964	1 L. ジョンソン大統領「貧困との戦争」を宣言. 1 憲法第24修正条項（投票権妨害のための人頭税を禁止）成立. 7 市民的権利法制定. 8 トンキン湾事件. 8 経済機会法成立.
1965	1 L. ジョンソン大統領「偉大な社会」政策公表. 2 北爆が本格化. 4 初等中等教育法制定. 7 メディケア, メディケイド立法化. 8 投票権法制定. 10 移民・国籍法制定.
1967	2 憲法第25修正条項（大統領職の継承）成立.
1968	3 L. ジョンソン大統領, 大統領選挙不出馬を表明. 10 北爆全面停止を表明.
1970	12 環境保護庁設置. 12 大気清浄法（マスキー法）制定.
1971	7 憲法第26修正条項（投票年齢を18に引き下げ）成立. 12 スミソニアン会議.
1972	3 連邦議会が平等権憲法修正（ERA）を発議. 6 ウォーターゲート事件.
1973	1 ロウ対ウェイド事件最高裁判決. 10 第一次石油ショック発生. 11 戦争権限法制定.
1974	8 ニクソン大統領辞任. 10 連邦選挙運動法改正.
1978	6 カリフォルニア大学理事会対バッキー事件最高裁判決（積極的差別是正措置を制限）.
1979	1 中国と国交樹立. 1 第二次石油ショック. 11 在テヘラン米大使館人質事件発生. 12 ソ連がアフガニスタンに侵攻.
1981	1 米国大使館人質事件で人質解放. 7 減税法制定.
1983	4 レーガン大統領, 戦略防衛構想（SDI）を発表. 10 米軍がグレナダに侵攻.
1985	9「プラザ合意」が成立. 12 財政赤字解消のためのグラム＝ラドマン法制定.
1986	11 移民改革統制法制定.
1987	12 中距離核戦力（INF）全廃条約調印.
1988	8 市民的自由法制定（日系人強制収容への補償）. 8 通商法制定（スーパー301条を導入）.
1989	12 マルタ会談で冷戦終結を確認. 12 米軍がパナマに侵攻.
1990	8 イラク軍がクウェートに侵攻（湾岸戦争へ）. 11 財政赤字削減法制定.
1991	1 多国籍軍によるイラク空爆開始. 7 ワルシャワ条約機構解体. 12 ソ連解体.
1992	4 ロサンジェルス人種暴動始まる. 5 憲法第27修正条項（連邦議会議員の給与）成立. 12 北米自由貿易協定（NAFTA）調印.
1993	1 米ロが第二次戦略兵器削減条約（START II）に調印.
1995	12 予算関連法案の不成立により, 連邦政府部分閉鎖.
1996	8 個人責任・労働機会法（PRWORA）が制定（福祉改革法）.
1999	1 クリントン大統領の弾劾裁判開始.
2000	12 ブッシュ対ゴア事件最高裁判決でG.W. ブッシュの大統領当選が確定.
2001	9 アルカーイダによる同時多発テロ事件. 10 アフガニスタン戦争開始. 10 愛国者法成立.
2002	3 超党派選挙運動改革法制定. 9 ブッシュ・ドクトリン発表. 11 国土安全保障省設置.

2003	3 イラク戦争開始. 8 北朝鮮の核開発に関する六か国協議開催.
2005	8 ハリケーン・カトリーナ発生.
2008	9 リーマン・ブラザーズが経営破綻. 10 緊急経済安定化法制定.
2010	3 医療保険制度改革法（オバマケア）成立. 7 ドッド＝フランク金融規制改革法制定.
2011	9 ウォール街占拠運動始まる. 12 米軍がイラクから撤収を完了.
2012	6 若年移民に対する国外強制退去延期措置（DACA）発表.
2013	10 予算関連法案成立せず，連邦政府部分閉鎖（16 日間）.
2015	6 オバーゲフェル判決（同性婚制度化）. 7 キューバと国交正常化. 7 イラン核合意成立.
2016	2 環太平洋経済連携協定（TPP）調印. 9 気候変動に関するパリ協定に調印.
2017	1 NAFTA 再交渉・TPP 離脱を表明. 6 パリ協定離脱を表明. 12 大幅減税法が成立.
2018	1 予算関連法案成立せず連邦政府部分閉鎖. 12 予算関連法案成立せず連邦政府部分閉鎖.
2020	1 連邦議会上院でトランプ大統領の弾劾裁判始まる. 1 国内で新型コロナウイルス（SARS-CoV-2）の感染初確認. 5 ジョージ・フロイドがミネアポリスで白人警官に殺害される.
2021	1 トランプ大統領支持派が連邦議会議事堂を占拠. 2 トランプ大統領の弾劾裁判始まる. 3 アメリカ救済計画法制定. 11 インフラ投資・雇用法制定.

2. 連邦議会の議席分布および大統領 (1789–2021年)

就任年	議会期	上院			下院			大統領	
		連邦派	共和派	その他	連邦派	共和派	その他	政党・党派	氏名
1789	1	18	8	0	37	28	0	なし	ジョージ・ワシントン
1791	2	16	13	0	39	30	0		
1793	3	16	14	0	51	54	0	なし	ジョージ・ワシントン
1795	4	21	11	0	47	59	0		
1797	5	22	10	0	57	49	0	連邦派	ジョン・アダムズ
1799	6	22	10	0	60	46	0		
1801	7	15	17	0	38	68	0	共和派	トマス・ジェファソン
1803	8	9	25	0	39	103	0		
1805	9	7	27	0	28	114	0	共和派	トマス・ジェファソン
1807	10	6	28	0	26	116	0		
1809	11	7	27	0	50	92	0	共和派	ジェイムズ・マディソン
1811	12	6	30	0	36	107	0		
1813	13	8	28	0	68	114	0	共和派	ジェイムズ・マディソン
1815	14	12	26	0	64	119	0		
1817	15	12	30	0	39	146	0	共和派	ジェイムズ・モンロー
1819	16	9	37	0	26	160	0		
1821	17	4	44	0	32	155	0	共和派	ジェイムズ・モンロー
1823	18	17	31	0	24	189	0		

就任年	議会期	アダムズ派	ジャクソン派	その他	アダムズ派	ジャクソン派	その他	政党・党派	氏名
1825	19	22	26	0	109	104	0	共和派	ジョン・クインジー・アダムズ
1827	20	21	27	0	100	113	0		

就任年	議会期	全国派	民主党	その他	全国派	民主党	その他	政党	氏名
1829	21	23	25	0	72	136	5	民主党	アンドルー・ジャクソン
1831	22	22	24	2	66	126	21		
1833	23	26	20	2	63	143	34	民主党	アンドルー・ジャクソン
1835	24	24	26	2	75	143	24		

就任年	議会期	ホイッグ党	民主党	その他	ホイッグ党	民主党	その他	政党	氏名
1837	25	17	35	0	100	128	14	民主党	マーティン・ヴァン・ビューレン
1839	26	22	30	0	109	125	8		
1841	27	29	22	0	142	98	2	ホイッグ党	ウィリアム・H. ハリソン
1843	28	29	23	0	72	147	4	ホイッグ党	ジョン・タイラー(1841–)
1845	29	22	34	0	79	142	6	民主党	ジェイムズ・ポーク
1847	30	21	38	1	116	110	4		
1849	31	25	35	2	108	113	11	ホイッグ党	ザカリー・テイラー
1851	32	23	36	3	85	127	21	ホイッグ党	ミラード・フィルモア(1850–)
1853	33	22	38	2	71	157	6	民主党	フランクリン・ピアス

就任年	議会期	反民主党	民主党	その他	反民主党	民主党	その他		
1855	34	21	39	2	100	83	51		

就任年	議会期	共和党	民主党	その他	共和党	民主党	その他	政党	氏名
1857	35	20	41	5	90	132	15	民主党	ジェイムズ・ブキャナン
1859	36	26	38	2	116	83	39		
1861	37	31	15	3	108	44	31	共和党	エイブラハム・リンカン
1863	38	33	10	9	85	72	27		
1865	39	39	11	4	136	38	19	共和党	エイブラハム・リンカン
1867	40	57	9	0	173	47	4		アンドルー・ジョンソン(1865–)
1869	41	62	12	0	171	67	5	共和党	ユリシーズ・S. グラント
1871	42	56	17	1	136	104	3		
1873	43	47	19	7	199	88	5	共和党	ユリシーズ・S. グラント
1875	44	46	28	1	103	182	8		
1877	45	40	35	1	136	155	2	共和党	ラザフォード・ヘイズ
1879	46	33	42	1	132	141	20		
1881	47	37	37	2	151	128	14	共和党	ジェイムズ・ガーフィールド
1883	48	38	36	2	117	196	12	共和党	チェスター・アーサー(1881–)
1885	49	42	34	0	141	182	2	民主党	グローヴァー・クリーヴランド
1887	50	39	37	0	152	167	6		
1889	51	51	37	0	179	152	1	共和党	ベンジャミン・ハリソン
1891	52	47	39	2	86	238	8		
1893	53	40	44	4	124	218	14	民主党	グローヴァー・クリーヴランド
1895	54	44	40	6	254	93	10		
1897	55	44	34	12	206	124	27	共和党	ウィリアム・マッキンリー
1899	56	53	26	10	187	161	9		
1901	57	56	32	2	200	151	6	共和党	ウィリアム・マッキンリー
1903	58	57	33	0	207	176	3	共和党	セオドア・ローズヴェルト(1901–)
1905	59	58	32	0	251	135	0	共和党	セオドア・ローズヴェルト
1907	60	61	31	0	223	167	1		
1909	61	60	32	0	219	172	0	共和党	ウィリアム・H. タフト
1911	62	52	44	0	162	230	2		
1913	63	44	51	1	134	291	10	民主党	ウッドロウ・ウィルソン
1915	64	40	56	0	196	230	9		
1917	65	42	54	0	215	214	6	民主党	ウッドロウ・ウィルソン
1919	66	49	47	0	240	192	2		
1921	67	59	37	0	302	131	2	共和党	ウォレン・ハーディング
1923	68	53	42	1	225	207	3	共和党	カルヴィン・クーリッジ(1923–)
1925	69	54	41	1	247	183	5	共和党	カルヴィン・クーリッジ
1927	70	48	46	1	238	194	3		
1929	71	56	39	1	270	164	1	共和党	ハーバート・フーヴァー
1931	72	48	47	1	218	216	1		
1933	73	36	59	1	117	313	5	民主党	フランクリン・D. ローズヴェルト
1935	74	25	69	2	103	322	10		
1937	75	16	76	4	88	334	13	民主党	フランクリン・D. ローズヴェルト
1939	76	23	69	4	169	262	4		
1941	77	28	66	2	162	267	6	民主党	フランクリン・D. ローズヴェルト

1943	78	38	57	1	209	222	4		
1945	79	38	57	1	189	244	2	民主党	フランクリン・D. ローズヴェルト
1947	80	51	45	0	246	188	1	民主党	ハリー・トルーマン(1945-)
1949	81	42	54	0	171	263	1	民主党	ハリー・トルーマン
1951	82	47	49	0	199	235	1		
1953	83	48	47	1	221	213	1	共和党	ドワイト・アイゼンハワー
1955	84	47	48	1	203	232	0		
1957	85	47	49	0	203	232	0	共和党	ドワイト・アイゼンハワー
1959	86	35	65	0	153	282	1		
1961	87	36	64	0	173	264	0	民主党	ジョン・F. ケネディ
1963	88	34	66	0	176	258	1	民主党	リンドン・B. ジョンソン(1963-)
1965	89	32	68	0	140	295	0	民主党	リンドン・B. ジョンソン
1967	90	36	64	0	187	248	0		
1969	91	43	57	0	192	243	0	共和党	リチャード・ニクソン
1971	92	44	54	2	180	255	0		
1973	93	42	56	2	192	243	0	共和党	リチャード・ニクソン
1975	94	37	61	2	144	291	0		ジェラルド・フォード(1974-)
1977	95	38	61	1	143	292	0	民主党	ジミー・カーター
1979	96	41	58	1	157	278	0		
1981	97	53	46	1	192	243	0	共和党	ロナルド・レーガン
1983	98	55	45	0	166	269	0		
1985	99	53	47	0	181	254	0	共和党	ロナルド・レーガン
1987	100	45	55	0	177	258	0		
1989	101	45	55	0	175	260	0	共和党	ジョージ・H. W. ブッシュ
1991	102	44	56	0	167	267	1		
1993	103	43	57	0	176	258	1	民主党	ビル・クリントン
1995	104	52	48	0	230	204	1		
1997	105	55	45	0	226	207	2	民主党	ビル・クリントン
1999	106	55	45	0	223	211	1		
2001	107	50	50	0	220	213	2	共和党	ジョージ・W. ブッシュ
2003	108	51	48	1	229	205	1		
2005	109	55	44	1	233	201	1	共和党	ジョージ・W. ブッシュ
2007	110	49	49	2	202	233	0		
2009	111	41	57	2	178	257	0	民主党	バラク・オバマ
2011	112	47	51	2	242	193	0		
2013	113	45	53	2	234	201	0	民主党	バラク・オバマ
2015	114	54	44	2	247	188	0		
2017	115	51	47	2	241	194	0	共和党	ドナルド・トランプ
2019	116	53	45	2	199	235	0		
2021	117	50	48	2	212	222		民主党	ジョー・バイデン

［出典］筆者作成．上下両院の議席分布については，それぞれの議院ウェブサイトに依拠したが，一部本書の記述に対応するように修正している．また上院については，空席のある議会期がいくつかあるが除外した．

・議席数は選挙・選出時のものであり，議会期中に変化する．多数派には網掛けを施した．

・その他は，無所属あるいは第三党の所属であるが，主要政党の会派に属する場合もある．

・大統領の氏名に続く年号は，前任者の死亡あるいは辞任後に昇格した年を表す．

あとがき

　本書はアメリカ合衆国の国内政治について，イギリス人による北アメリカ入植期からこんにちに至るまでの展開を概観した教科書である．

　国内政治の歴史に焦点をあてることによってどの程度アメリカを理解できるかについては，異なった見方が存在するであろう．経済史こそが基礎である，あるいは一般民衆の生活や感情に踏み込まないと，すなわちいわゆる社会史的アプローチをとらないと，その本質には迫れないという見方も存在する．あるいは外交史や思想史にこそ，アメリカ理解の鍵があるという考え方もある．本書はそうした見方を否定するものではないし，叙述においては経済的背景，人口構成・国際環境・思想の変化などにも配慮した．

　同時に本書においては，国内政治の流れ，とくに制度のあり方，選挙等を通じて表明された国民の政治的意思，そして選出された大統領・議員らが国民感情等を考慮した上で下す決断・選択が意味するものはきわめて重いものがあると考えている．たとえば，政治制度のあり方は，アメリカ人の多様な主張の間の妥協の産物であるが，彼らの価値観の反映でもある．大統領や議会による決定にしても，大統領や議員の価値観の反映かもしれないが，国民全体の集合的な決定という性格が濃厚である．「一握りのエリート」の決定のように見えながら，同時にそれは多数の国民の願望・価値観・感情の反映である場合も少なくない．

　アメリカの歴史は短いと決めてかかる人もいるが，イギリス人による入植から数えるだけでもゆうに 400 年を越える．むろんそれ以前からネイティブ・アメリカンの歴史が存在する．この間，アメリカのあり方は大きく変わった．今日のアメリカに関する情報は実に豊富であるが，アメリカについて「知っているつもり」になる人も多く，同時代のアメリカについてすら深い理解が浸透しているとは言い難い．ましてや 4 世紀以上に及ぶアメリカの歴史，とりわけその継続と変化について，十分に認識している人はそれほど多数ではないであろ

う．まさに本文で述べた通り，同じ憲法と表向きは同じ二大政党制が長く継続していながら，その内実は大きく変化してきたのがアメリカの政治なのである．

　アメリカ史についての概説書は多数存在する．本書は，歴史叙述の伝統的方法に依拠しつつ，政党が統治において重要な役割を演ずるようになって以降1920年代までの時期については，統治機構のあり方及びそれと政党の関係を重視し，今日の大きな政府がほぼ確立したニューディール以降については，優越的な政党を支える諸勢力の連合とその変遷にかなりの重点をおいて説明しており，このような政治構造的な視点を持ち込んでいる点で，国内政治史の概説としては類書との違いをもつと考えている．とはいえ，どの程度この方針が成功しているかについては読者の判断に委ねるしかない．なお，本書では第5章までは岡山が，第6章以降は久保が執筆担当となっているが，それぞれの原稿について論評し合い多数の修正を加えた．

　本書が企画されたそもそものきっかけは，古矢旬氏（東京大学・北海道大学名誉教授）から通史執筆について，私ども二人と東京大学出版会編集部の奥田修一氏へご提案いただいたことであった．思い起こすと，その時からすでに10年以上が経過している．この間奥田氏からは，長くお待ちいただいたうえに本書について多数のご助言をいただいた．古矢氏からのご提案と奥田氏からのねばり強い励ましがなければ本書が日の目を見ることもなかったであろう．本書は多数の方の学恩に負うところ大であるが，とくにお二人には心よりお礼を申し上げたい．

　むろん，本書についての責任はすべて久保と岡山にある．本書がわが国におけるアメリカ政治史の理解に役立てば望外の幸せである．

　　2022年2月

　　　　　　　　　　　　　　　　　　久保文明・岡山裕

人名索引

事項索引

久保 文明

1956 年東京都に生まれる．1979 年東京大学法学部卒業．1989 年法学博士（東京大学）．慶應義塾大学法学部教授，東京大学大学院法学政治学研究科教授等を経て，現在，防衛大学校長・東京大学名誉教授．主要著書：『ニューディールとアメリカ民主政』（東京大学出版会，1988 年），『現代アメリカ政治と公共利益』（東京大学出版会，1997 年）．

岡山 裕

1972 年兵庫県に生まれる．1995 年東京大学法学部卒業．2004 年博士（法学・東京大学）．東京大学大学院法学政治学研究科助手，東京大学大学院総合文化研究科助教授等を経て，現在，慶應義塾大学法学部教授．主要著書：『アメリカ二大政党制の確立』（東京大学出版会，2005 年），*Judicializing the Administrative State*（Routledge, 2019）．

アメリカ政治史講義

2022 年 3 月 25 日　初　版

［検印廃止］

著　者　久保文明・岡山 裕
　　　　く ぼ ふみあき　おかやまひろし

発行所　一般財団法人　東京大学出版会

代表者　吉見俊哉
153-0041 東京都目黒区駒場 4-5-29
http://www.utp.or.jp/
電話 03-6407-1069　Fax 03-6407-1991
振替 00160-6-59964

印刷所　株式会社理想社
製本所　誠製本株式会社

© 2022 Fumiaki Kubo & Hiroshi Okayama
ISBN 978-4-13-032233-1　Printed in Japan